W0057411

Egon Fabian

ANATOMIE DER ANGST

Ängste annehmen und an
ihnen wachsen

Klett-Cotta

Klett-Cotta

www.klett-cotta.de

© 2010 by J. G. Cotta'sche Buchhandlung

Nachfolger GmbH, gegr. 1659, Stuttgart

Alle Rechte vorbehalten

Printed in Germany

Schutzumschlag: www.buero-jorge-schmidt.de

Unter Verwendung einer Illustration von © Jakob Werth, Teisendorf

Gesetzt aus der Scala von Kösel, Krugzell

Auf säure- und holzfreiem Werkdruckpapier gedruckt

und gebunden von CPI – Clausen & Bosse, Leck

ISBN 978-3-608-94653-6

Bibliografische Information der Deutschen Nationalbibliothek

Die Deutsche Nationalbibliothek verzeichnet diese Publikation in

der Deutschen Nationalbibliografie; detaillierte bibliografische

Daten sind im Internet über <http://dnb.d-nb.de> abrufbar.

Meinen Patienten, die mir ihre Ängste
anvertraut und mich im Laufe der Jahre
gelehrt haben, diese zu verstehen.

MARGUERITE
Hoheit, man muss ankündigen, dass Sie
sterben werden.

DER ARZT
Leider ja, Majestät.

DER KÖNIG
Aber ich weiß, natürlich. Wir wissen es alle.
Erinnern Sie mich daran, wenn die Zeit
kommen wird.
(...)

DER ARZT
Majestät, die Königin Marguerite sagt die
Wahrheit, Sie werden sterben.

DER KÖNIG
Sie langweilen mich! Ich werde sterben, ja,
ich werde sterben. In vierzig Jahren, in fünfzig
Jahren, in dreihundert Jahren. Später. Wenn
ich will, wenn ich die Zeit dazu haben werde,
wenn ich es entscheiden werde.

E. Ionesco: Der König stirbt

Inhalt

Vorwort von Raymond Battegay 13

Einleitung: Angst und der heutige Mensch 15

I Die Angst

1 Was heißt Angst? Was ist eine Angststörung? 25

2 Angst – Begleiter des Menschen 43

3 Wie Philosophen über Angst denken 53

4 Angst und Religion 61

5 Angst in der Psychoanalyse 70

6 Angst in den Psychosen und den Borderline-Störungen . . 81

7 Die vielen Gesichter der Angst. Variationen auf
   ein Thema 91
   Angst und Furcht. Stufen der Konkretisierung 101
   Angstlust, Angst und Spiel 108
   Panik 111
   Durch Verdrängung bestimmte (»neurotische«) Angst-
   Manifestationsformen 112
   *Phobien 112 • Angst zu versagen 114 • Angst, ausgelacht zu
   werden 114 • Verarmungsangst 115 • Angst vor Bedeutungs-
   losigkeit 116 • Kastrationsangst 118 • Angst um die anderen 119*

Durch Ausagieren bestimmte (»borderlinehafte«)
Angst-Manifestationsformen 121
Trennungsangst 121 • Angst vor Zurückweisung 125 • Ver-
antwortungsangst 127 • Identitätsangst 128 • Lebensangst
130 • Angst vor dem Neuen und vor Veränderung 131

Durch Abgrenzungsschwierigkeiten charakterisierte
(»psychotische«) Angst-Manifestationsformen 134
Kontaktangst/Gruppenangst 134 • Auflösungsangst 137 •
Projektionsformen der Angst. Verfolgungsangst (Paranoia) 138

»Normale« Angst................................. 139
Angst in den Träumen............................ 141
Angst und Wirtschaft............................. 142

8 Defizitäre Angst 144

9 Angst und Körper 159
Psychosomatische Aspekte 159
Trauma und Angst............................... 164
Neurobiologie der Angst 170
»Ockhams Rasiermesser« und das
Multifaktorielle Konzept 177

**10 Gruppendynamische und transgenerationale Aspekte
der Angst** 186
Gruppendynamik der Angst 186
Transgenerationale Aspekte 191

II Die Angst vor der Angst

11 **Einige Bewältigungs- und Abwehrformen der Angst**...... 199
Durch scheinbares Ignorieren gekennzeichnete
(»neurotische«) Abwehr- und Bewältigungsformen 203
*Verdrängung 203 • Aktionismus 203 • Streben nach Macht
205 • Besitzsucht 207 • Genusssucht 210 • Faszination der
Technik 211 • Übermäßiges Rivalisieren 212 • Gewohnheiten 213*

Durch Ausagieren bestimmte (»borderlinehafte«)
Abwehr- und Bewältigungsformen................... 216
*Hyperaktivität 216 • Umwandlung in Aggression 218 •
Erotisieren und Sexualisieren 218 • Identifikation mit dem
Angreifer 220 • Sucht 220*

Durch Abgrenzungsschwierigkeiten charakterisierte
(»psychotische«) Abwehr- und Bewältigungsformen 221
*Zwang 221 • Konkretismus 225 • Dissoziation 226 • Depression
und Manie 228*

Körperliche Abwehr- und Bewältigungsformen 229
Psychosomatik 229

Die so genannte Normalität 230
Exkurs: Jüdischer Humor und Angst................. 232

12 **Professionelle Angst: Die Angst des Wissenschaftlers,
des Arztes und des Psychotherapeuten** 236

13 **Angst und Erziehung** 244

14 **Angst und Identität** 248

15 **Die Angst vor der Angst** 250

16 Angst und Aggression in der Psychotherapie 253

Angst, Hass und Suizidalität. 267

17 Therapie der Angststörungen 270

Medikamentöse Therapie 273

Verhaltenstherapie. 275

Psychoanalyse und tiefenpsychologisch fundierte

Psychotherapie. 280

Analytische Gruppentherapie 285

Körperorientierte Therapien 289

Nonverbale Therapien. 293

Der Therapeut 297

Allgemeine Grundsätze der Angsttherapie.

Angst und Einsamkeit. 301

18 Ausblick: Angst und menschliche Entwicklung 305

Anmerkungen 313

Literatur 330

Vorwort von Raymond Battegay

Egon Fabian legt mit seinem Buch, das die mannigfaltigen Erscheinungsformen der Angst auf eine dem Menschen innewohnende Urangst zurückführt, ein Werk vor, das in seiner Originalität und Tiefgründigkeit nicht nur Fachpersonen, sondern alle an menschlichen Fragen Interessierten anspricht. Der Autor versteht es in hervorragender Weise, die Übergänge und Überlappungen zwischen den Bewältigungs- und Abwehrformen der Angst aufzuzeigen. Auch werden die sozial sanktionierten Bewältigungsstrategien der Angst von Gesunden erörtert, wie z.B. die zur Normalität des Alltags und der Gesellschaft gehörende Musiküberflutung in Restaurants, Hotels, Flughäfen und anderen öffentlichen Räumen, die u.a. dem Zweck dienen, die Menschen nie allein mit ihren Ängsten zu lassen.

Der Autor unterscheidet unbewusste Ängste, wie die Verlassenheits- oder Trennungsängste, die Angst vor der Zukunft, vor der Zurückweisung, die Versagensangst, den heute so verbreiteten Aktionismus, das Streben nach Macht und Besitz. Er erörtert auch das Aufmerksamkeitsdefizit- und Hyperaktivitätssyndrom bei Kindern und Jugendlichen und versteht es als verzweifelten Appell der Betroffenen an deren Umgebung, als Zeugnis ihres Gefühls der Verlassenheit und ihrer Todesangst. In eindrücklicher Art beschreibt der Autor die Erscheinungsbilder der Bewusstseinsspaltung, der Depersonalisation und der Derealisation, die bei den in der Gegenwart gehäuft auftretenden posttraumatischen Störungen auftreten können. Selbstverständlich geht Fabian auch auf die meist mit Ängsten und Verzweiflung einhergehenden und heute in der Bevölkerung gehäuft auftretenden Depressionen ein. Folgerichtig wendet er sich dann der Urangst zu, unter der er nicht nur die Angst vor der Angst, sondern auch jene vor der Begegnung des Menschen mit der Tiefe seines eigenen Seins versteht. Eine Urangst kann auch bei Schizophrenen auftreten, die sich oft nicht nur vor ihrer eigenen Tiefenwelt, sondern auch vor der sozialen und räumlichen Nähe anderer Menschen ängstigen, gegen die sie sich nicht abzugrenzen vermögen. Abschließend wendet sich der Autor den verschiedenen psychotherapeutischen wie auch medikamentösen Verfahren der Behandlung von Angststörungen zu. Seine Ausführungen zeugen einerseits von seinen reichen Kenntnissen und seinen langjährigen Erfahrungen in diesem Bereich, andererseits von seinen originellen Gedanken im Zusammenhang mit der Therapie der Angsterkrankungen. Er betont, dass der Therapeut die Angst immer auch in deren interpersoneller Dimension verstehen sollte. Die Zweiersituation der Einzeltherapie und das Miteinander der Angstpatienten in der Gruppenpsychotherapie wirkten angstdämpfend und brächten ein Gefühl des Mitgetragenseins.

Insgesamt lassen die Ausführungen Fabians zum Thema »Angst und Urangst« seine umfassende berufliche Erfahrung erkennen. Er besitzt eine bemerkenswerte Kenntnis der einschlägigen Literatur und verfügt über eine faszinierende Intuition im Umgang mit dem Angstthema.

Raymond Battegay, emeritierter Ordinarius für Psychiatrie an der Universität Basel

Einleitung: Angst und der heutige Mensch

Stefan Zweig schrieb in seiner Autobiographie »Die Welt von Gestern. Erinnerungen eines Europäers« im Jahr 1944 über das Ende des 19. und den Anfang des 20. Jahrhunderts: »In dem einen kleinen Intervall, seit mir der Bart zu sprossen begann und seit er zu ergrauen beginnt, in diesem einen halben Jahrhundert hat sich mehr ereignet an radikalen Verwandlungen und Veränderungen als sonst in 10 Menschengeschlechtern.«[1] »Mein Vater, mein Großvater, was haben sie gesehen? Sie lebten jeder ihr Leben in der Einform. Ein einziges Leben von Anfang bis zum Ende, ohne Aufstiege, ohne Stürze, ohne Erschütterung und Gefahr, ein Leben mit kleinen Spannungen, unmerklichen Übergängen; in gleichem Rhythmus, gemächlich und still, trug sie die Welle der Zeit von der Wiege bis zum Grabe. Sie lebten im selben Land, in derselben Stadt und fast immer sogar im selben Haus; was außen in der Welt geschah, ereignete sich eigentlich nur in der Zeitung und pochte nicht an ihrer Zimmertür.«[2] »Alles in unserer fast tausendjährigen österreichischen Monarchie schien auf Dauer gegründet und der Staat selbst der oberste Garant dieser Beständigkeit […]. Dieses Gefühl der Sicherheit war der erstrebenswerteste Besitz von Millionen, das gemeinsame Lebensideal.«[3]

Und der Begründer der modernen Psychosomatik, Franz Alexander, aus der gleichen Monarchie stammend, charakterisiert die Zeiten, die darauf folgten in seinen Erinnerungen 16 Jahre später mit den Worten: »Wir leben in einer sich rapide verändernden Welt. Die Geschwindigkeit dieser Veränderung hat seit der Industriellen Revolution vor 150 Jahren ständig zugenommen und hat während der letzten 50 Jahre ein beispielloses Tempo erreicht.«[4] Oft in der Geschichte fanden die Menschen, dass sie mit dem raschen Tempo der Veränderungen nicht mehr Schritt halten konnten, dass es die kurze Spanne ihres Lebens und ihre Wandlungsfähigkeit überforderte.

Es ist dabei von Bedeutung, dass die Veränderungen, die wir seit einigen Jahrzehnten durchmachen, *global* sind: Kein Gebiet bleibt ausgespart. Der Wandel führt zu Unsicherheit, Desorientierung, Destabilisierung und zu einem Vakuum bezüglich ethischer Normen und Werte, besonders in unserer Jugend. Hinzu kommen die tief greifenden Folgen der Migration von Menschen aus armen Ländern und der weltweiten Globalisierung, die alte Traditionen und Werte verdrängt. Technologisierte Uniformität setzt sich überall dort durch, wo früher lokale kulturelle Bräuche tief verwurzelt waren. Damit verbunden ist der Abbau sozialer Verhaltensnormen und der Zerfall ethischer Werte zugunsten einer Pseudoethik des Wirtschaftlichen und des Hedonismus; ferner die weitere Abschwächung des Einflusses des Glaubens, der früheren sozialen Strukturen, sowie das weitgehende Fehlen von echten Vorbildern. Wie schon bemerkt, stellen die sozialen, technologischen und kulturellen Veränderungen, die während einer Lebensspanne seit Bestehen der Menschheit noch nie so rasant gewesen sind, die Anpassungsfähigkeit des Individuums auf eine harte Probe. Ältere Menschen müssen die neuen Medien und Technologien in raschem Tempo erlernen und mit den aufeinander folgenden Weiterentwicklungen Schritt halten, um in ihrer Arbeit und ihrem Beruf bestehen zu können, oft verdrängt von den Jüngeren, die mit diesen Medien aufgewachsen sind. Bei den Jugendlichen haben die neuen Medien, die Fernsehfilme, Spielautomaten und elektronischen Apparate das Märchenerzählen, oft auch das Lesen und die alten Spiele ersetzt. Die soziale Kommunikation wird formalisiert, Vereinsamung wird durch die elektronischen Massenmedien beschleunigt.

Aufgrund der rapiden Veränderungen, der »radikalen Enttraditionalisierung der Lebensformen«,[5] die die Menschheit noch nicht ausreichend integrieren kann, wird die Frage der Identität des heutigen Menschen zu einem wesentlichen Problem unserer Zeit. Die in immer schnellerem Tempo, quasi exponentiell zunehmende Veränderung um uns hat psychologische Folgen. Sie betreffen unsere Beziehungen zur Welt und zu den Menschen, unser Gefühl der eigenen Identität und unsere Ängste. Alexander sprach von einer Krise des »integrierten Selbst«, die zu einem zentralen Problem unserer Zeit wird.[6] Sie berührt den Alltag, die menschlichen Beziehungen, die Erziehung, soziale Probleme, Wirtschaft und Politik, die Wissenschaft, die Medizin und nicht zuletzt auch die Psychotherapie. Die psychotherapeutische Arbeit zeigt, dass der Einfluss der globalen Probleme potenziert wird durch den Zerfall traditioneller familiärer Strukturen und des Gruppenzusammenhalts, mit dem Ergebnis einer wachsenden Isolation des Individuums. Darüber hinaus sind das häufige Fehlen des Vaters als Identifikationsfigur und die Seltenheit echter Vorbilder in der nationalen und Weltpolitik Faktoren, die die Entwicklung der Persönlichkeitsstörungen und Psychosen begünstigen.[7] Identitätsprobleme neigen dazu, die existenzielle Angst zu vergrößern.

Natürlich lebten die Menschen auch in anderen Zeiten mit ihren Ängsten: Die Lebenserwartung war kürzer, Krankheiten, Seuchen, Kriege, Armut bedrohten die Menschen. Jedes Zeitalter hatte »seine« Ängste, die mit der besonderen Geschichte der Zeit verbunden waren. Unsere Ängste hängen stark mit den Verunsicherungen, den Bedrohungen unserer

Zeit, mit dem Nachlassen oder dem Untergang traditioneller Strukturen, den rapiden Veränderungen der Technologie und ihren Gefahren, mit der identitätsmäßigen Unsicherheit zusammen.

Haben wir heute spezifische Ängste, die andere Epochen nicht oder weniger kannten? Der bekannte Schweizer Psychiater und Psychoanalytiker Raymond Battegay schreibt dazu: »Die Angst hat die Menschen zu allen Zeiten beschäftigt. Sie scheint aber noch nie so dominant wie heute gewesen zu sein. Der moderne Mensch, obschon er kaum einen Ort findet, an dem er für sich selbst sein kann, fühlt sich zutiefst vereinsamt. Allein steht er oft seinen Lebensaufgaben gegenüber. Angst bemächtigt sich deshalb seiner.«[8]

Wir sind zum ersten Mal in der Geschichte für unsere Ängste selbst verantwortlich, wir haben sie größtenteils *selbst* heraufbeschworen. Zum ersten Mal in der Geschichte sind es Bedrohungen von *Menschenhand*, die unsere existenziellen Ängste schüren.

Der frühere Mensch fürchtete sich vor Blitz und Donner, vor der Pest; er brachte diese »Strafen« in Verbindung mit seinen Sünden und suchte Gnade und Vergebung bei den Göttern, die es zu beschwichtigen galt. Jeder konnte sein Leben tugendhafter gestalten, seinen Glauben stärken. In unserem Zeitalter sind dieser Glaube und die damit verbundene Hoffnung nicht mehr Teil unserer Welt. »Die Angst [ist] längst nicht mehr ein Problem des einzelnen: Sie ist zur ›Krankheit‹ unseres [des 20.] Jahrhunderts geworden. Sie äußert sich nicht nur im Leben des Individuums, sondern im Kollektiv, in der Gesellschaft.«[9] In Anlehnung an ein Gedicht von W. H. Auden, »The Age of Anxiety«,[10] spricht man von einem Zeitalter der Angst, die in Kunst, Literatur und Philosophie mehr und mehr im Mittelpunkt steht. Freilich hätten Kafkas Romane und Erzählungen nicht den Popularitätsgrad er-

Einleitung

reicht, den sie heute besitzen (trotz der einzigartigen literarischen Qualitäten seiner Schriften), wenn sie nicht dieses Empfinden einer vagen, unerklärlichen, unheimlichen Angst für viele Leser ausdrücken würden.

Die Angst vor der Leere, vor der Begegnung mit sich selbst kommt auch zum Ausdruck, quasi als Symptom, in der allgegenwärtigen akustischen Füllung, die uns allenthalben begegnet: in Restaurants, auf den Flughäfen, in öffentlichen Gebäuden. Die Jugendlichen (und die vielen jugendlichen Erwachsenen) müssen sich durch ohrenbetäubende Musik in Discos, Autos und durch Ohrenstöpsel vor der Leere und Langeweile schützen; ihre Popmusik, der genuinste Ausdruck ihrer inneren Welt und ihrer Not, drückt Wut, oft blinde Revolte und Verzweiflung aus, die Suche nach einem Sinn in Liebe oder Sex. Sie scheinen in einen Teufelskreis zu geraten, der sie auf der Flucht vor der Angst (oft nur als innere Leere wahrnehmbar) in die Wut, von der frustrierten Wut wieder in die Angst treibt. Aktivität und Konsum werden als Auswege von unserer Marktwirtschaft angeboten und nach Kräften gefördert.

In der Kunst und der Musik unserer »Postmoderne« können wir die Schatten der Orientierungslosigkeit, der Angst, der Ohnmacht und der Wut, die diese Ohnmacht erzeugt, deutlich spüren. Die moderne Architektur mag eindrucksvoll sein, schreibt der Psychoanalytiker Arno Gruen, »sogar Schwung haben«. Aber wenn wir fertig sind, sie mit unseren Augen zu überfliegen, »befinden wir uns immer noch auf der Suche nach etwas mehr. Das Auge ist nicht ›gesättigt‹, man ist nicht zur Teilnahme angeregt worden. Ja, vielleicht gab es dem Betrachter sogar unmittelbar ein Gefühl von Macht; das füllt aber auch nicht aus, da es einen dazu bringt, nur nach mehr zu suchen.«[11]

Aber noch etwas hat sich in unserer Zeit geändert: die

Mechanismen, die früher die Angst linderten und Hoffnung schafften: die Religion, der Glaube, die menschliche Gemeinschaft, das Leben in großen Gruppen. Der Mensch vereinsamt immer mehr, lange nicht mehr nur in der Anonymität der Großstädte; die Großfamilie und die traditionellen sozialen Strukturen lösen sich überall auf, in Europa schon seit der Industriellen Revolution vor etwa 150 Jahren, und andere Kontinente folgen, vom technologischen Fortschritt verblendet, in raschem Tempo. Die Sicherheit alter Bräuche, Mythen, kultureller Traditionen schwindet wie die Gletscher auf Grönland. Der moderne Mensch bleibt angesichts seiner Ängste allein. Das ist das Neue. Mit dem Verschwinden der Sicherheit der alten sozialen Strukturen *und* des Glaubens verschwindet auch der Halt, und der Mensch sieht sich alleine konfrontiert mit dem Nichts.

Die Medien und die Populärwissenschaft haben sich des aktuellen und publikumswirksamen Themas Angst angenommen: Sie haben eine wahre Angstkultur geschaffen. Andererseits sind es die Medien, darunter auch die ernst zu nehmenden, die beängstigende Nachrichten bagatellisieren. »Erdbeeren aus Grönland?«, kündigt ein Artikel aus der Süddeutschen Zeitung an,[12] in dem die Prognose, dass »der Meeresspiegel bis zur Jahrhundertwende allein durch das Wasser des grönländischen Eises bis zu 15 Zentimeter steigen wird«, gleichrangig ist mit der Erwartung der Erdbeerzüchtung. Die Populärwissenschaft, unterstützt von manchen Fachleuten, hat eine wahre Flut von »Ratgebern« hervorgebracht, die die Angst als ein fast überflüssiges Übel bagatellisieren und »wirksame« Wege für ihre Bekämpfung versprechen, um die »Ängste besiegen« und »Endlich frei von Angst und Panik« oder »Frei von Angst – ein Leben lang« sein zu können. Im Internet wird geworben: »Man braucht im Leben nichts zu fürchten«, »Angstfrei leben«. Der bekannte Angstforscher

Borwin Bandelow verspricht sich von den Vomeropherinen, neuen Substanzen, die gegen Angst wirken sollen, einen derartigen Durchbruch, dass er hofft – nur halb scherzhaft –, es werde »vielleicht ein Nasenspray gegen Ängste entwickelt werden«[13]. Es ist nicht nur ethisch bedenklich, sondern auch nicht ungefährlich, wenn vor allem Fachleute die Angst und ihre Zunahme zum »besiegbaren« Symptom verharmlosen und dies mit verschiedenen Trainings und dergleichen erreichen wollen; sie verheißen ein Leben ohne Angst, so wie sie die Hoffnung und Illusion nähren, der Mensch könnte eines Tages ohne Schmerz und ohne zu altern existieren.

Angst ist als existenzielle Angst ein Urgefühl menschlichen Daseins. Es wird nie ein Leben ohne Angst geben. Die Menschen unterscheiden sich weniger dadurch, ob sie Angst haben; sie unterscheiden sich in der Art, wie sie gelernt haben, die Angst auszudrücken. Und sie unterscheiden sich wesentlich in der Art, wie sie mit der Angst umgehen, mit anderen Worten in ihrer Art, die eigene *Angst vor der Angst* zuzulassen oder abzuwehren, zu verdrängen oder zu konfrontieren. Obwohl wir heute mit einer Vielfalt von Ängsten zu leben haben, die unsere Vorfahren nicht kannten – oder vielleicht gerade deswegen –, weichen wir der Angst mehr aus als früher: Wir vermeiden die Angst der Begegnung mit der eigenen Urangst, die Angst vor der Angst. Dies ist das Hauptthema des zweiten Teils dieses Buches.

I Die Angst

1 Was heißt Angst?
Was ist eine Angststörung?

Bei Hans Hellner, einem Arzt, der sich mit dem Thema eingehend beschäftigt hat, lesen wir folgende Definition von Angst: »Ein mit Beengung, Erregung, Verzweiflung verknüpftes Lebensgefühl, dessen besonderes Kennzeichen die Abschaltung der willensmäßigen und verstandesmäßigen Steuerung der Persönlichkeit ist«.[1] Angst kann etwas Quälendes, Bedrohliches, Beunruhigendes haben, das ein Gefühl von Ohnmacht in uns weckt.

Viele solcher Versuche, die Angst auf den Punkt zu bringen, betonen das Unangenehme des Angstgefühls, hinterlassen dabei aber den Eindruck, dass ihnen etwas Wesentliches fehlt, etwas, das die Dichter und die Philosophen besser verstanden haben. Der Psychiater Gerd Rudolf gehört zu denjenigen, die denn auch bereitwillig einräumen, dass Wissenschaftler Angst schwer definieren können: »Dort, wo sich Wissenschaftler schwer tun, [können] die Philosophen weiter [helfen]«.[2]

Der Philosoph Hermann Schmitz beschreibt Gefühle im Allgemeinen als »räumliche, ortlos ergossene, leiblich ergreifende Atmosphären, vergleichbar dem Wetter und der reißenden Schwere, wenn man ausgeglitten ist und entweder schon stürzt oder sich gerade noch fängt«[3]. Spricht hier ein Philosoph oder ein Dichter? Wie wir in Kapitel 4 sehen werden, sind es nicht die Philosophen, sondern die Dichter und Künstler, die die Angst immer schon am besten *begreifen* und spürbar machen konnten.

Philosophen wie Klages und Heidegger haben erkannt, dass die Angst stets Todesangst bedeutet, zumindest in ihrer tieferen, existenziellen Form – »Angst als Begegnung mit dem Nichts«[4]. Die tiefe Quelle der Angst, die Urangst, ist also die Todesangst. Letzten Endes, so Hellner, »ist Angst immer etwas, das aus der Bedrohung des Ewigen, unsterblichen Lebens im Individuum, das sterben muss, entsteht und sich im Sterbenmüssen gegen die Auflösung des individuellen Lebens auflehnt«.[5] Die Formen, unter denen diese Urangst auftritt, sind jedoch extrem variabel. Sie hängen vom Zeitalter und seiner Geschichte, vom kulturellen Hintergrund, von der psychischen Struktur eines Menschen ab, aber auch von seinen geistigen Eigenschaften und vor allem von seiner eigenen Geschichte.

Es ist wenig verwunderlich, dass die Menschheit, allen voran Philosophen und Mediziner, mit dem Verständnis dieses bedrohlichen, allgegenwärtigen Gefühls und dem Versuch seiner Linderung seit Menschengedenken gerungen hat. Für die Medizin, besser gesagt für die Psychiatrie und die Psychotherapie, ist das Phänomen Angst zu einem Problem, zu einem Symptom geworden, das gelindert und nach optimistischerer Einschätzung auch »geheilt« werden kann. Selbst Sigmund Freud ließ noch 1917 erkennen, dass er irrationale Angst als ein heilbares Problem betrachtete, als ein »*Rätsel*, dessen *Lösung* eine Fülle von Licht über unser ganzes Seelenleben ergießen müsste«[6].

»*Die Beschäftigung mit dem Phänomen der Angst erfolgte im Wesentlichen, sieht man einmal von soziologischen, theologischen und historischen Studien ab, durch zweierlei Strömungen. Die eine Strömung setzt sich zusammen aus Betrachtungen von* Philosophen, *die sich mit der Angst als einem Bestandteil der* conditio humana *auseinander gesetzt haben und versuch-*

ten, dieselbe über die Natur des Menschen als einem selbst-
bewussten, denkenden und fühlenden Wesen zu beschreiben. Ein
Weg dazu bestand in der phänomenologischen Betrachtung
der Angst. Die andere Strömung griff das Phänomen der Angst
von ihrer pathologischen *Seite her auf. Dies war Aufgabe der*
Mediziner und ›Irrenärzte‹, sich mit den Angsterscheinungen
ihrer Patienten auseinander zu setzen und hypothetische Erklä-
rungsmodelle zu liefern. Diese Erklärungsansätze basierten im
Wesentlichen auf dem Versuch, Angsteffekte und ihre Konditio-
nen auf organische Grundlagen zurückzuführen.«[7]

Dieses Denken stand auch am Anfang der Psychoanalyse,
denn Freud, ähnlich in der mechanistischen Tradition der
Medizin geschult, betonte die »*dispositionellen bzw. konstitu-*
tionellen Faktoren«,[8] die neben den psychodynamischen eine
wichtige Rolle spielten. Auch für die Entstehung der Angstneurose kommt laut Freud eine erbliche Veranlagung, eine
sog. »hereditäre Disposition«, in Frage. Freud lernte bis zum
Alter von 26 Jahren bei Ernst Brücke, der zusammen mit
Helmholtz und Du Bois-Reymond in Wien den wissenschaftlichen Positivismus vertrat. »Nur die gemeinen physikalisch-
chemischen Kräfte«, argumentierten sie, »sind im Organis-
mus wirksam. Unerklärliche Phänomene müssen durch die
physikalisch-mathematische Methode allein angegangen werden [...]. Als Freud in Wien studierte, waren die Positivisten
am Ruder«,[9] so Peter Gay, Freuds Biograph.
   Die neurobiologische Erforschung der Angst hat große
Fortschritte gemacht, indem sie die Vorgänge im Gehirn darstellt, die bei Angst ablaufen. Sie hat uns geholfen zu verstehen, *wie* und *wo* Angst entsteht, welche Zentren und Nerven-
bahnen für sie »zuständig« sind. Zur Erhellung des Wesens
der Angst als elementarer *Erfahrung* des Menschen und des
Menschseins hat sie nichts beigetragen. Die moderne Wissen-

schaft behandelt die Angst – wie auch alle anderen psychischen Phänomene – als Tatsachen, die sich »objektiv« analysieren lassen. Die auf diese Art gewonnenen Erkenntnisse, die wir in Kapitel 9.3 (»Neurobiologie der Angst«) näher betrachten werden, werden dann als »wissenschaftlich« oder »evidenzbasiert« rationalisiert.

Der Psychoanalytiker Arno Gruen bemerkt, dass die Wissenschaft sich nach René Descartes von der menschlichen Erfahrung distanziert und sich in einen erkennenden und einen erfahrungsgerichteten Teil gespalten hat: »Für Descartes war der ideale Mensch ein leeres Subjekt, das allmählich mit Objektivität gefüllt werden müsse.« Damit dient das rein »abstrakte Denken [dem] Schutz gegen die Erlebnisse in der Kindheit« und die Wissenschaft wird zum »Ausdruck unserer Entfremdung von uns selbst«[10] (s. auch Kap. 12, »Professionelle Angst«). Nirgendwo zeigt sich diese Entfremdung deutlicher als in der wissenschaftlichen Erforschung der Angst. Und die Auffassung, Angst sei ein Forschungsobjekt wie jedes andere, ohne Relevanz für den angstspürenden Menschen – und schon gar nicht für den Untersucher –, zieht sich implizit durch die Wissenschaft.

Auf einer Tagung über Angststörungen, die von einem Pharmakonzern vor einigen Jahren organisiert wurde, entwickelte sich nach etlichen, sehr komplizierten Vorträgen über die synaptischen Verbindungen und die Rezeptoren der Angstleitung eine Round-Table-Diskussion über die Behandlung von Angstpatienten. Der Vorsitzende erzählte halb amüsiert über einen Patienten, der ihn seit Jahren immer wieder telefonisch bedränge und sich nicht durch Versuche abspeisen lasse, ihn dem Oberarzt weiterzudelegieren; Medikamente haben bisher kaum eine Wirkung gezeigt. Der Wissenschaftler schien nicht verstanden zu haben, dass der unter Angst Leidende eine *Person* braucht, zu der er Vertrauen gefasst hat –

in diesem Fall *seine* Person –, und nicht ein Medikament oder einen von ihm delegierten Arzt. Ein anderer Experte versuchte, ihm Ratschläge zu erteilen. Daraufhin wandte sich der Vorsitzende zu ihm und fragte zynisch: »Willst Du ihn haben?« »Nein, nein.« Gelächter breitete sich unter den Hunderten von Zuhörern aus. Man musste sich fragen, ob irgendeiner dieser Zuhörer jemals unter Angst gelitten hat.

Die Psychiatrie hat also viel zur Klassifikation der Angst, aber wenig zu ihrem tieferen Verständnis beigetragen. Sie hat sie nach ihren verschiedenen klinischen Manifestationsformen klassifiziert und in diagnostische Einheiten eingeteilt. Sie unterscheidet zwischen »phobischen Störungen« und »anderen Angststörungen«, zwischen Generalisierter Angststörung, spezifischen und sozialen Phobien und Panikstörung. Die Pharmaindustrie gibt sich große Mühe, spezifische Mittel gegen die verschiedenen Ängste zu entwickeln, als handele es sich um Krankheitssymptome, die miteinander nichts oder wenig zu tun hätten und unterschiedliche Gegenmittel benötigten. Enorme finanzielle Mittel werden verbraucht, immense Gewinne sind zu erhoffen, denn es gibt wohl kaum einen psychiatrischen und wenige somatische Patienten, die nicht unter Angst leiden.

Die heutige Psychiatrie befindet sich in einer eindeutig biologistischen Phase – nach dem erheblichen Einfluss der Psychoanalyse auf die Psychiatrie in den USA der 60er und 70er Jahre, die zu einer Synthese im Sinne der Dynamischen Psychiatrie führte, als es allgemeines Ziel war, »nicht nur bessere Psychiater, sondern bessere Therapeuten zu entwickeln – Therapeuten, die bereit [waren], die Patienten zu verstehen und mit ihnen empathisch mitzufühlen in ihren existenziellen Problemen«, schreibt der amerikanische Psychiater Eric Kandel.[11] Die heutige Psychiatrie steuert einen Kurs der fast ausschließlichen Begeisterung durch die neurobiologische

Wissenschaft an. Kandel selber äußert in seinem weitsichtigen Artikel die Zuversicht, dass »eine größere Betonung der Biologie [...] aus der Psychiatrie eine technologisch verfeinerte und wissenschaftlich rigorosere medizinische Disziplin machen wird«, bedauert aber gleichzeitig die »unglückliche, ja, tragische« Entwicklung, die dazu führte, dass »die reichen Einsichten, die aus der Psychoanalyse kamen, durch die Annäherung zwischen der Psychiatrie und den biologischen Wissenschaften verloren gingen«[12]. Diese implizite Warnung wird heute wenig beachtet. Abgesehen davon, dass in Deutschland die vorwiegend amerikanische Synthese zwischen Psychiatrie und Psychoanalyse aus historischen Gründen weitgehend ausgeblieben ist (in der Nazizeit wanderten die meisten, in der Mehrzahl jüdischen Analytiker hauptsächlich in angelsächsische Länder aus, sofern sie nicht verfolgt oder ermordet wurden; die Psychoanalyse wurde damit »vom europäischen Kontinent verbannt [und] verdrängt«[13]), können wir heute eher eine Tendenz der Biologiefaszination beobachten, die durch die neuere Entwicklung der bildgebenden Verfahren gefördert wird. Freilich vermag das »Hineinschauen in das Gehirn« viele zu begeistern; doch soll man nicht aus den Augen verlieren, dass wir durch die modernen bildgebenden Methoden nicht Gefühle »sehen«, sondern lediglich etwas von deren hirnphysiologischen Korrelaten. Sie sind – in Analogie zu Platons Höhlengleichnis in seiner »Politeia« – nicht mehr als Zeichen des Lebens, die in der Höhle als Schatten wahrgenommen werden.

In den letzten Jahren haben neuere Konzepte wie die Neuronale Plastizität, die Spiegelneuronen und die bildgebenden Verfahren zu einer gewissen Annäherung zwischen der biologistischen Psychiatrie und der Psychoanalyse geführt. Die neuen Konzepte und Verfahren »bestätigen« konkret, dass Psychoanalyse »beweisbare« Veränderungen im Gehirn her-

I Die Angst

beizuführen vermag. Der Drang der Psychoanalyse selber zur Wissenschaftlichkeit ist heute – nicht zuletzt aus Anpassungs-gründen – wieder sehr groß, denn damit könnte man den alten Traum Freuds verwirklichen, die Psychoanalyse und das Unbewusste endlich beweisbar, objektiv wissenschaftlich zu machen und damit auch die Skepsis (und nicht selten die Überheblichkeit) der biologischen Forschung ein für alle Mal beenden und eine anerkannte »echte Wissenschaft« werden. Psychoanalyse ist aber nicht gleich Psychoanalyse – auch wenn in der Wissenschaft eine solche Sichtweise erwünscht und manualisierte analytisch basierte Verfahren beliebt sind.[14]

Trotz großer Bemühungen der Psychiatrie, Angst zu klas-sifizieren, ist es leicht festzustellen, dass Panik, phobische Ängste, generalisierte Angst, soziale Phobien und Furcht eng zusammenhängen. Sie können, wie andere Symptome auch, phänomenologisch beschrieben und klassifiziert werden, aber es ist eine Illusion, damit auf den Grund der Angsterfahrung stoßen zu können. Phobien und generalisierte Ängste unter-scheiden sich zwar durch ihre Auslösemechanismen, doch ist das Erlebte, das Erfahrene in der Angst bei beiden identisch; die Intensität variiert erheblich auch innerhalb jeder dieser ge-trennten Angstformen, beispielsweise von einer harmlosen Phobie bis zu einer verheerenden, panischen Phobiesympto-matik.

Nicht die Angst selber, sondern der Umfang und die Er-scheinungsformen der Angst sind kulturell und durch die eigene Geschichte determiniert. Angst ist eine urmenschliche Erfahrung. In Fritz Riemanns Worten, eines der wichtigsten Forscher zum Thema: »Angst gehört unvermeidlich zu unse-rem Leben. In immer neuen Abwandlungen begleitet sie uns von der Geburt bis zum Tode.«[15] Wir können von existenzieller oder Urangst sprechen, die unterschiedliche Manifestations-formen annehmen kann. Ihre Klassifikation und getrennte

Untersuchung sollten nicht darüber hinwegtäuschen, dass sie Erscheinungsformen ein und derselben Urangst sind.

Angst ist immer die Domäne der Kunst und der Literatur gewesen. Wer den »Schrei« von Edvard Munch oder die Bilder von Bosch, Kubin, van Gogh und den Surrealisten gesehen, die Gedichte Ingeborg Bachmanns oder Kafkas Prosa gelesen hat, wird mehr von der Angst verstanden haben als durch viele Abhandlungen der Fachliteratur.

Die meisten Patienten, die sich an einen Psychiater oder Therapeuten wenden, leiden unter Angst, wenn auch nicht immer bewusst. Angst erscheint häufig unter dem Deckmantel anderer Beschwerden. Angststörungen zählen neben der Depression zu den häufigsten psychischen Störungen überhaupt. Die Lebensprävalenz, d.h. die Wahrscheinlichkeit, dass eine solche Erkrankung im Laufe eines menschlichen Lebens auftritt, liegt bei 14–20, nach manchen Autoren sogar bei 30%.[16] Bei Kindern und Jugendlichen betrage die Prävalenz mindestens 3,5 bis 8%, mit einem Altersgipfel um das elfte Jahr.[17] Meines Erachtens werden diese Zahlen für die Angststörungen für Erwachsene und Kinder viel zu niedrig eingeschätzt. Viele, wenn nicht die meisten Patienten, tauchen unter verschiedenen Diagnosen wie ADHS (vor allem bei Kindern und Jugendlichen), Zwang, Verhaltensstörungen etc. beim Arzt auf. Hinzu kommen die zahlreichen Patienten, die ihre Angst körperlich, mit einer großen Vielfalt von Symptomen und Erkrankungen ausdrücken (s. auch Kapitel 9.1, »Angst und Körper – psychosomatische Aspekte«). Sie geraten nicht selten in das Räderwerk der somatischen Medizin und werden, mit der erheblichen Verfeinerung der Labortechniken und anderer apparativer Untersuchungsmethoden, nach verschiedenen Störungen und Verdachtsmomenten untersucht. So kreisen immer größere Zahlen von Patienten

I Die Angst

durch die Warteräume der Praxen, Krankenhäuser und Labors, deren Ängste durch die medizinischen Prozeduren abgelenkt oder »betäubt« werden. Auch die Ängste der Ärzte werden damit »beruhigt« bzw. auf »organische« Bahnen gelenkt; häufig werden sie dem Patienten unterschwellig zugeschoben.[18] Viele Menschen verbergen ihre Ängste; sie verdrängen oder kompensieren sie, ohne dass sie als Symptom erkennbar werden. Dies passiert erst, wenn die »Sicherheitsstrategien« – etwa die berufliche Position, die Arbeit oder eine enge Partnerschaft – versagen.

Liest man die Definition von Angststörungen in den gängigen Diagnosesystemen, so wird klar, dass die Trennlinie schwer zu ziehen ist: Wann wird Angst zur Krankheit oder zur krankhaften Störung? Wann ist sie behandlungsbedürftig? Wie viel Angst ist »normal«? Und eine besonders wichtige und fast vergessene Frage: Wann wird die Angst *zu wenig*?

In diesem Zusammenhang möchte ich auch präziser definieren, was ich unter dem Begriff »krankhafte Angst« verstehe. Angst in ihrer ursprünglichen Form von Urangst, d.h. existenzieller oder Todesangst – nicht nur im engeren Sinn von Angst (Furcht) vor dem Tod, sondern allgemeiner, als die Angst vor dem Nicht-mehr-Sein, vor der Auflösung – ist dem Menschen eigen. Er kann sie spüren oder nicht. Er kann bewusst, emotional, philosophisch mit ihr hadern oder sie ignorieren oder verdrängen. Wie wir sehen werden, bedeutet die Tatsache, dass jemand nicht unter Angst leidet, keineswegs, dass dieser Mensch »gesünder« ist als andere, sondern unter Umständen, dass er die Angst tief abwehrt oder nicht *imstande ist*, sie zu spüren.

»Normal« ist die Angst, wenn

1. sie bewusst ist, nicht geleugnet oder abgewehrt wird;
2. sie in ihrem Ausmaß nicht das Leben und keine zwischen-

menschlichen Kontakte und Beziehungen hindert, sondern eher als »Motor« des Lebens fungiert;

3. auch die Angst, die sie verursacht (die Angst vor der Angst)
bewusst wird und zur Auseinandersetzung führt.

Krankhafte (pathologische) Angst ist eine Angst, die verdrängt, abgewehrt wird, nicht bewusst ist; sie drückt sich
durch andere Gefühle aus (z.B. Aggression) oder nimmt über-
hand und verhindert durch ihre Ausmaße ein bewusstes, ge-
nießendes Leben in Beziehung zu anderen Menschen und
Gruppen.

Es gibt keine Angststörungen als Symptom oder Krankheit allein. Die sog. Angstkrankheiten sind theoretische Ge-
bilde, denn die Angst als lebenshemmende, oft panikartig
auftretende Angsterkrankung existiert nie in Reinform. Die
Angststörung ist immer Teil eines Prozesses, in dem Depression, Zwangssymptome, Aggression und Selbstaggression,
irrationale Schuldgefühle, Scham, Misstrauen, Abgrenzungs-
probleme, Abhängigkeit, Unentschlossenheit, Kontaktstörun-
gen, Gruppenängste u.a. das Bild ergänzen.

Andererseits liegt Angst *jeder* psychischen, psychiatrischen und psychosomatischen Störung in unterschiedlichem
Ausmaß zu Grunde. Lediglich ihre Manifestationsformen,
komplexen Verbindungen mit anderen Symptomen wie Aggression, Sinnestäuschungen, Antriebsstörungen oder psychosomatischen Symptomen und Erkrankungen usw. sind
nach außen unterschiedlich, so dass die Psychiatrie versucht
ist, der Klassifizierung aufgrund der Symptomatik große
Bedeutung beizumessen. Bereits der belgische Psychiater
Joseph Guislain, ein Arzt der Romantik, sah in der Angst
den Hauptfaktor in der Genese von »Geisteskrankheiten«.[19]
Deshalb ist, wenn man Statistiken liest, nach denen die
Angststörungen zu den häufigsten psychischen Erkrankun-

I Die Angst

gen gehören, immer daran zu denken, dass damit nur die »offiziell« und vor allem »offenen« – nicht etwa unter körperlichen Angstmanifestationen verborgenen – Angststörungen gemeint sind; ihre Häufigkeit wäre sonst unvergleichlich höher!

Wie unterscheiden sich Angst und *Furcht*? Mit dieser Frage haben sich Philosophen ebenso wie Psychiater beschäftigt. Nach Jaspers ist Angst »unbestimmt, gegenstandslos«, während Furcht einen bekannten Auslöser hat und »gerichtet« ist.[20] Kierkegaard unterscheidet zwischen Angst vor Unbestimmtem und Furcht vor etwas Bekanntem, schon Erfahrenem. Einige Autoren, zum Beispiel Raymond Battegay,[21] weisen auf die Schwierigkeit hin, Angst und Furcht sauber voneinander zu trennen.

In der Fachliteratur werden in der Regel vier Untergruppen von Angststörungen unterschieden und phänomenologisch charakterisiert: Generalisierte Angststörung, Panikstörung, allgemeine phobische Störungen und soziale Phobie. Auch Mischformen wie z.B. Agoraphobie mit Panikstörung werden beschrieben.

Die *Generalisierte Angststörung* (englisch Generalized Anxiety Disturbance) wird als eine über längere Zeit anhaltende Angst beschrieben, die oft ohne bestimmten Grund auftritt und deshalb der Umgebung als »unrealistisch« oder »übertrieben« erscheint. Sie kann von körperlichen Beschwerden wie Unruhe, Schweißausbrüchen, Bauchschmerzen, Herzklopfen, Zittern oder Übelkeit begleitet sein.

Panik ist mit dem Namen des Gottes Pan assoziiert und hat auch erotische und sexuelle Implikationen. Pan ist »der große phallische Gott der Bewohner des Peloponnesos und besonders Arkadiens [...], ein Gott mit Bockshörnern und Bocksbeinen«.[22] Wenn auch Pan Liebling der Götter war, verursachte er unter den Menschen und besonders den Nymphen große Unruhe und Angst aufgrund seiner sexuellen Eskapaden. Allerdings erschreckte er nicht nur die Nymphen, sondern sandte auch den »Pan-Schrecken«, die »Panik«, den Persern vor der Schlacht von Marathon (490 v. Chr.).

Mit Panikstörung bezeichnet man eine anfallsartig, meist ohne erkennbaren Grund und sehr heftig auftretende – oder sich allmählich steigernde – Angst, die unerträglich wird und mit Todesfurcht oder der Befürchtung, »verrückt« zu werden, verbunden sein kann. Auch die Panik kann heftige körperliche Symptome – die gleichen wie die Angststörung – auslösen. Im Grunde ist Panik nichts anderes als eine nicht mehr kontrollierbare Steigerung der Angst, eine Angstspirale, die aber in den offiziellen Diagnose-Klassifikationssystemen als eigene Erkrankung angesehen wird.

Vor allem dank Melanie Klein wurde die Panik als eigene Angst-Entität beschrieben, was für die spätere medikamentöse Forschung und Therapie Bedeutung erlangen sollte. Dieses künstliche Produkt der Systematisierung – wie andere ähnliche – widerspiegelt den Mangel an einer dynamischen Theorie, die die *Angsterfahrung* zu ihrem Mittelpunkt macht und konzeptualisiert. Die Konsequenz dieser Theorie ist letztendlich, dass Panikattacken mit anderen Medikamenten zu behandeln seien als die generalisierte Angst. Denn wenn Panik »endogen« sei und eigene Bahnen im Gehirn beanspruche, dann seien generalisierte Angst und die anderen Formen der Angst in Analogie ebenfalls endogen und die Zeit werde kommen, da Angst, wie Schmerz, durch spezifische Medikamente bekämpft, vielleicht auch für immer beseitigt werde.

Phobien werden durch mehr oder weniger »irrationale« Situationen (offene Plätze, Höhen) spezifische Lebewesen (Tiere) oder Naturereignisse (Dunkelheit, Donner) ausgelöst.

Ihre Intensität kann von leichtem Unbehagen bis zu panikartigen Attacken variieren; das Objekt der Panik wird konse-
quent gemieden.

In dem in Deutschland maßgeblichen diagnostischen System ICD-10, nach dem alle Krankheiten klassifiziert werden,
sind zusätzlich folgende Varianten der Phobien aufgelistet:
Angst vor einer Krankheit (Nosophobie), einer körperlichen
Entstellung (Dysmorphophobie), vor einem Infektions- oder
Vergiftungsrisiko, vor medizinischen Institutionen (z.B. Kran-
kenhäusern), ferner werden spezifische Formen wie Agoraphobie (Angst auf offenen Plätzen oder vor Menschenmengen, Angst vor Auftritt in der Öffentlichkeit oder isolierte
Formen wie Angst vor bestimmten Tieren, vor Höhen, Donner, Dunkelheit, Fliegen, geschlossenen Räumen, Urinieren
oder Defäzieren auf öffentlichen Toiletten, Verzehr bestimmter Speisen, Zahnarztbesuch, Anblick von Blut oder Verlet-
zung oder die Furcht, vor geschlossenen Räumen (Klaus-
trophobie) unterschieden. Schon diese Auflistung lässt das
Formalistische einer solchen Einteilung erkennen, wenn z.B.
zwischen der Angst, sich in Menschenmengen zu befinden,
und der Angst, in solchen aufzutreten, unterschieden wird.
Bei Kindern und Jugendlichen kommen noch Angst vor Tieren (Zoophobie), vor fremden Personen (Xenophobie) und vor
Gewitter (Brontophobie) hinzu.[23] Es liegt aber auf der Hand,
dass ein Kind (und auch ein Erwachsener), das unter einer
Angststörung leidet, diese Angst in noch schwererer Form
spüren wird, wenn es sich im Dunkeln, in geschlossenen Räumen oder in einem Sturm befindet. Jeder Therapeut einer
psychiatrischen oder psychotherapeutischen Klinik kennt die
Steigerung der Angst und ihrer verschiedenen Manifestationsformen nachts. Zudem erinnern die lateinischen Namen
an die Zeiten, in denen diese Bezeichnungen zur Patholo-
gisierung des Patienten und Markierung der Distanz zwi-

schen ihnen und den Ärzten dienten. Man spricht von Phobie-Varianten, die auch nicht jedem Arzt geläufig sind, wie Emetophobie – Angst vor Erbrechen, bzw. Aichmo- (Angst vor spitzen Gegenständen), Myso- (Angst vor Berührung), Kerauno- (vor Blitzschlag), Nykto- (vor der Nacht) und Phobophobie (Angst vor der Angst). Es gibt in der Tat fast nichts, was keine phobischen Ängste erzeugen kann.

Freuds Erklärung der Phobien durch die Verdrängung ödipaler Konflikte hat das Denken der meisten seiner Nachfolger nachhaltig geprägt. Im ersten publizierten Fall einer kindlichen Phobie in der psychoanalytischen Literatur, dem »kleinen Hans«, liefert Freud ein Beispiel dieser Theoriebildung, die bis heute vorherrschend ist und den Blick für die empfundene Angst als existenzielle Angst beim Kind und Erwachsenen verstellt. Nach Freud sind Phobien (insbesondere Tierphobien) Ausdruck einer Kastrationsangst, ihre Symptomatik wird von der Erfahrung oder den Phantasien des Kindes bezüglich der »Urszene« (nach Freud des vom Kind beobachteten und als traumatisch erlebten sexuellen Akts zwischen den Eltern) determiniert. In allen geschilderten Fallbeispielen von Kinderphobien spiele das »Sauberkeitstraining« eine entscheidende Rolle. Auch wenn Anna Freud später bestimmte phobische Ängste auf »archaische Ängste« zurückführt, die nicht mehr auf frühere Erfahrungen reduzierbar sind – z.B. Angst vor Dunkelheit, vor Einsamkeit, Fremden, neuen Situationen, vor Donner und Wind –, definiert sie diese Ängste jedoch nicht als Phobien im eigenen Recht, da sie nicht auf Regression in der phallischen Phase basieren.[24] Das klassische psychoanalytische Denken ist bezüglich der Angst gespalten.

Als *Soziale Phobie* bezeichnet man eine Angst (eigentlich Furcht) vor sozialen Situationen, in denen man Menschenmengen oder bestimmten Aufgaben und Leistungen ausge-

setzt ist, die mit der Möglichkeit eines Versagens drohen. Die
Erwartung einer solchen Situation reicht aus, um den darunter Leidenden in große Angst zu versetzen.

Agoraphobie bedeutet ursprünglich Angst vor öffentlichen
Plätzen, sie kann aber auch Angst vor bestimmten (offenen)
Orten, Geschäften und Menschenansammlungen bedeuten.
Sie kann sich so weit generalisieren, dass der Betroffene jeden
Ausgang von seiner Wohnung vermeidet und in Zurückgezogenheit lebt.

Die Agoraphobie ist eine der verbreitetsten Phobien und
hat zu einer umfangreichen Literatur Anlass gegeben. Freud
sprach schon von der »Agoraphobie mit allen ihren Nebenarten«[25] als Ausdruck einer chronischen Ängstlichkeit (»ängstliche Erwartung«). Dass die agoraphobische Angst, sich auf
offenen Plätzen zu befinden, mit anderen, auch früheren
Ängsten zusammenhängen kann, haben manche Autoren
schon früh vermutet. Es wird auch auf das häufige Zusammentreffen von Agoraphobie und der sog. »Schulphobie« hingewiesen.

Unter *Realangst* oder *situativer Angst* versteht man eine reaktive Angst, die aufgrund konkreter Auslöser entsteht und
deren Intensität und Dauer diesen Gründen angemessen ist.
Sie kann psychodynamisch moduliert sein – d.h. ihre Manifestation und Qualität sind durch die frühen Erfahrungen der
Person bestimmt –, aber sie stellt keine Wiederholung früher
Ängste dar. Diese Angst, die auch von Freud als notwendige
Angst mit selbst- und arterhaltender Funktion beschrieben
wurde,[26] stellt eine »normale« Angst dar – ein Mensch ist gefährdet, wenn es ihm an ihr mangelt. Inwieweit ihr Fehlen ein
Charakteristikum unserer Zeit ist, in der die Zeichen der kollektiven Gefahr für die gesamte Menschheit massiv verdrängt
und von den Machthabern und Politikern faktisch ignoriert
werden, ohne dass deswegen große Menschengruppen rebel-

lieren, wird in den Kapiteln 8 (Defizitäre Angst) und 18 (Ausblick) diskutiert.

Freud selber meinte aber auch, dass eine Unterscheidung zwischen Realangst und neurotischer Angst (oder Angststörung) über das Kriterium der realen oder imaginären Gefahr (»einer Gefahr, die wir nicht kennen«) nicht immer möglich ist.[27] Allerdings verbergen sich oft auch unter der Realangst gut maskierte Ausläufer der existenziellen Angst – eine Tatsache, die auch von Anna Freud erkannt wurde.[28]

Manche Kliniker, denen die subjektive menschliche Erfahrung der Angst und ihre therapeutischen Implikationen wichtiger erscheinen als die wissenschaftliche Kategorisierung, halten wenig von einer scharfen Abgrenzung verschiedener Angstsymptome. »Die Einteilung in verschiedene Ängste«, schreibt der Angstforscher Holger Flöttmann,[29] »bringt weder für die Diagnose noch für die Therapie einen Sinn, da die Psychodynamik die gleiche bleibt«. Insbesondere der von der Pharmaindustrie unterstützten Tendenz, für verschiedene Symptome ihre »eigenen« chemischen Mittel zu finden und dies mit zweifelhaften neurobiologischen Forschungsergebnissen zu untermauern, stehen sie skeptisch gegenüber.[30] Die Verwandtschaft und die Überlappungen dieser unterschiedlichen »Syndrome« sind zu groß und die Kriterien zu ihrer Unterscheidung weisen auf einen künstlichen Charakter hin, so dass das Bedürfnis der Wissenschaft nach Kategorisierung und Systematik spürbarer ist als die eigentliche, subjektive Wirklichkeit der Angst.

Anliegen dieses Buchs ist es zu zeigen, dass in all diesen verschiedenen klinischen Varianten der Angst Manifestationsformen der einen Urangst, der dem Menschen eigenen existenziellen Angst, erkennbar sind.

Um die Bedeutung der Angst für den heutigen Menschen

zu verstehen, muss man sich einen Einblick in die Zusammenhänge zwischen Angst und Religion und die Beschäftigung der Philosophie mit der Angst verschaffen. Ich werde also zunächst den verschiedenen historischen und philosophischen sowie den kulturell-religiösen Aspekten der Angst nachgehen. Im darauf folgenden Kapitel 5 (»Angst in der Psychoanalyse«) steht das Verständnis der Angst, das wir durch die Psychoanalyse gewonnen haben, im Mittelpunkt. Weitere Kapitel beschäftigen sich mit der Beziehung von Trauma und Angst bzw. mit neurobiologischen, gruppendynamischen und transgenerationalen Aspekten der Angst. Die verschiedenen Erscheinungs- und Abwehrformen – die vielen Gesichter der Angst – werden beschrieben.

Meiner Meinung nach ist Angst ein primäres Gefühl, ein Grundaffekt. Sie ist wahrscheinlich das erste und ursprünglichste Gefühl im Leben und viele andere Gefühle (besonders Aggression, Hass, Langeweile) werden aus ihr abgeleitet bzw. kanalisiert. Angst liegt jener Aggression zugrunde, die eine intensive, mit äußeren Auslösern nicht in Verhältnis stehende Qualität aufweist. Diese Anschauung hat wichtige Folgen für die Psychotherapie und würde auch den Medien helfen, »unerklärliche« und sensationsträchtige Phänomene wie Amoklauf, Rechts- und Linksradikalismus und Kriminalität mehr in ihrer Tiefe zu begreifen (s. Kap. 16, »Angst und Aggression in der Psychotherapie«). Angst wird vielleicht am meisten von allen Affekten verdrängt; jeder Mensch hat seine *persönliche*, biographisch gewachsene Art von Angst und von Angstverdrängung. In diesem Zusammenhang wird die Bedeutung der defizitären Angst für die menschliche Geschichte und für die Therapie beleuchtet.

Der zweite Teil des Buches ist der Angst vor der Angst und ihrer Bedeutung gewidmet. Meines Erachtens hat sich der heutige Mensch, mehr noch als seine Vorfahren, auf zahlreiche Strategien geradezu »spezialisiert«, die alle dazu dienen, ihm die Angst vor der Angst, d.h. die Angst vor der Begegnung mit seiner Urangst, die auch die Begegnung mit sich selber bedeutet, zu ersparen.

Am Schluss finden sich ein Kapitel zur Behandlung der Angststörungen und ein letztes Kapitel (»Ausblick«) über die Bedeutung der Angst als »Motor« menschlichen Lebens und individueller Entwicklung.

2   Angst – Begleiter des Menschen

Die Fähigkeit des Menschen, die
Endlichkeit seiner Existenz zu sehen und
im Einklang mit dieser schmerzlichen
Entdeckung zu handeln, ist vielleicht
seine größte psychische Errungenschaft.
Heinz Kohut 1966

Angst ist dem menschlichen Leben immanent. Im Laufe seiner Evolution ist der Mensch zu einem bewussten Wesen geworden, das als einziges Lebewesen die Bewusstheit seiner zeitlichen Begrenzung erlangt hat: »Die Bedrohung des ewigen, unsterblichen Lebens im Individuum, das sterben muss«,[1] begründet, warum er immer wieder, wie ein ewiger Hiob, sich gegen die Begrenztheit seines Lebens und die sie begleitende Todesangst auflehnt. Das ist sein Schicksal und das ist auch seine Größe. Letzteres aber nur in dem Maße, in dem er sich dieses Schicksals mit voller Bewusstheit stellt und die dadurch bedingte Angst zulässt und aushält bzw. aus ihr Kraft und Motivation für sein Tun schöpft.

Oft versteckt sich aber der Mensch vor seiner schicksalsbedingten Angst, versucht also, der Angst vor der Angst lebenslang auszuweichen. Dann fehlt ihm nicht nur die menschliche Tiefe, sondern auch die geistige Kraft und die Fähigkeit, mit den Mitmenschen in echten Kontakt zu treten. Meist tritt dann Wut, manchmal auch Hass, an die Stelle der Angst. Deshalb kehrt sich die Angst des Königs in Eugène Ionescos Drama »Der König stirbt« (Le roi se meurt; siehe Motto ganz vorne) in Wut darüber, dass *andere* nach *seinem* Tod ungestört weiterleben werden.[2] Der König stellt hier paradigmatisch den

Menschen dar, der die Tatsache seines Todes hartnäckig abwehrt und der deshalb auch nicht richtig leben kann, sondern
dessen Leben aus Machtstreben, Abhängigkeit und Leere, aus
der Abwehr eines echten Sinns besteht.

Der schottische Psychoanalytiker Fairbairn schreibt:»Die
früheste und ursprüngliche Form der Angst, die das Kind erlebt, ist die Trennungsangst.«[3] Schon vor der Geburt kann das
Kind traumatisiert werden, durch (meist unbewusste) Ablehnung der Mutter, durch offene oder verborgene Aggression
oder Feindschaft.

Donald Winnicott, der englische Kinderpsychoanalytiker,
bringt die Fähigkeit, Angst zu ertragen, mit dem Urvertrauen
in Verbindung, die durch die richtig verstandene und empfundene »Holding«-Funktion der Mutter entsteht. Babys, die »das
Versagen der Umwelt in [einem] hohen Maße erfahren mussten, [tragen] die Erfahrung von unvorstellbarer oder archaischer
Angst in sich«.[4] Zu den wesentlichen Eigenschaften einer Mutter, die ihr Kind empathisch annimmt und richtig erzieht, zählt
Winnicott das körperliche Anwesendsein, die Fähigkeit, körperliche wie seelische Bedürfnisse zu erkennen und zu befriedigen und zu schützen, Kontinuität zu ermöglichen und vor
allem das Baby als *eigenständiges* menschliches Wesen in seinem eigenen Recht zu betrachten.[5] Spätere Autoren haben
seine Betonung der seelischen Gesundheit und des Vertrauens
in Abhängigkeit von der Fähigkeit der Mutter, »Holding« zu
ermöglichen, übernommen, und die moderne Bindungsforschung hat diese frühen Erkenntnisse in vollem Maße bestätigt.

Nach Günter Ammon »erfährt [das Kind] die Ablehnung
durch die Mutter als eine existenzielle Verlassensangst und
Vernichtungsdrohung«;[6] später erweiterte der Psychoanalytiker Ammon dieses Verständnis der Genese der Angststörungen auf die gesamte Primärgruppe, in der die Mutter für das
Kind die zentralste, aber nicht die einzig wichtige Person ist.

I Die Angst

Die bewusste und unbewusste Dynamik der Primärgruppe um das Kind *und* die Mutter ist von zentraler Bedeutung für die Entwicklung, die späteren Identifikationen und die verinnerlichten Beziehungen – d.h. für die gesamte psychische Struktur des Kindes (s.a. Kap. 10.1, »Gruppendynamik der Angst«).

Kinder identifizieren sich auch mit den Ängsten ihrer wichtigen Bezugspersonen, können andererseits aber auch die Angst für diese Personen ausdrücken. Auf diese Weise können gesamte Familien ihre Gefühle, darunter auch Angst, an das Kind delegieren. Für den Säugling sind Verlassenheit, Tod und die Urerfahrung der Angst wahrscheinlich identisch. »Die Möglichkeit, allein gelassen zu werden, ist deshalb zweifellos die schwerste Bedrohung im Leben«, schreibt Erich Fromm.[7] Es wird berichtet, dass in der Zulu-Sprache das Wort »Angst« mit dem Satz ausgedrückt wird: »Mutter, warum bist du weggegangen?«

Der Mensch, der »nackte Affe«,[8] hat sich vom Instinkt der Tiere emanzipiert – oder, besser gesagt, er wurde von seinen Instinkten im Tausch für seine höhere Intelligenz verlassen. Das begründet seine sehr lange Abhängigkeit in den frühen Jahren – physisch einige Jahre lang, psychisch noch viel länger. Je mehr Urvertrauen das kleine Kind verinnerlicht, desto weniger leidet er später unter Trennungs- und Verlassenheitsangst. Es wird diese durch Beziehungen und Verbündung mit anderen Menschen erleichtern, aber nicht vermeiden können. Trennungs- und Verlassenheitsängste begleiten ihn durch das Leben, sie gehören zu seinem Schicksal.

Die Urangst ist dem Menschen eigen, weil er

a) todesbewusst ist,
b) im Gegensatz zu den Tieren genetisch bzw. instinktmäßig nicht ausreichend »programmiert« ist,

c) eine überlange Trennungs- und Reifungszeit in seiner Kindheit und Jugend hat und

d) sein soziales Gefühl im Vergleich zu dem der anderen Primaten durch die Zivilisation abgeschwächt ist.

Was den Menschen am deutlichsten vom Tier unterscheidet, ist sein Bewusstsein: das Bewusstsein von Schmerz, von Freude, von Trauer, von Liebe und vom Tod; das Bewusstsein seines zeitlich begrenzten Seins. Je geistig differenzierter der Mensch, umso ausgeprägter wird dieses Bewusstsein sein Leben bestimmen. Die gesamte menschliche Kultur verdankt viel von ihren Errungenschaften dem Bewusstsein um die Begrenztheit menschlicher Existenz, der Angst vor dem Tod.

Intensive, pathologisch gesteigerte Angst ist mit Einsamkeit verbunden. Existenzangst und Einsamkeit sind siamesische Zwillinge, sie sind ohne einander unvorstellbar. Stefan Zweig spricht in seiner Angst-Novelle von »dieser selbstmörderischen Einsamkeit der Angst«.[9] Die Urerfahrung des Menschen mit der Angst ist gleichzeitig die Erfahrung, mit der Angst alleine gelassen zu werden. Diese Angst steckt ihm »in den Knochen«, wenn er es nicht anders kennt, als dass niemand ihm in beängstigenden Situationen zu Hilfe kommt oder ihn keiner versteht. Die Eltern bzw. die Familie verstehen die Angst nicht, weil ihre eigene Angst in der Kindheit nicht verstanden oder sogar aktiv unterdrückt wurde; sie wiederholen ihre eigene Erfahrung mit der Angst, so wie sie auch ihre Erfahrungen mit Aggression und Gewalt wiederholen. Sie gehen der Angst des Kindes aus dem Weg, weil sie die eigene Angst nicht spüren wollen: Man kann oft von einer transgenerationalen Verkettung der Angst sprechen. Mit der Todesangst alleine zu bleiben ist die Erfahrung des Todes schlechthin; die Erkenntnis der engen Verbindung zwischen Angst und

Einsamkeit ist für die Psychotherapie der Angststörungen (s. Kap. 17) von großer Bedeutung.

Die Angst zählt zu den körperlichsten aller Gefühle. Zorn, Ärger können unterschiedliche Empfindungsqualitäten haben: Sie können als mehr psychisch oder als mehr körperlich empfunden werden; ebenso können Trauer, Eifersucht, Neid körperliche Aspekte haben und Schmerzen verursachen, die als körperlich empfunden werden. Urangst ist aber immer primär körperlich – oder sie ist an der Grenze von Seele und Körper angesiedelt. Sie ist also *psychosomatisch* im ursprünglichen Sinne des Begriffes. Freud hat dieser Tatsache in seinen frühen Schriften Rechnung getragen, als er die Angst als Ergebnis nicht abgeführter somatischer Erregung verstand (s. Kap. 5, »Angst in der Psychoanalyse«). Der Körper drückt aber nicht nur die Angst aus, er »speichert« sie auch, er »erinnert sich« sogar an seine frühesten, in der vorsprachlichen Zeit gemachten Erfahrungen.

Angst ist ein Grundgefühl. Andere Gefühle haben oft ihren Ursprung in der *einen* existenziellen Angst, die das Leben bedroht und unsicher macht, den Menschen an die Begrenzung seines Lebens, an den Tod erinnert. Das bedeutet nicht, dass es keine primäre Wut oder primäre Traurigkeit gibt, nämlich wenn sie situationsbedingt und adäquat auftreten, so wie die situative Furcht.

»Die Bekämpfung der Angst nennt der Mensch törichterweise Mut. Er schämt sich seiner Angst«, schreibt Hellner.[10] In *patriarchalischen Kulturen* gilt Angst als feige, unmännlich, als das »Weibliche«. Alle Mythologien der patriarchalischen Kulturtraditionen liefern Beispiele von unerschrockenen Helden, die bereits als Kinder die Tapferkeit und den unerschrockenen Wagemut späterer Heldentaten vorwegnahmen. Die beliebtesten Heroen von der Antike bis heute, die gefeiertsten mythologischen Figuren der Griechen, der Finnen oder der

Germanen, die unerschrockenen Kämpfer für die »gerechte Sache« der Kreuzzüge, den Kampf gegen die »Ungläubigen«, oder die unerschrockenen Seefahrer folgen dem gleichen Muster. Sie alle verkörpern das »männliche« Ideal der Angstlosigkeit. Selten handelt es sich um die *Überwindung* der Angst für eine »gute Sache«, wobei sich der Gedanke, es könnte sich um ein *krankhaftes Fehlen* des Angstgefühls handeln, bis heute noch nicht allgemein durchgesetzt hat (s. Kap. 8). Herakles, gewissermaßen der Urahn und Prototyp aller abendländischen Helden, der bereits als Kind gewalttätig wird, »weigert sich, seine Prinzipien zu verändern [...] und erschlägt Linus [seinen Musiklehrer] mit seiner Lyra«[11]. Schon als Säugling hatte er eigenhändig die beiden Giftschlangen, die die Göttin Hera im Zorn geschickt hatte, erdrosselt. Angst und »Erweichung« kannte er nicht: »Den kleinen Herakles hatte noch nicht einmal seine Amme jemals weinen sehen.«[12] So spricht auch der jugendliche Held des finnischen Volksepos *Kalevala*, Lemminkäinen, der »den Kniff auch für den Bären und den Wolf kennt«, angesichts der aus dem Boden kriechenden Ottern:

> *So ein Tod ist Kindersache,*
> *ist nicht Untergang des Mannes.*
> *[Daraufhin] fasst' [er] die Ottern mit den Fingern,*
> *hielt die Schlangen in den Händen,*
> *schlug wohl tot an zehn der Schlangen,*
> *hundert wohl der schwarzen Würmer.*[13]

Egil, der legendäre norwegisch-isländische Held, begeht seinen ersten Mord im Alter von sechs Jahren, »weil ein anderer Junge im Ballspiel gewinnt [...], den letzten im hohen Alter«[14].

Die Beispiele könnten endlos fortgesetzt werden. Der Mann ist tapfer, stark, waghalsig, unerschrocken. Und das »Weibliche« wird verachtet, weil die Gefühle, für die es steht, dem Mann eigentlich Angst machen. Diese Angst müssen die Männer aber bekämpfen, denn sie müssen »männlich« sein; das ist auch die ambivalente Botschaft ihrer Mütter: »Gehöre mir, entferne dich nicht von mir, aber sei gleichzeitig ein Mann (für mich), stark und furchtlos«. »Mit ihm oder auf ihm«, sagte die spartanische Mutter zu ihrem in den Kampf ziehenden Sohn, d.h. lebend, mit dem Schild, oder tot, auf dem Schild – wie die Toten vom Kampf nach Hause getragen wurden; lieber tot denn als Besiegter.

Der Historiker Jean Delumeau stellt sich in seinem Buch »Angst im Abendland« die Frage, warum so viel über Heldentaten und so wenig über Angst erzählt wird: »Warum dieses beharrliche Schweigen über die Rolle der Angst in der Geschichte?« Seine Antwort lautet: »Zweifellos wegen einer weit verbreiteten Verwirrung der Geister, bei den Begriffen Angst und Feigheit, Mut und Tollkühnheit.«[15] Er zitiert Guy Delpierre: »Das Wort Angst ist so mit Schande beladen, dass wir es verstecken. Wir vergraben in unserem tiefsten Inneren die Angst, die uns in den Eingeweiden sitzt«,[16] und gibt zahlreiche Beispiele aus der Geschichte des Mittelalters und der Renaissance, aus denen ersichtlich wird, dass die Tradition des Mutes und der Tapferkeit – und ebenso die »Schande« der Angst – im westlichen Denken aus der Zeit der griechischen Antike übernommen und bis in die Neuzeit gepflegt wurde. »Die Lobreden auf Karl den Kühnen […] sind hochtrabend. Er war stolz und von großem Mut, er trotzte jeder Gefahr und kannte weder Angst noch Schrecken; und wenn Hektor von Troja tapfer war, so war es jener ebenso.« Mut, Kühnheit, Heldentum wurden mit »hoher Geburt«, hingegen Angst, d.h. Feigheit, mit »niederer Geburt« assoziiert: »Niedere Geburt verrät sich durch Furcht«, wie der römische Dichter Vergil in der Äneis sagt.[17] Diese traditionelle Auffassung der

Angst, die durch unsere Zivilisation (und nicht nur die westliche!) zieht, hat tragische Folgen. Sie hat geprägt und prägt weiterhin unser Denken, unsere Erziehung und unser politisches Handeln. »Das Männliche ist das reduzierte Bewusstsein. Es blockiert unser Leben, indem es darauf besteht, dass das Weibliche Schwäche ist«, schreibt Arno Gruen.[18]

Freilich gilt das Gesagte besonders für die Erziehungstradition des männlichen Geschlechts. Frauen »dürfen« schwach, gefühlsbetont, »ängstlich« sein. Ihnen ist in unserer Kultur »gestattet«, die Gefühle zu zeigen, die bei Männern eher tabu sind, ja, diese in vielen Partnerschaften und Familien für die Männer »stellvertretend« zu zeigen. So findet man oft Frauen, die die für ihre männlichen Partner tabuisierten Angstgefühle ausdrücken, so wie die Männer oft die Aggression für ihre Partnerin austragen. Daraus kann man aber nicht den Schluss ziehen, dass die patriarchalische Kulturtradition nur für die Männer gilt; sie charakterisiert und prägt Gesellschaft und Kultur *insgesamt,* und selbst die Spaltung in weibliches und männliches »Rollenverhalten« ist bereits Teil dieser Tradition.

Die patriarchalische Kultur mit ihren entsprechenden Ideologien wird durch Familienideologien gefiltert und transgenerational weitergegeben. Viele Menschen wachsen in Familien auf, die sich solche Ideologien zu eigen gemacht und explizit oder unterschwellig in der Erziehung ihrer Kinder – meist der Jungen – eingesetzt haben. Solche Traditionen oder Ideologien haben deshalb großes Gewicht, weil sie auch den Kontakt innerhalb der Familien bestimmen. Viele Patienten berichten von Eltern bzw. Primärgruppen, in denen die Akzeptanz und Anerkennung förmlich vom »tapferen« Verhalten des Kindes (vor allem des Jungen) bestimmt war, andererseits »mutloses« Verhalten als feige, – »Schlappschwanz«, »halber Mensch« etc. – diffamiert und zur Verachtung oder Erniedrigung des Kindes, ja, sogar zum Kontaktabbruch und Liebes-

I Die Angst

entzug führte. Eine solche »Konditionierung« führt unweigerlich zur Verkümmerung der kommunikativen Kraft der Angst. Dort, wo Angst zum zwischenmenschlichen Kontakt und insbesondere in der Entwicklung des Kleinkindes notwendig wird (weil das Kind nur mit Angst seine Umwelt entdecken kann), wird die Angst und ihre Äußerung zum Anlass des Kontaktabbruches. Das Verhalten von Familien bezüglich der Ängste der Kinder ist ein gewichtiger Faktor in der Erziehung und ist in Verbindung mit den transgenerationalen Aspekten der Angst zu sehen (dazu ausführlicher in Kap. 13, »Angst und Erziehung«, und Kap. 10.2, »Transgenerationale Aspekte«).

Kulturelle Traditionen, so auch das »Verstecken« von Gefühlen, werden durch Identifikation von einer Generation zur nächsten tradiert. Dabei geht es hauptsächlich um die Identifikationsprozesse mit den wichtigsten Bezugspersonen.[19] Kinder übernehmen »auch all jene Strategien ihrer Vorbilder«, schreibt der Hirnforscher Gerald Hüther,[20] »die diese zur Regulation ihrer eigenen emotionalen Befindlichkeit einsetzen. Dazu zählen sowohl das Verstecken von Gefühlen wie auch das übertriebene Zurschaustellen von emotionalen Gesten und mimischen Ausdrucksformen […]. Die eigenen Gefühle werden so immer stärker kontrolliert und vom Körperempfinden abgetrennt.«

Erst im Laufe des 20. Jahrhunderts ändert sich allmählich die Einstellung gegenüber der Angst. Ihre Bedeutung für die menschliche Existenz wird zuerst in Kunst und Literatur erkannt. Die Philosophie der Existenzialisten, inspiriert von Kierkegaard, vertieft die Einsicht in die Bedeutung der Angst.

Mit der Einstellung zum Heldentum hat sich in unserer Zeit auch die Einstellung zum Tod verändert. »Die Glorifizierung der für das Vaterland Gefallenen«, die noch in der Generation unserer Großväter dem »natürlichen Empfinden«

entsprach, so Joachim E. Meyer in »Todesangst und Todesbewusstsein der Gegenwart«, »diese in der Vergangenheit anscheinend selbstverständliche Tendenz einer heroischen Rechtfertigung des Sterbens und des Tötens ist seit dem Zweiten Weltkrieg im öffentlichen Bewusstsein vieler Völker, speziell auch in Deutschland, sehr zurückgetreten. Die ehrwürdige Formel ›er lebte und starb für‹ [vermag] die Hinterbliebenen nicht mehr unmittelbar zu erreichen.«[21]

Doch die Todesangst hindert den Menschen nicht nur am Leben, bedroht ihn nicht nur, sondern ist, wie der Psychiater Raymond Battegay betont, gleichzeitig ein wesentliches Movens des Lebens. Ohne Angst »würde [der Mensch] keine Anstrengungen unternehmen, um sich weiterzubringen, sich zu wandeln, denn es würde ihn keine Angst mehr dazu treiben [...]. Ohne Angst besteht die Gefahr des Stillstands, der Starre und des Verfalls.«[22] In diesem Zusammenhang kritisiert Battegay die Einrichtung des Sozialstaates, die eine Illusion der Sicherheit bei den Menschen erzeugt. Diesem Aspekt der Angst, als Motor menschlicher Entwicklung, widmet sich das letzte Kapitel dieses Buches (Kap. 18, »Ausblick«).

3   Wie Philosophen über Angst denken

> Der Tod überrascht nicht den Weisen;
> Er ist immer bereit zu gehen.
> *Jean de La Fontaine (1621–1695)*

Die Angst beschäftigt den fühlenden und denkenden Menschen seit seinen Anfängen – seit er ein bewusstes und damit auch todesbewusstes Wesen geworden ist. Das älteste erhaltene Buch der Menschheit, das Epos von Gilgamesch, handelt von der Suche nach der Unsterblichkeit, die auch das Thema der Auseinandersetzung mit dem endgültigen Tod und der Todesangst darstellt. Philosophie ist seit ihrem Beginn Auseinandersetzung mit dem Sinn des Lebens, d.h. auch mit seiner Einmaligkeit und Begrenztheit. Dieses Kapitel kann nicht mehr als ein kurzer Exkurs in das umfangreiche Thema sein.

Nach Montaigne heißt Philosophieren schlechthin »sterben lernen«; es heißt, nach Cicero, »sich auf den Tod vorbereiten«[1]. Horaz, Ovid, Seneca, Marc Aurel haben wunderbare Sätze zum »richtigen« Sterben, das eine Voraussetzung des »richtigen« Lebens ist, hinterlassen. »Wer die Menschen sterben lehrte, würde sie leben lehren.«[2] Auch in der Literatur begegnen wir dieser Erkenntnis. In Mitch Alboms Roman »Dienstags mit Morrie« sagt der alte, sterbenskranke Mann dem jüngeren: »Wenn du lernst, wie man stirbt, dann lernst du, wie man lebt.«[3] Umgekehrt, den Gedanken des Todes zu verdrängen heißt, sich dem bewussten Leben nicht zu erschließen, blind in den Tag hinein zu leben. Erst die Bewusstheit um die Begrenztheit und Einmaligkeit der uns zur Verfügung stehenden Zeit kann uns lehren, dem Sinn des Lebens näher zu kommen, bewusster zu leben und menschlicher miteinander umzugehen.

»Nur klein ist der Rest deines Lebens. Lebe wie auf einem Berge« (d.h. mit freier Aussicht), rät der römische Kaiser Marc Aurel.[4] »Denke, in welcher Beschaffenheit des Leibes und der Seele dich der Tod antreffen wird.«[5] Die Erinnerung an den Tod, *memento mori*, das Bewusstsein der Gegenwart des Todes mitten im Leben, *media vita in morte sumus*, und die Kunst zu sterben, *ars moriendi*, waren jahrhundertelang Leitfäden für das selbstbewusste Leben des sich selbst und das Leben hinterfragenden Menschen.

Doch ist nicht zu verkennen, dass Philosophieren leicht die Grenze zwischen der bewussten Reflexion und der Abwehr unwillkommener Gefühle, der Abwehr der Angst durch Rationalisierung überschreiten kann. Oft ist diese Grenze subtil, manchmal schwer erkennbar.

Epikur argumentierte beispielsweise sehr einfach: »Der Tod geht uns nichts an, denn solange wir sind, ist der Tod nicht da; aber wenn der Tod da ist, sind wir nicht mehr.«[6] Die vorherrschende Einstellung der griechischen Antike zur Angst insgesamt und besonders zur Todesangst wird in der Philosophie der Stoiker ersichtlich. Sie vertraten explizit die Überwindung der menschlichen »Schwächen«, darunter auch der Ängste, durch Stärkung der inneren Disziplin und Einsicht in die »Eitelkeit« der Gefühle. Die Überwindung der Emotionalität, der affektiven »Täuschungen« durch die Ratio ist ein zentrales Thema auch bei Sokrates und zieht sich durch die gesamte griechische und altrömische Philosophie.

Dabei ist es bemerkenswert, dass das Thema Angst in der Philosophie der griechisch-römischen Antike insgesamt wenig Platz einnimmt. Für Platon reiht sich die Angst zusammen mit »Gelüsten und Begierden […] und mancherlei Trugbildern«[7] oder mit »Irrtum und Unwissenheit […], wilder Liebe und allen anderen menschlichen Übeln«[8]. Sie zählt zu den Folgen von Lust und Begierde, die vom Leib verursacht werden; die körperlichen Übel dürfen aber den Philosophen, d.h. den aufrichtigen, tugendhaften Menschen, nicht überwältigen: »Es scheint gewissermaßen einen Pfad zu geben, der uns hinausführt, weil, solange wir bei unserer Forschung neben der Vernunft noch den Leib haben und unsere Seele *mit diesem Übel befleckt* und verbunden ist, wir niemals hinreichend das gewinnen werden, wonach wir trachten. Das ist aber, wie wir meinen, die Wahrheit«, so Platon.[9] Ziel ist also, »dass man die Seele soviel als möglich vom Körper losmache«[10]; sie darf »auf keinen Fall der Lust erliegen«[11]. Für Platon ist der niedrigste Seelenteil derjenige, »in dem die Affekte beheimatet sind, ohne dass die Vernunft steuernd eingreifen könnte«; hier sitzen die Leidenschaften (die z.B. von der Dichtung oder vom Theater angesprochen werden«), die Platon ablehnt.[12] Wir vermuten, dass die alten Philosophen nicht die Gefühle insgesamt, sondern die starken Affekte, die »blinden« Leidenschaften verurteilen, denen der Alltagsmensch die Vorherrschaft einräumt und die der Philosoph als »Schwächen« mittels Reflexion bekämpft.

Dies bedeutet nicht, dass die griechische und römische Antike der Angst keine Bedeutung beimisst; im Gegenteil, der Zähmung der Angst und der Besänftigung der »zuständigen« Götter kam große Bedeutung zu. Der Historiker Jean Delumeau macht auf diese Bedeutung aufmerksam: »Es wird nun verständlich […], warum die Griechen Deimos (die Furcht) und Phobos (die Angst) zu Göttern erhoben haben, die sie sich in Kriegszeiten gewogen zu machen suchten. Die Spartaner, ein kriegerisches Volk, hatten Phobos einen kleinen Tempel geweiht, und Alexander der Große brachte dieser Gottheit vor der Schlacht von Arbela ein feierliches Opfer dar.

Den griechischen Göttern Deimos und Phobos entsprachen die römischen Gottheiten Pallor und Pavor.«[13]

Aristoteles spricht von Angst *(phobos)* bzw. vom Ängstlichen *(phoberos)* nur im Zusammenhang des Mutes, der Tapferkeit, insgesamt der *Tugenden.* Angst wird unter einem moralischen Aspekt verstanden, der Mut und Heldentum im »richtigen« Kampf verherrlicht, wie es später im Mittelalter und – unter dem Deckmantel des Patriotismus – bis heute tief in den Menschen verinnerlicht ist. Dabei geht Aristoteles differenzierter vor: Bei der Angst, wie bei allen Gefühlen, soll das richtige Maß zwischen zu viel und zu wenig, der goldene Mittelweg, gefunden werden: »Der Mann, der alles vermeidet oder fürchtet [...], ist ein Feigling; der Mann, der überhaupt nichts befürchtet und jeder Gefahr begegnet, wird tollkühn.«[14] Angst vor Erdbeben oder vor Überschwemmung sei normal.[15] Angst ist also nicht in sich verwerflich, sondern es kommt darauf an, was und aus welchem Motiv der Mensch etwas befürchtet. Ähnlich verhält es sich mit dem Tod: Es kommt darauf an, ob der Tod *ehrenhaft* ist, wie z.B. beim »Tod im Krieg, wo die Gefahr am größten und am rühmlichsten ist«. Entsprechend wird der mutige Mann einer sein, »der furchtlos ist angesichts eines ehrenhaften Todes«.[16]

Der Held der Antike ist ein Mensch, der zwar Angst spürt, aber sich dieser nicht beugt, sondern sie im Dienste höherer Ideale überwindet. Damit ist das »klassische« Gleichgewicht zwischen Affekten, Willen und ethischen Zielen angestrebt. Spätere patriarchalische Kulturen pervertieren dieses Gleichgewicht. Wie bereits betont, lebten die Menschen im Mittelalter in enger Nachbarschaft mit dem Tod. Die Philosophie des Mittelalters aber ist eine Philosophie der Religion, des Glaubens und des Weges nach Läuterung und Selbstaufgabe für das Jenseits.

Aus der Zeit der ausklingenden Renaissance sei Spinoza

erwähnt. Wie die Stoiker weist er den Gedanken an den Tod mit Überlegenheit zurück: »Über den Tod denkt der freie Mensch am wenigsten nach; seine Weisheit ist nicht ein Nachsinnen über den Tod, sondern über das Leben.«[17] Auch in diesem Satz stehen nebeneinander hohe Ideale des Lebens, eine richtige Einstellung, die nicht das Leben als höchstes Gut außer Acht lassen sollte, und verborgene Abwehr von Todesangst.

In der europäischen Philosophie tritt das Thema Angst erst mit Kierkegaard in den Mittelpunkt. Für ihn ist Angst mit Schuld gekoppelt, mit der unausweichlichen Schuld, die den Menschen seit dem Sündenfall begleitet und seine Entscheidungsfreiheit einschränkt oder in Frage stellt. Gleichzeitig ist nach Kierkegaard Angst das Zentrum menschlicher Existenz, ein ubiquitäres Gefühl, das den Menschen durch sein Leben begleitet: »Angst kann man vergleichen mit schwindlig sein. Derjenige, dessen Auge plötzlich in eine gähnende Tiefe hinunterschaut, der wird schwindlig [...]. Angst ist der Schwindel der Freiheit, der entsteht, indem der Geist [...] die Freiheit nun hinabschaut [...] und da die Endlichkeit ergreift [...]. Weiter kann die Psychologie nicht kommen und will es auch nicht.«[18] Für Kierkegaard ist die Angst dem »denkenden« Menschen bedrohlicher als dem »einfachen«: »Je mehr Geist, um so mehr kann sich der Mensch ängstigen.«[19]

Der Dichter Baudelaire greift Kierkegaards Metapher des Abgrunds in seinem gleichnamigen Gedicht von 1861 auf:

Den Wind der Angst spüre ich auf meiner Haut [...]
Oben, unten, überall, die Tiefe [...],
die Stille, der Raum![20]

Die psychologisch nicht weiter analysierbare Angst als Urgefühl menschlicher Existenz wurde von Schriftstellern und

Dichtern aufgegriffen, da man sie am besten metaphorisch, gefühlsmäßig begreifen kann. Doch ist Kierkegaard der erste unter den Philosophen, der über Angst nicht distanziert und kühl »philosophiert«: Kierkegaard beschreibt die gespürte, die *erlittene* Angst, die zur Metapher des modernen Menschen wird. Unter seinen »Nachfolgern« aus der neueren Literatur kann man beispielhaft Kafka, Camus, Beckett, Buzzati, Saramago, unter den Dichtern Celan, Bachmann, Nelly Sachs erwähnen. Der tschechische Dichter Skácel spricht von der elementaren Angst vor Dunkelheit:[21]

Ich schließe die augen
Und sehe [...] den schwarzen storch, die erblühte angst

Die rationalisierte Angst verliert ihren tieferen Charakter, ihre »körperliche« Qualität. Nicht die »gedachte« Angst der Philosophen trifft die Essenz der Angst, sondern diejenige, die Künstler und Schriftsteller spüren und mit ihren Mitteln besser mitteilen können, weil sie sie *erleiden,* statt sie zu rationalisieren. Es ist die Angst, die über Kafkas Romanen und Kurzgeschichten wie ein Schleier schwebt, die in Bachmanns Lyrik, in Ingmar Bergmans Filmen zum ergreifenden Thema wird. Ingeborg Bachmann, selbst in Philosophie promoviert, betont mit vehementem Ausdruck in ihrem Roman »Das Buch Franza« von 1966 die elementare Natur der Angst, die sich der psychologischen Analyse widersetzt:[22] »Ich rede über die Angst. Schlagt alle Bücher zu, das Abrakadabra der Philosophen [...], die die Metaphysik bemühen und nicht wissen, was die Angst ist. Die Angst ist kein Geheimnis, kein Terminus, [sie ist] nicht systematisierbar, [...] nicht disputierbar, sie ist der Überfall, [...] der massive Angriff auf das Leben.«

Im letzten Jahrhundert sind es hauptsächlich die Philosophen, die als Existenzialisten bezeichnet wurden, welche das
Thema Angst »als Grundtatbestand des Daseins«[23] in der
Nachfolge Kierkegaards weiter entwickelt und zu einem zentralen Anliegen ihrer Philosophie gemacht haben, darunter vor
allem Karl Jaspers, Martin Heidegger, Jean-Paul Sartre und
Gabriel Marcel.

Jaspers spricht, ähnlich wie Baudelaire, vom »starren Dunkel des Nichts«, vom »bodenlosen Abgrund« der »eigentlichen Angst, [...] aus der kein Weg mehr ist«[24]. Jaspers unterscheidet zwischen Angst vor dem Tode und Angst vor dem
Sterben (d.h. vor den körperlichen Qualen des Sterbens) und
äußert die Hoffnung, dass Letztere durch die Fortschritte der
Medizin einmal gelindert wird, wenn ein Tod ohne Qualen möglich sein wird. Demgegenüber steht die gänzlich
andere Angst vor dem Tod selber als »Erlöschen des eigenen
Lebens [...]. Vor der Angst vor diesem Tode kann keine ärzt-
liche Therapie befreien, sondern nur das Philosophieren.«[25]
Die tiefe emotionale Dimension der Todesangst, das Existenzielle, das darin enthalten ist, vermag das Philosophieren
nicht zu ergründen und noch weniger uns davon zu befreien.

Auch für Philosophen wie Klages oder Heidegger ist die
existenzielle Angst »stets Todesangst«[26]. Für Heidegger ist
die Angst *die* menschliche Grunderfahrung schlechthin;
sie ist mit der Endlichkeit des Lebens verbunden und Teil
der menschlichen Existenz. Entsprechend ist der Mensch ein
»Geworfener«, ein »in das Nichts Hineingehaltener«[27]. Daraus folgt aber gerade das genuinste Gefühl menschlicher Existenz, folgert Heidegger in »Sein und Zeit«: »In der hellen
Nacht des Nichts der Angst ersteht die ursprüngliche Offen-
barkeit des Seienden als eines solchen: dass es Seiendes ist –
und nicht Nichts.«[28] Dieser Satz verdeutlicht zweierlei: erstens, das Gefühl des Seins entsteht erst aus dem Bewusstsein

des Nichts, aus der Angst um die Endlichkeit menschlicher Existenz; zweitens verschleiert Heideggers kühl-intellektuelle, zum Obskuren neigende Formulierung, die so viele Philosophen und Intellektuelle fasziniert hat, kaum die Tatsache, dass sie von einem gefühlskalten, ja, opportunistischen Menschen geschrieben wurde, der bereit war, mit den Nazis zu kooperieren: einer derer, die »die Metaphysik bemühen und nicht wissen, was die Angst ist«.

Auch Sartre, der von Heidegger entscheidend beeinflusst wurde, vertritt in seinem Oeuvre den Gedanken, dass »die Ungewissheit unserer Existenz [...] das Gefühl der Angst, der Verlassenheit [verursacht]. Das Erleben und Ahnen des Nichts macht uns Angst und führt zur Sehnsucht nach Leben«. Sartre nennt es »Seinsbegierde«.[29] Der Mensch ist »zur Freiheit verurteilt«, d.h. zu eigener Verantwortung und Authentizität. Diese Verantwortung muss auch eine politische sein, der Mensch muss handeln – eine Überzeugung, die Sartre selber in die Tat umsetzte.

Aus der Perspektive des Bewusstseins des eigenen Seins und des Todes kann der Mensch die Wirklichkeit des Todes zwar gedanklich, aber nicht *emotional begreifen*. Er kann sein narzisstisches Wesen nicht transzendieren. Deshalb sind Künstler und Dichter, die persönlich über *ihre* Angst geschrieben haben, die menschlich authentischsten, die uns das Wesen der Angst zu vermitteln versucht haben.

4 Angst und Religion

Bleib bei uns, denn es wird Abend werden.
Lukas 24.29

Angst schuf die Götter.
Hans Hellner 1969

Vergleichen wir zwei Musikstücke miteinander, zwei musikalische Gebete in traditioneller Form: das Madrigal *Timor et tremor* (Angst und Zittern) von Orlando di Lasso (ca. 1564) und den letzten Satz, »Agnus Dei«, aus Beethovens *Missa Solemnis* von 1823. In beiden wird Todesangst mit eindrucksvoller Intensität musikalisch ausgedrückt. Bei Lasso »zittert« der Mensch, ohnmächtig gegen die Macht der Angst; erst am Ende des Madrigals, in der der Mensch gleichsam seinen Kopf in tiefem Vertrauen in den Schoß Gottes legt, kehren allmählich Ruhe, Frieden und Zuversicht zurück. Der Mensch vertraut in vollem Maße Gott, der ihm in der Stunde seiner Todesangst beisteht und Trost spendet. Beethovens Musik – die *Missa Solemnis* könnte man sein musikalisches Testament nennen – zeigt die Zweifel des modernen Menschen, der, wenn auch gläubig, nicht mehr ganz sicher ist, ob er in seiner Angst nicht doch allein gelassen wird. In der Reprise des Hauptthemas – *Agnus Dei, miserere* – rebelliert der Mensch der Neuzeit, er fordert Gott energisch, verzweifelt, wütend auf, ihn zu schützen, ihn in seiner Todesangst nicht allein zu lassen. Hoffnung ist noch da, aber nicht mehr die Selbstverständlichkeit des Glaubens. Der moderne Mensch, ein Hiob, hadert mit seinem Schicksal, zwischen Hoffnung und Zweifel.

Die beiden Beispiele verdeutlichen die Entwicklung der Einstellung zur Angst in der Musik, in der sich zugleich die Wandlung des Glaubens seit dem Spätmittelalter widerspiegelt. Sie illustrieren die schwindende *Selbstverständlichkeit* des Glaubens in der westlichen Kultur der Neuzeit. Der Halt, den die Religion bot, der Schutz vor der Angst, vor dem *endgültigen* Tod (das heißt die Hoffnung auf das nächste Leben, auf die Ewigkeit) wird durch den Vormarsch des Rationalismus, der modernen Wissenschaft und des Atheismus in Frage gestellt. Der Glaube und auch schon das Beten für sich waren eine Möglichkeit der Einflussnahme auf das eigene Schicksal. Glaube bedeutet im Kontext des Neuen Testaments Überwindung des Todes (wie Jesus selber, der den Tod überwunden hat). Je tiefer, je ehrlicher und makelloser der Glaube, desto sicherer die Erlösung vor dem endgültigen Tod, der Angst aller Ängste.

Die Angst in ihrer Grundform, als Angst vor dem Tod, dem Nichts, ist das Wissen von der *Endlichkeit* des menschlichen Lebens. In der Neuzeit bleibt der alte Glaube ohne Ersatz, es ist ein »religiöses Vakuum« entstanden,[1] denn die Aufklärung, die Ratio, verkörpert durch die Fortschritte der Medizin, der Wissenschaft und der Technologie, lässt uns in unserer existenziellen Angst allein. »Was so typisch für unser heutiges Leben ist, ist das Versagen alter traditioneller Unsterblichkeitsideologien«, schreibt der Sterbeforscher Ernest Becker.[2] Die Volksdichtung drückt es in dem Fliegenden Blatt »Aufklärung« in Form eines Gebets aus:

O laßt mich doch bei meiner Bibel,
Laßt mich in meiner Dunkelheit,
Denn ohne Hoffnung wird mir übel
Bei dieser aufgeklärten Zeit.[3]

Nicht nur die Gebete: Jede religiös-ethische Handlung ist beim religiösen Menschen im Grunde mit der Hoffnung verbunden, das Leben nach dem Tod zu ermöglichen oder seine Bedingungen zu verbessern. Das gilt auch für die nichtchristlichen Religionen: Man denke nur an das Karma-Prinzip und die Dualität Paradies/Hölle in den großen Religionen. Der Staatstheoretiker Thomas Hobbes meinte sogar, alle Religionen ließen sich von der Angst ableiten.[4] »Kaum gab es Menschen auf der Erde«, schreibt Sven Olaf Hoffmann, »da schufen sie, als eine der ersten Kulturtaten, Instanzen zur Bewältigung der Angst, die dann meist Götter genannt wurden«.[5] Für C.G. Jung sind »die Mehrzahl der Religionen komplizierte Systeme der Vorbereitung des Todes«.[6] Und Horst-Eberhard Richter spricht vom »Gotteskomplex« des Menschen, dem die »*Panik erzeugende Angst* vor Ohnmacht, Schwäche, Abhängigkeit, Leid, Ausgeliefertsein, narzisstischer Auflösung und vollständiger Macht- und Bedeutungslosigkeit« zugrunde liegt.[7]

Allerdings muss der Mensch das Paradies, den ewigen Frieden und die Nähe des Vaters mit guten Taten, rechter Führung und ehrlichem Glauben verdienen, sonst droht die ewige Verdammnis der Hölle – die immer noch nicht das ontologische Nichts des modernen Todes ist. Die einzige Religion, die eine Art Auflösung oder Eingang in das All als Erlösung von allem Leid als Endziel und Zustand des inneren Friedens verspricht, ist der Buddhismus; doch dieser vermag es nicht, den westlichen Menschen zu trösten, weil er ihm kulturell fremd ist. Die Urangst ist letztendlich der Grund aller Religionen und allen Philosophierens.

Im ältesten Teil des Alten Testaments, in den Büchern der Richter, der Könige und der Propheten, ist nirgendwo von Angst als solcher die Rede, sondern nur von Gottesfurcht. In der Genesis findet man mehrmals Gottes Ruf an den Gläu-

bigen: »Fürchte dich nicht!« Todesangst wird durch Gottesfurcht ersetzt. Im späteren Buch Hiob steigert sich die Gottesfurcht doch wieder zur Todesangst in einem Traum (Hiob
4.14): »Wenn tiefer Schlaf die Menschen überfällt, kam Furcht
und Zittern über mich und ließ erschaudern alle meine Glie-
der [...]. Wie erst jene, die im Lehmhaus wohnen, die auf den
Staub gegründet sind; schneller als eine Motte werden sie zer-
drückt. Vom Morgen bis zum Abend werden sie zerschlagen,
für immer gehen sie zu Grunde, unbeachtet« (Hiob 4.19–20).
Erst in den Psalmen kommt das neue Motiv des Trostes und
des Schutzes hinzu:

> *Muss ich auch wandern in finsterer Schlucht,*
> *ich fürchte kein Unheil; denn du bist bei mir,*
> *dein Stock und dein Stab geben mir Zuversicht (Psalm 23).*

In Psalm 27 ist die Formulierung noch deutlicher:

> *Der Herr ist mein Licht und mein Heil:*
> *Vor wem sollte ich mich fürchten?*
> *Der Herr ist die Kraft meines Lebens:*
> *Vor wem sollte mir bangen? [...]*
> *Meine Bedränger und Feinde,*
> *Sie müssen straucheln und fallen.*
> *Mag ein Heer mich belagern:*
> *Mein Herz wird nicht verzagen.*

Die Gottesfurcht ist hier keine Bedrohung mehr, sondern die
Hingabe an Gott und die »Freude« an seinen Geboten wird
zur Quelle des Glücks und Wohlstands:

> *Wohl dem Mann, der den Herrn fürchtet und ehrt*
> *Und sich herzlich freut an seinen Geboten.*

I Die Angst

Seine Nachkommen werden mächtig im Land,
das Geschlecht der Redlichen wird gesegnet.
Wohlstand und Reichtum füllen sein Haus,
sein Heil hat Bestand für immer
(Psalm 112, »Der Segen der Gottesfurcht«).

Und in den Sprichwörtern Salomos heißt es: »Die Gottes-furcht ist ein Lebensquell, um den Schlingen des Todes zu entgehen« (Sprichwörter 14.27). Der evangelische Pastor und Psychoanalytiker Oskar Pfister fasst zusammen: »Der unreli-giöse Mensch, der Gottes Existenz leugnet, wird daher immer von Angst reden, wo der religiöse von Furcht, etwa Furcht vor Gott redet.« Die Furcht kann in Liebe sublimiert werden, so-lange »in der Ehrfurcht der Furchtbetrag, das Tremendum, [nicht] zu stark anschwillt [und] die Liebe in Gefahr [bringt]«.[8]

Im Neuen Testament verdichtet sich die Zuversicht der Erlösung durch den Glauben zu einem zentralen Glaubens-bekenntnis. Im Markus-Evangelium sagt Jesus dem Synago-genvorsteher: »Sei ohne Furcht; glaube nur!« (Markus 5.36). Ähnlich bei Matthäus (14.27): »Habt Vertrauen, ich bin es; fürchtet Euch nicht!« In den Evangelien wechselt sich das alte Motiv der Gottesfurcht mit dem Motiv der Liebe zu Gottvater ab, vertreten durch seinen Sohn Jesus, der die Rettung ver-heißt: »Furcht gibt es in der Liebe nicht, sondern die vollkom-mene Liebe vertreibt die Furcht« (1 Johannes 4.18).

Zu den Bedingungen der Erlösung gehört auch der Gehor-sam gegenüber der Obrigkeit: »Denn es gibt keine staatliche Gewalt, die nicht von Gott stammt; jede ist von Gott ein-gesetzt« (Römer 13.1). Solche »Bedingungen« liegen der von Erich Fromm so genannten »autoritären Religion« zugrunde; wie man aus der Geschichte weiß, sind die Folgen solcher Macht- und Unterwerfungsideologien für die Geschichte unkalkulierbar.

Folgende fünf Aspekte der Religion bzw. des Glaubens dienen der Verminderung der Todesangst:

1. Das Versprechen der Unsterblichkeit im Sinne eines Lebens nach dem Tod – und damit die Befreiung vor dem endgültigen Tod und die Linderung der Angst davor – ist allen Religionen, so verschieden sie auch sein mögen, gemeinsam.

2. Zumindest die drei großen monotheistischen Religionen versprechen eine allmächtige Vaterfigur, die für jeden einzelnen Menschen Sorge trägt – und dies in dem Maße, in dem der Einzelne die Gesetze dieses Vaters befolgt. Seine Gebote und Verbote sind nach Freud im Ideal-Ich mächtig geblieben und üben jetzt als *Gewissen* die moralische Zensur aus.[9]

3. Die gemeinschaftsbildende und bindende Kraft der religiösen Gemeinden ist ein mächtiger Faktor. Gemeinsamer Glaube verbindet und zementiert das Gemeinschaftsgefühl.

4. Die möglichst minutiöse Befolgung aller religiösen Vorschriften garantiert ein bis ins Detail reglementiertes Leben, das keinen Aspekt sozialer, ethischer, religiöser oder sexueller Betätigung außer Acht lässt und damit *per se* – wie jeder Zwang – angstbindend wirkt. Der religiöse Jude beispielsweise muss lernen, Hunderte von Regeln einzuhalten: Sie betreffen Verhalten, Beruf, Essen und Fasten, Gesundheit und Krankheit, Sexualität und die Beziehung der Geschlechter zueinander, Moral, Rechte und Pflichten, Geburt und Tod, Alltag und Feste. Ähnlich im Islam: Das Beten fünfmal täglich und die Dutzende Rituale vervollständigen die Vorschriften und sorgen für das Minimieren der »ungebundenen« Zeit, in der Grübeln und Angstgefühle auftreten könnten.

5. Die Kirche hat es verstanden, die Todesangst in einzelne, »fassbare« Komponenten zu zerlegen und damit zu konkretisieren. In einer Hierarchie der Ängste (und der Sünden) lehrte die Kirche, schreibt Delumeau, dass »die Wölfe, das Meer und die Sterne, die Pest, die Hungersnöte und Kriege […] weniger furchtbar [sind] als der Teufel und die Sünde und der Tod des Körpers weniger als jener der Seele […]. Sie [die Kirche] lenkte ihre gefürchteten Untersuchungen in zwei Richtungen, einmal gegen die ewigen Sündenböcke, die jedermann zumindest dem Namen nach kannte, die Ketzer, Hexen, Türken, Juden usw., zum anderen gegen jeden Christen, da der Satan auf alle Karten setze, und jedermann, wenn er nicht aufpasse, zum Handlanger des Teufels werden könne. Deswegen war eine gewisse Angst vor sich selbst vonnöten. [Dadurch wurde] eine globale Todesangst […] in verschiedene Ängste zerlegt, die zwar jede für sich furchtbar, aber doch ›benannt‹ und erklärt waren.« Die »Benennung«, die Konkretisierung, macht die diffuse existenzielle Angst erträglicher.[10]

»Gleichzeitig diente eine ganze Ikonographie, in der über die Jahrhunderte hinweg Totentänze, Jüngste Gerichte und letzte Ölungen neben einer Flut von frommen Bildern stehen«,[11] die Angst – besonders der Armen – zu schüren. »So bemühten sich die geistlichen Führer des Abendlandes mit einer Schocktherapie die beklemmende kollektive Angst, die von immer größerer Belastung [durch die Pest, die Kriege, das Schisma der Kirche usw.] herrührte, durch theologische Ängste zu ersetzen.«[12]

Im Mittelalter lebte der Mensch mit dem Tod, sozusagen in der Nachbarschaft des Todes. In der Romantik findet die Mystifizierung und Verherrlichung des Todes ihren Ausdruck. Die Postromantik bringt den Materialismus und die Verwissenschaftlichung des Todes als Abwehr der darin enthaltenen Angst. Heute haben wir den Tod in die Ferne gebannt; umso heftiger ist uns die Angst vor dem Tod zurückgeblieben. Wir tabuisieren sie und sie beherrscht uns.

In den Worten des Philosophen Ludwig Feuerbach (1804 – 1872): »An die Stelle des Glaubens ist der Unglaube getreten, an die Stelle der Bibel die Vernunft, an die Stelle der Religion und Kirche die Politik, an die Stelle des Himmels die Erde, des Gebetes die Arbeit, der Hölle die materielle Not.«[13]

Wir leben heute im Zeitalter der Technologisierung und Computerisierung des Lebens und der Zeit, im Zeitalter der Globalisierung. Tod und Todesangst werden mehr und anders verdrängt als früher. Der Jenseitsglaube sei den meisten Menschen abhanden gekommen, konstatiert Battegay. »Aber auch die Hoffnung, in den kommenden Geschlechtern weiterzuleben, hat sie verlassen. Die Wandlung vollzieht sich in unserer Zeit so rasch, dass die Menschen oft – nicht zu Unrecht – fürchten, schon kurz nach ihrem Hinscheiden vollkommen ins Dunkel der Vergessenheit und Bedeutungslosigkeit zu verfallen. Und was ängstigt den Menschen mehr als wahrzunehmen, dass seine Aufgabe mit seinem Ableben erfüllt oder gar unerfüllt zu Ende sein könnte?«[14]

Der Glaube, der Generationen von Menschen Linderung bot und Hoffnung in ihrer Angst vor der Endgültigkeit des Todes weckte, war nur um den Preis des Gehorsams, der Verdummung und des Gefügigmachens im eigenen Interesse der Kirche und der Machthaber aufrechtzuerhalten. Die Unterdrückung zahlreicher Generationen von Kindern, ihre Erziehung zur Unterwerfung und zum Unterwerfen der nächsten Generation geschah immer im Namen des Glaubens, von der Bibel begründet, von den Kirchen aufrechterhalten und rücksichtslos gefordert. Mit der Zeit wurde »Gehorsam dann zum eigentlichen Sinn des Lebens«, schreibt Arno Gruen. »Es

I Die Angst

sei an die Kriegsverbrecher erinnert, die diese Entschuldigung oft vorbringen [...]. Unter dem Deckmantel des Befehls geschahen alle Arten von Grausamkeiten und Mordtaten, ohne dass einer die Verantwortung dafür hat übernehmen müssen.«[15]

Im gleichen Maße, wie die Religion als Trost für den angstgeplagten Menschen in Frage kam und der Glaube Sicherheit vermittelte, bemühte sich die katholische Kirche und bald nach ihrer Entstehung auch die protestantische, im Laufe der Jahrhunderte die Todesangst zu schüren. Die eigene Geschichte mit ihrer rücksichtslosen und blutigen Verfolgung Andersgläubiger ist ein empörendes Kapitel, das von den Kirchen noch längst nicht verarbeitet und betrauert wurde. Es ist eine traurige Eigentümlichkeit der abendländischen Geschichte, dass Glaube, wahre Religiosität und Ethik einerseits, und Macht, Heuchelei und Zwang andererseits miteinander im Laufe der Jahrhunderte unentwirrbar verbunden waren – und es bis heute, wenn auch verschleiert, geblieben sind.

Zusammen mit der Religiosität verliert auch die bindende Kraft von Feiern und Festen wie Weihnachten an Kraft, da ihre Symbolik nicht mehr im gleichen Maße wie früher allgemein akzeptiert wird. Damit ist ein menschliches und gruppenschaffendes Element weitgehend verloren gegangen.

Der Glaube war also eine Krücke. Doch diese Krücke ist den Menschen ersatzlos entzogen worden. Hoffnung, Glaube und Sinngebung hängen eng zusammen, aber auch das Gefühl der Solidarität, des Zusammenhalts und der Zugehörigkeit zu den anderen Menschen, des Individuums als Gruppenwesen. Die Frage »Wie kann das ethische Vakuum wieder gefüllt werden?« ist eine der schwierigsten und wichtigsten unserer Zeit.

5 Angst in der Psychoanalyse

Sigmund Freud unterscheidet in seinen Schriften zwischen einer Realangst (oder Signalangst) und neurotischer Angst.[1] Erstere entspricht der Angst, die von realen Gefahren ausgelöst wird und Schutzcharakter hat. Er betont an mehreren Stellen in seinen Schriften, dass der Angst eine notwendige Schutzfunktion beim Menschen zukommt, und deutet an, dass eine »gesunde« Angst zur Normalität gehört. Neurotische Angst, die wir heute als pathologische Angst, Angstneurose oder generell Angststörung bezeichnen, kann die Form von Phobien annehmen, wenn sie sexueller Natur ist, oder manifestiert sich als »Über-Ich-Angst«, wenn sie durch die Spannung unbewusster Gewissenskonflikte entsteht.

In seiner *ersten Angsttheorie*, die er mit seiner Arbeit über die Angstneurose von 1895 begründete, leitete Freud die Angst von nicht abgeführter sexueller Energie ab: »Zur Angstneurose [...] führen alle Momente, welche die psychische Verarbeitung der somatischen Sexualerregung verhindern.«[2] In Abhängigkeit vom Sexualverhalten des Patienten entscheidet sich, so Freud, welche Störung bei ihm auftreten wird. Leidet der Patient unter »der Zurückhaltung oder der unvollkommenen Befriedigung«, d.h. praktiziert er »Abstinenz bei lebhafter Libido, so genannte frustrane Erregung und dergleichen«,[3] so entstehe bei entsprechender Disposition das klinische Bild einer Angstneurose.

1917 bestätigte Freud in seinen »Vorlesungen« die verdrängte Sexualität (»verdrängte libidinöse Triebregungen«) als Quelle der Angstneurose. Er unterschied davon jedoch die

»Realangst« – z.B. die Angst des Kindes vor Dunkelheit, Einsamkeit oder vor fremden Personen – und verband diese mit der Angst vor *Verlassenheit*. In seiner erwähnten Arbeit über Angstneurose von 1895 spricht Freud zum ersten Mal von *frei flottierender Angst*, als einer ängstlichen Erwartung, die »jederzeit bereit ist, sich mit irgendeinem passenden Vorstellungsinhalt zu verbinden«. Diese »ängstliche Erwartung ist das Kernsymptom der Neurose. Sie kann plötzlich ins Bewusstsein hereinbrechen […] und so einen Angstanfall hervorrufen«[4]. Der Angstanfall kann sich körperlich in »Äquivalenten des Angstanfalls« oder psychisch als »rudimentärer Angstanfall« manifestieren.[5]

Im Jahr 1926 hatte sich Freuds Auffassung der Angst geändert.[6] In seiner *zweiten Angsttheorie*, beeinflusst durch Otto Ranks Theorie des Geburtstraumas (Rank führte sämtliche seelische Störungen auf das Urtrauma des Geburtsaktes zurück), bezeichnet Freud die Angst als eine Reaktion auf eine Bedrohung des Ichs. Die Quelle der Bedrohung ist das Über-Ich. Die Angst ist jetzt nicht mehr Folge der Verdrängung, sondern ihr Motor; Motiv der Verdrängung ist die *ödipal begründete Kastrationsangst* – d.h. die Angst vor dem bedrohlichen (kastrierenden) Vater. In der Folge integrierte Freud seine zweite Angsttheorie in seine Strukturtheorie, sein »topisches Modell« der psychischen Struktur, bestehend aus Ich, Es und Über-Ich, und unterschied nun zwischen Realangst, Es- oder Triebangst und Über-Ich-Angst. Den Kern der Über-Ich- oder Gewissensangst sah Freud in der Kastrationsangst.

Liest man Freuds Werke über Angst kritisch, so fällt auf, dass er nicht die Angst meint, von der in diesem Buch die Rede ist: nicht die existenzielle Angst, sondern eine sekundäre Angst, die durch Bedrohung von innen oder von außen, bzw. durch Verdrängung entsteht. Freuds Angst ist eher eine Unlust, ein Unbehagen. In den »Vorlesungen« von 1917 spricht Freud tatsächlich von Angstzuständen als einer »Gruppierung von Unlustempfindungen, Abfuhrregungen und Körpersensationen«[7].

Auch die Angst des Kindes, schreibt Freud schon in seiner »Traumdeutung« von 1900, stammt aus einer »sexuellen Erregung [...], die von ihrem Verständnis nicht bewältigt wird« und die sich dann in der Form von nächtlichen »Angstanfällen mit Halluzinationen« manifestieren kann.[8] Beispielsweise führt Freud die Pferdephobie des »kleinen Hans«, in der ersten (indirekten) psychoanalytischen Behandlung der Phobie eines fünfjährigen Knaben,[9] auf einen ödipalen Konflikt mit seinen Eltern zurück; dabei »übersieht« er, wie spätere Autoren herausgearbeitet haben,[10] vollkommen die existenziellen Lebensumstände des Kleinkindes: seine verständliche Eifersucht auf die dreieinhalb Jahre jüngere Schwester, die Verlassenheit durch die Mutter (er befürchtete, dass die Mutter für immer weggehen könnte) und die durch diese geäußerten offenen Kastrationsdrohungen, falls er mit seinem Glied »spielen« würde. Die Rolle des abwesenden Vaters und anderer wichtiger Bezugspersonen wird ohnehin erst viel später in der Psychoanalyse erkannt.

Die Angst ist also bei Freud die wilhelminische Angst vor der Strafe des Vaters, die sich später in der Angst vor dem eigenen Gewissen, dem Über-Ich, dem Erbe der väterlichen Instanz, niederschlägt, ein »Unbehagen«, dessen Wurzeln in der ödipalen Ambivalenz des Knaben liegen. In der Fallbeschreibung des »kleinen Hans« sieht man am deutlichsten, wie Freud die interpersonelle Seite der Angst aus der Sichtweise des Kindes seiner Theorie des Ödipus-Komplexes opfert, die Angst also sozusagen *ödipalisiert*.

Die Angst unserer Zeit (und nicht nur unserer Zeit!) ist hingegen die existenzielle Angst. Wir kennen sie in ihrer

»Reinform« beim Borderline-Patienten, dem früh verlassenen Menschen oder dem vor der Auflösung seines Ichs in Scheinwelten flüchtenden schizophrenen Patienten.

Nur selten ergründet Freud die Tiefen solcher Ängste und deutet einmal an, überraschend die Grundlage des ödipalen Denksystems verlassend, dass die Kastrationsangst tiefere Gründe haben könnte: »die Kastration wird […] etwas dem Tod ähnliches […], die Todesangst als Analogon der Kastrationsangst«.[11] Im gleichen Werk erkennt er überraschenderweise: »Wenn das Kind allein, in der Dunkelheit, ist und wenn es eine fremde Person an der Stelle der ihm vertrauten (der Mutter) findet«, reduzieren sich die theoretischen Überlegungen »auf eine einzige Bedingung, das Vermissen der geliebten (ersehnten) Person. *Von da an ist aber der Weg zum Verständnis der Angst […] frei*.«[12] Hadert hier der Mensch Freud mit dem Wissenschaftler in ihm? Allerdings gab Freud auch zu, dass er kein besonderes Interesse hatte, seine Kinder – oder Kinder im Allgemeinen – zu beobachten: »Bei meinen eigenen Kindern, die einander rasch folgten, habe ich die Gelegenheit zu solchen Beobachtungen versäumt.«[13]

Der Rationalist Freud, ein Schüler des Positivismus, vermeidet die tiefen Angstgefühle, so wie er, als Kind seiner Zeit, auch die Traumatisierung des Kindes durch seine Umgebung verdrängt und damit die Weichen für die weitere Forschung der Psychoanalyse für viele Jahre stellt. Die Psychoanalyse wird sich lange Zeit auf die Beschreibung und Erforschung der Phobien konzentrieren; alle Formen der Phobien wie Höhenangst, Klaustrophobien, Erstickungsängste, Agoraphobie usw. werden auf Onanieverbot, Kastrationsangst und ödipale Konflikte zurückgeführt.

Auf die Angsttheorien von Freuds Nachfolgern, etwa von Karl Abraham, Anna Freud, Paul Federn, Wilhelm Reich, Melanie Klein, Wilfred Bion und anderen möchte ich hier ver-

zichten und den interessierten Leser auf die akribisch aus-
gearbeitete Studie von Guido Meyer, »Konzepte der Angst in
der Psychoanalyse« in zwei Bänden von 2005, verweisen. An
dieser Stelle soll lediglich bemerkt werden, dass selbst der
sonst in seinem Denken unangepasste, sogar revolutionäre
Ferenczi zu den Autoren gehört, die die existenzielle Dimension der Angst zugunsten des ödipal-erotischen Aspektes
übersehen. So führt er in seinem »kleinen Hahnemann« –
dem Gegenstück zu Freuds »kleinem Hans« – die Angst auf
die Kastrationsangst zurück und erklärt die Angst des Kindes
ausschließlich als Angst vor dem Vater. Noch erstaunlicher ist
diese »Linientreue« des frei denkenden Schülers Freuds in
seiner Beschreibung des tragischen Schicksals des Prinzen
Alexej, der von seinem Vater, dem Zaren Peter dem Großen,
eigenhändig zu Tode gepeitscht wurde. Hier wird der ödipale
und der masochistische Aspekt von Seiten des Sohnes analysiert, ohne der Angst des Opfers zu gedenken, des vom Vater
gehassten und von der Mutter preisgegebenen, verlassenen
Zarewitsch.

Freuds eigene »Verdrängung« der Urangst hat die Psychoanalyse, wie schon gesagt, für viele Jahre geprägt. Die an den
Theorien Freuds und seiner Nachfolger geschulten Autoren
verkennen oft die Intensität und das Elementare der Angst,
unter der der Patient – auch der angstneurotische – leidet; solche Therapeuten verdrängen die Angst bzw. sind nicht imstande, sie mit ihrem theoretischen Instrumentarium zu erfassen. Es zeigt sich auch, wie nachteilig sich Theorien
auswirken können, die nicht auf dem Boden der klinischen
Beobachtung entstehen und sich in abstraktem Theoretisie-
ren verlieren.[14]

Selbst Kinder-Psychoanalytiker wie Dorothy Burlingham
haben Freuds ödipalisiertes Verständnis der Angst kritiklos
übernommen. Als Beispiel kann hier ein Abschnitt aus ihrer

I Die Angst

Analyse der phobischen Ängste des Mädchens Joan zitiert werden:

> »*Joan spielt weiter, dass wilde Tiere sich auf die beiden Kinder stürzen. Die Kinder fürchten sich, die Mutter beruhigt sie und versichert, dass es nichts Arges ist und dass sie tapfer sein müssen. Die Kinder sind dann tapfer, aber die wilden Tiere stürzen sich trotzdem auf sie und zerkratzen ihnen das Gesicht. Die Mutter hält die Kinder und die wilden Tiere immer wieder auseinander.*«

Burlinghams ödipale Deutung lautet: »Die Mutter der Phantasie trennt die Kinder voneinander, wie in der Wirklichkeit Joan die Eltern im Schlafzimmer voneinander trennen will […].«[15]

Die »moderne« Angst, die in unserer Zeit die Menschen in ihrem Bann hält, die durch das Abnehmen der »Sicherheiten« der Religion und der alten Weltordnung uns »wehrloser« macht als früher und gegen die wir – als Individuen *und* als Menschheit – eine Vielzahl von Abwehrmethoden entwickelt haben, diese Angst hat ihre Wurzeln in der Trennungsangst. Sie wird von einer »instinktbedingten«,[16] biologisch durch die lange Zeit der kindlichen Ohnmacht determinierten Urangst begründet und wird durch eine unangemessene, nicht kindgerechte, qualitativ falsche und/oder zu kurze Symbiose zur *Angstkrankheit*. Sie wurde uns durch die Beschäftigung mit den Entstehungsbedingungen der sog. Frühstörungen, vor allem der Borderline-Persönlichkeitsstörung, bekannt und nachvollziehbar.

Die Theorien Freuds und seiner Nachfolger konzentrieren sich zudem fast ausschließlich auf die Bedeutung der Mutter für die Entwicklung des Kindes; die anderen Personen der Primärgruppe werden noch weitgehend ausgeblendet. Die Rolle des Vaters wird erst spät in der Psychoanalyse thematisiert –

und dann eher als eine Abstraktion, die (in der Sprache des systemischen Therapieansatzes) die Triangulierung der Kleinfamilie, d.h. die Dreiecksbildung mit Mutter, Vater und Kind ermöglicht. Dadurch wird dem Vater lediglich die Rolle zugewiesen, dem zweibeinigen psychischen »Stuhl« mehr Stabilität zu verleihen.

Unter den modernen deutschsprachigen Analytikern haben Sven Olaf Hoffmann und Stavros Mentzos den Versuch unternommen, Persönlichkeitsstruktur und Angststörung miteinander zu korrelieren. Mentzos ordnet z.B. die verschiedenen Angstformen in einem zweidimensionalen Koordinatensystem ein,[17] auf dem er die Pole zwischen »psychotischer (Desintegrations-)Angst« und »reifer Über-Ich-Angst« einerseits, und zwischen »diffuser, körpernaher« und »konkreter, entsomatisierter Furcht« aufzeichnet. Auch Hoffmann ordnet die verschiedenen Formen der Angst nach dem Grad ihrer Organisiertheit ein.[18] Er unterscheidet zwischen mehr neurotischen und präpsychotischen Formen, die er auf einem Kontinuum ordnet.

Bei allen Schemata dieser Art wird es deutlich, dass eine künstliche Einteilung zwar dem Bedürfnis nach einer wissenschaftlichen Systematik gerecht wird, aber die emotionale Realität des Phänomens Angst als erlebtes Gefühl nicht berücksichtigt. Hier zeigt sich am deutlichsten, dass ein Konfliktmodell dem Phänomen Angst beim Menschen nicht adäquat ist, weil es nicht geeignet ist, dessen Tiefe und Intensität Rechnung zu tragen. Es berücksichtigt ferner nicht, dass alle Arten der Furcht und Angst (mit Ausnahme der situativen Angst) *Manifestationen der gleichen Urangst sind, unabhängig von ihren symptomatischen Äußerungen.*

Insgesamt fehlt auch das Konzept der »defizitären Angst« (vgl. Kap. 8), und dieses Fehlen verfälscht alle Einordnungssysteme der verschiedenen Angstformen, denn dadurch wird eine nicht vorhandene bzw. »höher strukturierte« Angst mit einer defizitären, abgewehrten Angst »verwechselt«.

Von den Nachkriegs-Analytikern, die sich mit dem Thema Angst beschäftigt haben, sind vor allem Fritz Riemann, Karl König, Raymond Battegay und Günter Ammon zu nennen. Das bekannteste Werk ist Riemanns »Grundformen der Angst«.[19] Riemann unterscheidet vier Grundformen der Angst, denen er Persönlichkeitstypen zuteilt:

Die Angst vor der Hingabe (der die schizoide Persönlichkeit
    entspricht),
vor der Selbstwerdung (die depressive Persönlichkeit),
vor der Veränderung (die zwanghafte Persönlichkeit) und
vor der Notwendigkeit (die hysterische Persönlichkeit).

Riemann betont, dass die Grundformen lediglich Varianten einer einzigen Urangst sind, die seit den Anfängen der Menschheitsgeschichte zum Leben gehört.[20] Mit seiner ausführlichen Untersuchung des Phänomens Angst verfolgt er wie andere Forscher das Ziel, eine typologische Klassifikation der Angsttypen zu bieten. Bemerkenswert ist dabei, dass Riemann die Unterschiede dieser Typen nicht psychogenetisch begründet, sondern über biologische bzw. konstitutionelle Faktoren zu erklären versucht.[21]

Karl König führt zum Verständnis des »phobischen Charakters« das Konzept des »steuernden Objekts« an. In seinem Buch »Angst und Persönlichkeit« von 1986 stellt er die phobische Charakterstruktur in den Mittelpunkt und erklärt sie durch das mangelhaft verinnerlichte mütterliche (steuernde) Objekt.[22] Damit stellt König eine Angsttypologie auf, die sich nach der verinnerlichten Mutterbeziehung richtet und in Wiederholung dieser Beziehung spätere Abhängigkeiten erklärt.

Battegay betont in seinem Buch »Angst und Sein« von

1970 die qualitativen und existenziellen Aspekte des Angstleids. Er charakterisiert die pathologische Angst folgendermaßen: »Wo die Angst einen Menschen isoliert, einschüchtert, entmutigt, immobilisiert, inaktiviert, zu sinnloser Raserei, zu blinder Aggression oder zum Suizid treibt, wo sie ihn in irgendeiner Art in seiner Entfaltung, in seinen mitmenschlichen Beziehungen behindert oder wo sie störend in seine somatisch-vegetativen Funktionen eingreift, dort wird sie zum Ausdruck psychischen Krankseins.«[23] Das Besondere an Battegays Ansatz ist, dass er nicht nur die Bedeutung der Angst für den heutigen Menschen sorgfältig aufzeichnet, sondern in ihr auch ein lebenserhaltendes und notwendiges Prinzip sieht: »Wenn Angst […] auch in der Freiheit entsteht, so ist sie auch Ausdruck der Verängstigung um die Selbstwerdung. Wie könnte der Mensch angstfrei eine Eigenständigkeit erlangen? Die Angst ist nicht nur Ausdruck, sondern auch Movens der Reifung.«[24] »Ohne Angst und ohne die aus ihr folgende Aggressivität würden Mensch und Tier es verlernen, sich in ihrer Umwelt durchzusetzen. Kein Anreiz würde bestehen, etwas zu schöpfen und zu schaffen.«[25]

Dieser »positive« Aspekt der Angst, der für die Selbstwerdung des Menschen unabdingbar ist, bildet auch den Kern von Ammons Auffassung der (von ihm als »konstruktiv« bezeichneten) Angst. Angst begleitet jeden Identitätsschritt des Menschen (d.h. jeden für seine Entwicklung bedeutenden Schritt, der sich oft als Krise präsentiert), von der frühen Kindheit bis zum Tod. Angst vor der eigenen Identitätsentwicklung kennzeichnet den depressiven Menschen[26] wie auch den Borderline-Patienten[27]. Der tiefere Sinn von Zwang und Bürokratie ist weniger die Macht über andere als der Versuch, die eigene Angst zu vermeiden, indem sie verwaltet und (sich und die anderen) kontrolliert.

Ammon bezeichnet die Angst als eine »zentrale Ich-Funktion«[28] und differenziert zwischen *konstruktiver, destruktiver* und *defizitärer* Angst. Die Fähigkeit, Angst wahrzunehmen und zuzulassen, steht nicht nur für sich als wichtiges Merkmal einer Persönlichkeitsstruktur, sondern er betont vor allem die Bedeutung der Angst unter dem interpersonellen Aspekt des zwischenmenschlichen Kontaktes. Entsprechend definiert Ammon *konstruktive Angst* als eine gespürte, dem zwischenmenschlichen Kontakt dienliche Form der Angst. »Sie macht den Menschen offen für andere [und] lässt ihn Hilfe annehmen.«[29] Sie stellt die »wichtigsten Regulationsprinzipien des Ichs [...] und Gefühlsbefindlichkeiten des Menschen« dar.[30] »Die konstruktive Angst macht den Menschen zum Menschen.«[31]

Demgegenüber ist die Angst *destruktiv*, wenn sie zwischenmenschlichen Kontakt verhindert, indem sie »Vermeidungsverhalten [bewirkt], insbesondere Vermeidung neuer Erfahrungen und Beziehungen«[32]. »Sie ist eine überflutende Angst [...], im eigentlichen Sinne Vernichtungsangst, die nach außen agiert wird und sich in Formen destruktiver Wut äußert [...]. Sie ist eine der Ursachen der so genannten Borderline-Kriminalität, hier werden Menschen aus Angst zum Verbrecher.«[33]

Als einer von wenigen Autoren betont Ammon die Bedeutung der *defizitären Angst* für den Aufbau der Persönlichkeit und die zwischenmenschlichen Kontakte des Individuums. Die defizitäre, nicht gespürte Angst (spürbar aber für die Umgebung) wird definiert als »eine Abwehr der Angst, als eine Flucht vor der Angst, was ein Ausweichen vor einer Auseinandersetzung mit sich selbst, mit der eigenen Identität bedeutet. Generelles Vermeidungsverhalten, Starrheit, Zwang und der Totstellreflex des Depressiven zeigen, wie ohne Angst keine Entwicklung geschehen kann.«[34] Ammon versteht die Entstehung der pathologischen Angst als Folge der mangelhaften, unempathischen Mutter-Kind-Beziehung. Auf diese Weise ist pathologische Angst ein Ausdruck einer mangelhaften »narzisstischen Zufuhr« in der frühen Mutter-Kind-Symbiose. Das Kind erlebt dann archaische Vernichtungs- und Verlassenheitsängste, die ein »narzisstisches Defizit« in seiner Struktur bewirken.[35] In der späteren Entwicklung seiner Theorie erweitert Ammon das Verständnis der frühen Mutter-Kind-Beziehung durch die Bedeutung der Gruppe, in die Mutter *und* Kind eingebettet sind. Denn die Mutter befindet sich selber in einer Gruppe, die sie freundlich annimmt und schützt oder mit offener oder versteckter Feindlichkeit behandelt. Die (oft unbewusst) abgelehnte, von der Primärgruppe feindlich behandelte Mutter reagiert mit Abstoßung des Kindes als »Vertreter der Gegenpartei« (oft der »feindlichen« Männer oder deren Familie) oder mit Anklammerung des Kindes als »Alliiertes« gegen die Anfeindung der anderen. In solchen Primärgruppen wird die Angst des Kindes nicht verstanden oder sogar bestraft; andererseits können ganze Gruppen das Kind als Wesen im eigenen Recht ablehnen, für ihre narzisstischen Zwecke ausbeuten oder es als »Retter« und »Sinngeber« der Familiengruppe festhalten. Solche pathologischen Dynamiken verstärken ihren Einfluss auf die Gestaltung der Persönlichkeit des Kindes, indem sie sich verinnerlichen und später auch in anderen Gruppen, wie im Kindergarten, der Schule und in beruflichen Gruppen, aktiv bleiben. Damit führt Ammon die gruppendynamische Dimension in die Psychogenese der Angststörungen ein.

Wie Battegay hält auch Ammon die (konstruktive) Angst für einen wichtigen Motor menschlicher Entwicklung; die Erkennung der eigenen Angst ermöglicht tiefergehenden zwischenmenschlichen Kontakt und fördert den lebenslangen Prozess der Identitätsentfaltung. Die Bedeutung der Angst für die menschliche Entwicklung wird heute auch durch die neurobiologische Forschung bestätigt.

I Die Angst

6 Angst in den Psychosen und den Borderline-Störungen

Angst spielt eine große Rolle bei allen psychiatrischen Erkrankungen; man könnte sagen, dass *alle* psychischen Erkrankungen Manifestationsformen einer schwer regulierbaren bzw. aus der Kontrolle geratenen Angst, einer Form der Urangst darstellen: die schizophrene Psychose, die Depression, die Manie, die Persönlichkeits- oder Borderline-Störungen, die Psychosomatik, der Zwang und erst recht die Angsterkrankungen. Unterschiedlich sind lediglich die Intensität, die Psychodynamik (Entstehungsdynamik) und das äußere Symptombild, d.h. die Art, in der der Patient versucht, seine unerträgliche Angst abzuwehren. Doch sind diese Krankheiten nicht nur Abwehr, sondern gleichzeitig auch eine Mitteilung, ein Appell an die Umgebung, auf die Angst aufmerksam zu werden. In der Symptomatik sind auch die alten, in der Kindheit »wirksamen« Arten des Hilferufs reaktualisiert, d.h. diejenigen, die damals am ehesten von den Eltern bzw. der Primärgruppe bemerkt wurden und evtl. zu einem Schutz gegen die Angst führten. So z.B. tendiert ein Mensch dann zum psychosomatischen Ausdruck seiner Angst, wenn in seiner frühen Entwicklungszeit körperliche, psychosomatische Symptome die Aufmerksamkeit der Umgebung weckten bzw. Fürsorge und Linderung der Angst versprachen. Der Göttinger Arzt und Psychoanalytiker Ulrich Streeck schreibt:

> *»Die Persönlichkeitsstruktur der Patienten ist gleichsam ein Dokument für ihre Anpassung an und die Bewältigung von depri-*

vierenden Verhältnissen, unter denen sie [...] aufgewachsen sind. Sie trägt die Spuren der Geschichte jener Mittel und Wege in sich, mit denen die Patienten ihr psychosoziales Gleichgewicht wenigstens so weit haben stabilisieren können, dass äußere Realitätsanforderungen ausreichend bewältigt werden konnten.«[1]

Dies gilt auch für die Angst; auch die Manifestations- und Abwehrformen der Angst tragen die »Spuren der Geschichte« in sich. Besonders schizophrene und sonstige psychotische Patienten wurden in ihrer frühen Kindheit mit ihren Ängsten allein gelassen; in der Regel war die gesamte Primärgruppe unfähig, aus eigener Angst oder psychischer Erkrankung, oder sie hat, aus bewusster oder unbewusster Aggression gegen das Kind, es psychisch und oft auch körperlich vernachlässigt oder sogar missbraucht. Die Art der Angst, die bei diesen Kindern die Todesangst provoziert, ist die (meist chronifizierte) Verlassenheits- bzw. Trennungsangst.

Bei der Psychose ist die Angst sozusagen nackt; Bion nennt sie treffend »namenlose« Angst.[2] Fromm-Reichmann verstand die schizophrene Symptomatik schlechthin als »Manifestation der zu Grunde liegenden Angst«.[3] Der psychotische Patient ist »starr vor Angst«, wenn er unter der akuten Psychose leidet.[4]

Diese Angst kann bei psychotischen Patienten durch Verlassenheit und Trennungsdrohung, aber genauso durch zu große Nähe ausgelöst werden, wodurch für die Patienten ein ernstes Dilemma resultiert. Überschreitung einer kritischen Distanz geht mit der Angst vor Auflösung der Ich-Grenzen und Individualitätsverlust mit anschließender Panik, Desillusionierung nach der Illusion eines schutzgewährenden Kontaktes einher.

In der Psychose ist die Ambivalenz zwischen dem verzweifelten Ruf nach der Mutter, die vor der Angst schützen sollte,

I Die Angst

und der Angst, von der Mutter besetzt, verschlungen zu werden, am größten. Rosen findet dafür die knappe Beschreibung »des eigentümlichen Kreislaufs im Mechanismus der Psyche, dass ›Mutter‹ Angst verursachen kann und Angst wiederum ›Mutter‹ herbeiruft«[5]. Aus diesem Grund ist die Angst des schizophrenen Menschen »ausweglos«, er befindet sich in einer Falle, die in seiner Kindheit durch die ambivalente Double-Bind-Atmosphäre in seiner Primärgruppe begründet liegt und in späteren Gruppen fortbesteht.

Ein unter dem Verfolgungswahn der Psychose leidender Mensch fühlt sich »vergiftet, ermordet, beobachtet, verfolgt oder telefonisch überwacht«[6] und leidet unter einer ähnlichen Angst. Oft weiß der Patient nicht, woher und weshalb die Verfolgung kommt (wie in Kafkas Roman »Der Prozess«) – er findet aber in der Regel eine »Täterfigur« oder eine »Verschwörung«, auf die er seine Verfolgung zurückführen kann und die ihm damit bei der Konkretisierung seiner Angstquelle »hilft«, indem sie diese »greifbarer« macht. Die paranoide Variante der psychotischen Angst ist bei all den Menschen zu beobachten, deren Angst, vereinnahmt, besetzt und nicht mehr freigegeben zu werden, größer – oder mindestens so groß – ist als die Angst vor Verlassenheit. Wenn man bedenkt, dass die vernichtende psychotische Angst immer mit Einsamkeit verbunden ist, wird der tiefere Sinn der Paranoia nachvollziehbar.

Schon der ungarische Psychoanalytiker Sándor Ferenczi (1873 –1933) sah die Psychose als letzte Rettung vor der Auflösung des Individuums: »Dieses Astralfragment [d.h. der Teil der Persönlichkeit, der das »irdische Dasein« verlässt] hilft dem Individuum, indem es zum Wahnsinn treibt. Für viele Fälle gibt es keine Möglichkeit anderer Art; die letzte vor Sterben oder Selbstmord.«[7] Harry Stack Sullivan spricht 20 Jahre später von »security operations«,[8] mit deren Hilfe psychotische Menschen Angsterfahrungen abspalten und damit das seelisch-körperliche Überleben ermöglichen.

Die »blanke« Urangst in ihrer bedrohlichsten Form, der der schizophrene Mensch wehrlos ausgeliefert ist, macht es verständlich, dass er nach den einfachsten Schutz- und Abwehrmechanismen sucht: Alkohol und Drogen betäuben die unerträgliche Angst. Auch der Zwang kann eine Form der Rettung vor der vernichtenden Angst der Schizophrenie sein: »Oft bekämpft er [der Patient] seine Angst, indem er zu Zwängen und Obsessionen Zuflucht nimmt«, schreibt Silvano Arieti,[9] einer der wenigen Psychiater, die sich nach dem tieferen Sinn des psychotischen Symptoms fragten und die Schizophrenie nicht nur als biologisch bzw. genetisch zu erklären versuchten: »Hier stellt sich dieselbe Frage: Selbst wenn sich herausstellte, dass biochemische Veränderungen stattgefunden haben, sind dann diese Veränderungen die Ursache der Schizophrenie oder ihre Folge? Es versteht sich von selbst, dass alles, was im Gehirn geschieht, eine biochemische Entsprechung hat. Denkbar wäre auch, dass ein Teufelskreis entsteht. Psychische Probleme können biochemische Veränderungen auslösen, die ihrerseits eine Veränderung der psychischen Funktionen bewirken.«[10] Damit zeigt Arieti schon 1979 eine Weitsicht und Differenziertheit bezüglich der Ätiologie der Schizophrenie, die der noch heute verbreiteten biologistischen bzw. »multifaktoriellen« (d.h. etwas liberaler biologistischen) Sicht von Krankheitsgenese weit voraus ist. Manche erfahrene Psychiater und sogar Psychotherapeuten erkennen die Bedeutung der Angst für die Schizophrenie auch heute noch nicht.[11]

Neuere biologische Theorien der Schizophrenie gehen von einem Defizit in der Angsterkennung infolge einer »verminderten Aktivierung in den ›angstassoziierten‹ Hirnarealen«, besonders der rechten Hirnhemisphäre,[12] oder einer Störung der dopaminergen Neurotransmission aus[13]. Für biologisch orientierte Psychiater und Forscher ist Schizophrenie eine Hirnkrankheit und die hirnphysiologische »Erklärung« ihrer Genese eine Frage der Zeit.

Auch die konkretistische Denkstörung, eine der merkwürdigsten kognitiven Störungen, die in der Schizophrenie, der Psychosomatik und bei Zwangserkrankungen oft in extremer Form vorkommt, kann unter dem Aspekt einer archaischen Angstabwehr verstanden werden, die in ihrer ursprünglichen Form im Denken von kleinen Kindern und so genannten Naturvölkern vorherrscht.[14] Der Konkretismus bietet gleichsam einen Schutz gegen die Unsicherheit, globale Situationen adäquat zu erfassen und einzuschätzen, indem er konkrete »Denk-Anhaltspunkte« zur Verfügung stellt. Bei Kindern und Naturvölkern bringt das konkretistische Denken eine Konkretisierung der Angst in Richtung Furcht – oder zumindest die Annahme einer *Erklärung,* die die Angst lindert bzw. erträglicher macht.

Ihre oft verheerende diffuse Angst versuchen psychotische Menschen zumindest teilweise an ihre Umgebung (oder an den Therapeuten) zu delegieren. Diese Tatsache liefert eine Erklärung dafür, warum Schizophrene früher ausgeschlossen und in Irrenhäuser zusammengepfercht wurden. Es ist sehr wichtig, dass der Psychosentherapeut mit der an ihn delegierten Angst umgehen kann. Die weltweit bestehende Tendenz, psychotische Patienten ausschließlich oder vorwiegend medikamentös zu behandeln, ohne ihre große Angst wahrzunehmen und zu tragen, ist ein Armutszeugnis der modernen Psychiatrie – trotz ihrer spektakulären biologischen Fortschritte.

Auch ein Borderline-Patient delegiert die nicht bewältigte frei flottierende Angst, wenn ihm keine anderen Möglichkeiten, vor allem die »Umwandlung« von Angst in Aggression, zur Verfügung stehen. Wie auch bei schizophrenen Patienten kommt die Urangst bei Borderline-Störungen in ihren zwei Hauptformen vor, der Angst vor Verschmelzung, z.B. mit dem Therapeuten, folglich Angst vor der starken Abhängigkeit von ihm, und der Angst vor Verlassenwerden, vor »Objektverlust«. Das Dilemma des Patienten kommt von der starken Gegenwart beider Angstvarianten, die nach Kenntnis der frühen Geschichte des Patienten immer erkennbar wird. Beiden ist ein Borderline-Kranker hilflos ausgeliefert. Die Explosivität dieser Mischung tritt akut zu Tage z.B. wenn der Partner/die Partnerin einen verlässt – die häufigste Ursache des Suizids bei Borderline-Kranken. Götze zitiert einen suizidalen Borderline-Patienten, der im Gespräch sagt: »Ich fühle mich zu einem großen Teil fremdbestimmt und habe Angst vor diesem Gefühl«; und wenig später: »Immer fürchtete ich, verlassen und dadurch vernichtet zu werden.«[15]

In einer Gruppensitzung im Februar 2007 unter Leitung des Autors wurden beide Varianten der Angst von zwei verschiedenen Borderline-Patienten nacheinander artikuliert: »Ich habe Angst vor dem Verlust des Kontaktes zum Therapeuten« und, wenig später, von einem anderen Patienten: »Ich habe im Gegenteil Angst, wenn er sich innerlich mir nähert«. Die Kontaktangst ist als eine Variante der Fusionsangst, der Angst, besetzt zu werden, anzusehen; es ist auch nachvollziehbar, warum die Gruppenangst bei Borderline-Patienten in der Regel groß ist und paranoische Formen annimmt: In Gruppen »vervielfacht sich« die Kontaktangst.

Die anerkannten diagnostischen Schlüsselsysteme lassen die Angst bei der Borderline-Persönlichkeitsstörung weitgehend außer Acht; genauso auch die heute üblichen Leitlinien, die den Anspruch einer korrekten Behandlung nach dem heutigen Stand der Theorie erheben.

Dabei war schon für den vermutlich ersten Autor, der die

I Die Angst

Borderline-Störung beschrieb und psychoanalytisch unter-
suchte, Adolph Stern, die tiefe Angst eines der charakteristischen Symptome der »Borderline-Neurosen«, die in »gefährlichen Mengen« im Laufe einer Therapie mobilisiert werden
können.[16] Auch Otto Kernberg, einer der führenden Theoreti-
ker und Therapeuten der Borderline-Störungen, erwähnt die
Angst in der Diagnose der Borderline-Persönlichkeitsstörung,
jedoch nur als Teil eines von acht diagnostischen Kriterien;[17]
er sieht die archaischen Ängste beim Borderline-Patienten im
Sinne einer »angeborenen Disposition zur Aggressionsaktivierung«, die durch die Traumatisierung durch die Mutter
noch gesteigert wird.

Meiner Ansicht nach wird das Wesen des Leids bei Borderline-Patienten verkannt, wenn man von einem angeborenen
Ich-Defekt ausgeht, wie dies mehrere Autoren annehmen.
Die amerikanische Psychoanalytikerin Wolberg warnte schon
1973 vor einer solchen Etikettierung, die »den therapeutischen
Nihilismus fördere und den Patienten letztlich zum psychischen Krüppel« degradiere, für den eine Prothesen fabrizie-
rende Sozialpsychiatrie weit eher zuständig sei »als ein auf
innere psychische Restitution bedachter Psychotherapeut«.[18]

Angst ist der gemeinsame Nenner aller Persönlichkeitsstörungen. Birger Dulz und Angela Schneider sehen in der *frei
flottierenden Angst* mit ihren vielfältigen Manifestationsformen die Grundlage der Pathologie der Borderline-Persönlichkeitsstörung.[19] In ihrem Schema wird deutlich, dass die
verschiedenen klinischen Symptome durch die Vielfalt der
Angstmanifestationen und ihrer Abwehrmechanismen hervorgerufen werden.

Nach Dulz ist bei 56,4% der Borderline-Patienten eine allgemeine Angsterkrankung festgestellt worden.[20] Ich finde
diese Zahl äußerst niedrig und kann sie nur dadurch erklären,
dass die »versteckte«, nicht verspürte Form der Angst, die bei

diesen Patienten häufige defizitäre Angst, nicht berücksichtigt wurde. Bei einer so hohen Korrelation zwischen der Borderline-Störung und den Angstkrankheiten muss man sich fragen, welchen Sinn der Begriff der »Komorbidität« überhaupt in Bezug auf Angst bei der Borderline-Erkrankung haben soll. Das klinische Charakteristikum der Borderline-Erkrankung besteht ja gerade in der Vielfalt der (ständig wechselnden) Symptome und der klinischen Manifestationen, weshalb sie früher mit der Bezeichnung »Panneurose« bedacht wurde.

Dulz und Schneider sprechen zu Recht in Bezug auf die Borderline-Persönlichkeitsstörung vom »Unsinn der Komorbidität« und belegen dies mit statistischen und konzeptionellen Argumenten.[21] Allerdings hält sich dieser »Unsinn« – nicht zuletzt dadurch, dass viele Kostenträger bei sog. »multimorbiden« Borderline-Patienten längere Behandlungsdauer gewähren.[22] Auch eine Komorbidität mit Depression wird in der Literatur erwähnt, obwohl die klinische Erfahrung zeigt, dass bei näherer Untersuchung *fast jeder* Borderline-Kranke depressiv ist, wenn auch oft versteckt. Nach anderen Statistiken werden bei fast der Hälfte der Patienten neben der Borderline-Diagnose vier und mehr verschiedene Diagnosen gestellt.[23] Ich selber habe bis heute keinen einzigen Borderline-Patienten kennengelernt, bei dem nach den üblichen Diagnosenschlüsseln nur *eine* Diagnose hätte gestellt werden können.

Der Begriff der Komorbidität bei Borderline-Störungen verkennt also die Tatsache, dass die vielfältigen Symptome – wie Anorexie, Bulimie, Depression, Manie oder Abhängigkeit – Äquivalente der existenziellen Angst sind oder durch sie erzeugt werden (auch wenn die Angst defizitär ist) und dass das Hauptmerkmal der Borderline-Erkrankung die Angst selber ist.

Die unerträgliche innere Leere, die für viele Borderline-

Patienten im Mittelpunkt des Beschwerdebildes steht und zur charakteristischen überhöhten Aktivität führt, ist ebenfalls als Ausdruck der Angst zu verstehen. Auch der bei der Borderline-Persönlichkeitsstörung wie auch der Psychose so häufig anzutreffenden projektiven Identifikation kommt die Funktion einer Angstabwehr zu.[24]

Unter dem Aspekt der Angst, den wir hier diskutieren, und angesichts des gemeinsamen, wenn auch individuell und quantitativ unterschiedlichen biographischen Substrats bei den Psychosen und den Borderline-Störungen ist die Frage einer scharfen diagnostischen Trennung im Grunde künstlich und nur noch von theoretischem Interesse. Sie geht auf die Tradition eines überholten, für die Therapie von Patienten, die unter Angst leiden, nutzlosen »medizinischen Modells« zurück.

Die Übergänge zwischen den Borderline-Störungen und den Psychosen sind so fließend, dass sie für die klinische Arbeit keine scharfe Trennung rechtfertigen. Die Unterschiede zwischen den einzelnen Patienten mit Borderline-Persönlichkeitsstörungen untereinander sind größer als zwischen den unterschiedlichen, diagnostisch künstlich getrennten Persönlichkeitsstörungen oder den Unterschieden zwischen psychotischen Patienten untereinander: zwischen einem »chronifizierten« schizophrenen Patienten (meist mit sekundären Hospitalismusschäden durch die vielen verwöhnenden Behandlungen) und dem genialen Musiker oder Maler, der zwar mit Unterstützung durch symbiotische Beziehungen, aber doch Außerordentliches auf seinem Gebiet leisten kann. Die Unterschiede in der diagnostischen Einteilung der Störungen werden determiniert durch:

1. die Abwehrformationen der Angst, d.h. durch die vielen Gesichter, die die Angst und ihre Abwehr annehmen (die

Gegenstand des nächsten Kapitels sind), je nach biographischer und gruppendynamischer Bedingtheit, und

2. die gesund gebliebenen, konstruktiven Aspekte der Persönlichkeit, die der Persönlichkeitsstruktur ihr unverwechselbares Profil verleihen und auch für die Therapie von hervorragender Bedeutung sind.

Meiner Meinung nach ist die Beachtung dieser beiden Aspekte für die Therapie von psychotischen und Borderline-Patienten weit wichtiger als die Unterscheidungen zwischen den einzelnen Diagnosen oder Diagnosengruppen.

7 Die vielen Gesichter der Angst. Variationen auf ein Thema

> Und diese Angst [...] holt aus einer scheinbar
> oft beliebigen Gegebenheit ihre Inhalte:
> Die Melodie findet ihre Worte.
> *Kurt Schneider 1923*[1]

Die situative oder »Realangst«, die »realistische« Angst oder Furcht vor einer bedrohlichen Situation, ist notwendig für die Erhaltung des Individuums und der Art. Entsprechend hat sie individuelle und kollektive Aspekte, die beim Tier miteinander identisch sind, da das Verhalten des einzelnen Tieres bereits auf die Erhaltung der Spezies ausgerichtet ist. Die große Gefahr für die Menschheit besteht in der Tatsache, dass beim Menschen das Selbsterhaltungs-Verhalten und das Sozialverhalten weit auseinander klaffen; politische Philosophen und Soziologen haben versucht, zwischen beiden eine brauchbare Brücke zu bauen, so dass die Interessen des einzelnen Menschen, die notwendigerweise zumindest teilweise mit denen seines Mitmenschen kollidieren müssen, überbrückt werden können. Auch die Religionen beinhalten ein solches »System«. Doch diese Bemühungen haben bisher nur notdürftige Früchte getragen; nicht weil die »Natur« des Menschen böse wäre, sondern weil der Prozess der Sozialisation des Kindes in unserer Kultur traditionell nicht vom Kind, sondern von den Bedürfnissen der Erwachsenen ausgeht. Die Sozialisation hat die Funktion bekommen, den Umgang des Menschen mit seinen Gefühlen, darunter auch mit seiner Angst, zu verschleiern oder abzuwehren. Die Angst vor seiner Angst wird zur regierenden Kraft des westlichen Menschen – und sie verbreitet sich rapide im Zuge der Globalisierung. Die Angst vor der Angst ist aber im Sinne der Arterhaltung unwirksam. Im Gegenteil, sie »arbeitet« dagegen.

Die Entfernung des Menschen von seinem Instinktverhalten, seine *individuelle* Intelligenz, die ihm enorme kulturelle und wissenschaftliche Errungenschaften ermöglicht und sein Leben so grundlegend erleichtert hat, verlangt einen hohen Preis: Sie ist mit der *kollektiven* Intelligenz, die der Arterhaltung dient, im Widerspruch, und dieser Widerspruch wird desto größer, je mehr sich der Einzelne von seinem ursprünglich »menschlichen Kern« entfernt. Das Paradox ist, dass heute, in einem »Zeitalter der Angst«, in dem das Individuum mehr als jemals zuvor mit seiner Angst allein gelassen und von dieser Angst regiert wird, die Menschheit *als Art* unter einem *Zuwenig* an Angst leidet, das ihm zum Verhängnis werden kann; und, wenn sich darin nichts radikal ändert, wahrscheinlich auch zum Verhängnis wird.

Ich halte den Umgang des Menschen mit seiner existenziellen Angst für entscheidend in diesem fatalen Zwiespalt. Wir lernen als Kinder, besonders durch Identifikation mit unseren Eltern und anderen Identifikationsfiguren, die Angst auf vielfältige Weise zu verdrängen, abzuwehren und zu missachten. Daraus resultiert eine lückenhafte Identität, die auf dem Mangel einer echten Kontaktfähigkeit anderen und uns selbst gegenüber basiert. Da wir unter Erwachsenen gelebt haben, die mit ihrer Angst allein gelassen wurden, haben wir als Kinder gelernt genauso allein gelassen zu werden.

Auf diese Weise entstehen die vielen Variationen auf das Thema Angst, von denen einige in diesem Kapitel skizziert werden. Es handelt sich dabei keineswegs um eine *Typologie*, sondern um den Versuch einer deskriptiven Charakterisierung; sie sollten nicht krankheitsspezifisch, sondern im Sinne eines Spektrums der Manifestationen und Bewältigungsformen eigener Ängste verstanden werden. Manche Verarbeitungs- oder Agierensweisen sind allerdings häufig bei bestimmten Persönlichkeitsstrukturen – wie bei »Borderline-Persönlichkeitsstrukturen« – anzutreffen, vorausgesetzt, dass man solche nicht als genau abgrenzbare, im Sinne der Diagnosenschlüssel spezifische krankhafte »Strukturen«, sondern eher als narrative Beschreibungen versteht.

Ich möchte betonen, dass all diese Variationen die gleiche Funktion erfüllen, nämlich die Todesangst auszudrücken, und dass sie sich nach ihrer *Effizienz im Laufe der eigenen Geschichte* ausgebildet haben. Demnach kann man von den »vielen Gesichtern der Angst« als psychodynamisch und gruppendynamisch bestimmten »Strategien« sprechen, die uns in unseren Ängsten früher geholfen haben. Dabei waren freilich nicht nur die bewussten Strategien von Nutzen, sondern vor allem solche, die das Unbewusste unserer Bezugspersonen erreicht haben. Auch die defizitäre Angst gehört dazu; sie wird in einem eigenen Kapitel behandelt (Kap. 8), da sie von besonderer Bedeutung ist.

Die persönliche »Geschichte« der Angst und des Umgangs mit ihr ist eng verwoben mit den *komplexen Faktoren*, die sämtliche Ich-Funktionen des Menschen – und damit die gesamte Persönlichkeit – von früh auf steuern und gestalten: Dazu gehören der Umgang der Primärgruppe mit Angst und mit Gefühlen im Allgemeinen – bei sich und beim Kind –, d.h. die Wahrnehmung und die Art der Reaktionen auf die Angst des Kindes, unbewusste Manipulationen oder Dressuren der Angst, Verschiebungen im Ausdruck der Angst (z.B. durch Aggression), ferner die Gestaltung der Beziehungen innerhalb der Primärgruppe, Spaltungen, Missbrauch oder Misshandlungen. Dazu gehören auch Identifikationsfiguren innerhalb und außerhalb der Primärgruppe und spätere Erfahrungen mit der Angst, z.B. im Kindergarten und in der Schule.

In diesem Sinn sind die verschiedenen Manifestationsarten der Angst auch als Formen des *Ausagierens* der existenziellen Angst aufzufassen. Der Begriff »Ausagieren« wird für Patienten benutzt, die ihre Gefühle, darunter auch die Angst, nicht wahrnehmen oder nicht ertragen können, und stattdessen wie auf einer Bühne darstellen.[2] Er wird generell für Borderline-Kranke oder andere Patienten, nicht für sog. Gesunde, verwendet. Doch gehorcht im Grunde der Mechanismus der Abwehr von Angst bei einem Menschen, der Besitz akkumuliert, um die Angst nicht zu spüren (oder der diese gar nicht wahrnimmt), denselben psychischen Gesetzmäßigkeiten wie das Agieren eines Borderline-Patienten, der seine Angst mit Wut und Zerstörung ausdrückt. Auch sind die Übergänge zwischen den »krankhaften« Arten der Sucht und den sozial akzeptierten – ja, sogar geförderten! – Suchtarten wie Besitzsucht, Genusssucht, Profilierungs- und Machtsucht (etwa bei Politikern) fließend, die Unterschiede eher soziokulturell als psychologisch maßgeblich. Diese kulturell stark ausgeprägte Tendenz des Ausagierens der existenziellen Angst wird schon in der frühen Kindheit auf vielfältige Weise erlernt und belohnt. Auf dieses Ausagieren, das in der »männlichen« Gesellschaftstradition aufrechterhalten und sogar verherrlicht wird, können die meisten tragischen Entwicklungen der Menschheit, die Kriege, die stillschweigend tolerierte Heuchelei der Politiker, die Diktaturen und letztendlich das tendenziell kollektive suizidale Verhalten der gesamten Menschheit zurückgeführt werden. Die »gefährlichste« Form der Angst ist gerade die nicht gespürte, die »defizitäre« Angst.

Natürlich stehen die Manifestationsarten der Urangst in

ihrer Vielfalt in Verbindung mit anderen Merkmalen der Persönlichkeit und werden von diesen deutlich beeinflusst: von der Ich-Abgrenzung des Individuums, von seiner so genannten Ich-Struktur, von seiner gesamten Identität, von seiner Kontaktfähigkeit und der Fähigkeit zu verdrängen. Uns interessieren hier die biographisch geprägten Manifestationsarten der Angst, die »die Spuren der Geschichte« in sich tragen.[3] Sie bleiben *spezifisch* für das Individuum als eigenes, *dominantes individuelles* »Angstmuster« – auch dann, wenn Übergänge und Mischungen verschiedener Angstmanifestationen zu verschiedenen Zeiten vorkommen können.

Also: viele Gesichter einer einzigen Urangst – Variationen auf ein Thema. Aber nicht immer ist die Angst in diesen Manifestationsformen bewusst; noch weniger ist es bewusst, dass es sich eigentlich um Ausdrucksvarianten der Urangst, der Todesangst handelt. Wie der Schweizer Psychoanalytiker Viktor von Gebsattel es treffend formuliert: »Zur Natur menschlicher Angst gehört geradezu, dass ihr eigentlicher Sinn dem Bewusstsein des einzelnen sich entzieht und dass vordergründige oder periphere Befürchtungen die Grundangst verdecken.«[4]

Es ist auch nicht immer einfach, zwischen Manifestationsformen der Angst und ihren Abwehrformen zu unterscheiden. Bis zu einem gewissen Punkt kann man sagen, dass alle Manifestationsformen, die hier beschrieben werden, zumindest teilweise auch der Abwehr der Urangst dienen – der Angst vor der Angst. Trotzdem habe ich es für nützlich gefunden, zwischen beiden Modalitäten zumindest im Ansatz zu unterscheiden; diejenigen Angstformen, die mehr der Abwehr dienen, werde ich in Kapitel 11 ausführlicher behandeln.

In dem Sinne, wie Urangst in diesem Buch verstanden wird, ist jede Angst grundsätzlich ein Abkömmling der Verlassenheits- bzw. Trennungsangst. Für den Säugling oder das Kleinkind sind Versagen, Ausgelachtwerden, Zurückweisung, Kastrationsangst u. ä. lediglich (mit Misstrauen, Scham, Demütigung und anderem vermischte) Varianten der Ablehnung, die zur Verlassenheit und damit zum Alleinbleiben angesichts der eigenen existenziellen Angst geführt haben. Ich hatte schon erwähnt, dass in der Zulu-Sprache der Begriff Angst nicht als Wort existiert, sondern mit dem Satz umschrieben wird: »Mutter, warum verlässt du mich?« Die Verlassenheit des Säuglings bzw. Kleinkindes durch die Mutter gleicht einem Todesurteil. Später wird die symbiotische Abhängigkeit von der Mutter als primäre Lebensbedingung auch auf andere wichtige Personen und auf Gruppen übertragen.

Das Ausmaß der Verlassenheits- bzw. Trennungsangst hängt mit dem in der Kindheit erlebten Vertrauen und der Beziehung zur Primärgruppe (vor allem zur Mutter), dem Erwünschtsein – als menschliches Wesen im eigenen Recht – in dieser Gruppe, vom Geliebt- und Akzeptiertsein ohne versteckte Ambivalenz, insgesamt von den tragenden Beziehungen zusammen.

»Die früheste Angst, die wir bei Kindern kennen, ist die Trennungsangst. Während sich der Säugling nach dem Trennungsschock der Geburt in den ersten Lebensmonaten mit der Mutter als eine Einheit erlebt, die ihm absolute Sicherheit und Geborgenheit garantiert, muss er danach die schmerzliche Erfahrung verarbeiten, dass er selbst und die Mutter zwei verschiedene, voneinander getrennte und selbstständige Lebewesen sind. Diese zweifache Trennungserfahrung begründet die fundamentalste Angst des Menschen, weil sie den Verlust der allumfassenden Geborgenheit bedeutet. Die meisten und schmerzlichsten Ängste, die wir in unserem späteren Leben erleiden, wurzeln in

dieser Grundangst, alleingelassen zu werden. Dabei besteht die
Angst nicht nur vor äußerer Trennung, sondern ebenso durch
innere Verlassenheit durch Kontaktabbruch oder Beziehungs-
losigkeit.«[5]

Auch wenn wir heute die Auffassung vertreten, dass die Mutter nicht allein »absolute Sicherheit und Geborgenheit garantiert«, sondern selbst in ihre eigene Familie und in andere
Gruppen eingebettet ist und diese Gruppen auch für das Kind
tragende, schützende und mütterliche Funktionen übernehmen können, berühren Petris Sätze meines Erachtens den
Kernpunkt des Verständnisses der Angst beim Kind und Erwachsenen. Petri zitiert auch die Beobachtungen der Kinder-
analytikerinnen Anna Freud und Dorothy Burlingham von
1949, dass »Kinder relativ unberührt und angstfrei selbst
schlimme Kriegserlebnisse verarbeiten, wenn sie dabei nicht
von ihren Müttern getrennt werden […]. Umgekehrt löste der
plötzliche Verlust eines Elternteils traumatische Trennungsängste aus.«[6] Ferner zitiert er den japanischen Erziehungs-
wissenschaftler Arata Osada (1951), der bei den Kindern von
Hiroshima ähnliche Beobachtungen machte: Viele Schilderungen ließen »deutlich erkennen, wie mutig die Kinder mit
den grauenhaften Eindrücken des Atomschlages umgegan-
gen sind, wenn nur die Mutter oder nahe Verwandte anwe-
send waren«[7].

Die Manifestationsarten der Angst sind ferner stark von der
jeweiligen Kultur geprägt. In früheren Zeiten bzw. in den heute noch ursprünglich gebliebenen Kulturen ist die Kleinfamilie als soziale Einheit kaum von Bedeutung, sie ist durchwegs
in die Dorfgemeinde, in einen Stamm oder Clan eingebettet
und integriert. Für das kleine Kind stellt sich ein Gradient,
ein gleitendes Spektrum der Abhängigkeit und Zugehörigkeit

zwischen Mutter, Kleinfamilie, Großfamilie und Gemeinde dar, in der verschiedene Funktionen wie Erziehung, Einweihung in die Sitten und Geschichte der Gemeinde usw. verteilt sind. Dabei werden wichtige Aufgaben den älteren Geschwistern, den Älteren der Gemeinde und anderen wichtigen Personen zugeteilt. Das Gefühl der Gruppenzugehörigkeit überlagert stark die individuellen Bindungen und vermindert die in der heutigen westlichen Kultur alles überragende Abhängigkeit von der Mutter bzw. der Kleinfamilie.

Dies ist auch die Grundlage einer häufigen Variante der Angst in unserer Kultur, nämlich der Angst vor dem Verschlungenwerden. In der destruktiven, selbst verlassenen Primärgruppe klammern sich oft Mutter, Vater – oder beide, ja, oft ganze Familien – an das Kind, das die eigene Verlassenheitsangst kompensieren, die Familie vor der eigenen Leere und Bedeutungslosigkeit »retten« soll.[8] Das Kind wird dadurch in ein Dilemma hineingezwängt: Es versucht vor der Retterrolle zu fliehen, sich zu befreien, braucht aber gleichzeitig die »festhaltenden« Personen, um zu überleben. Die Folge ist die Angst vor dem Verschlungenwerden, die Angst, seine eigenen Grenzen, sein eigenes Ich zu verlieren, also sich aufzulösen, der Todesangst preisgegeben zu werden: Das heißt letztendlich verlassen werden.

Beide Varianten, die Verlassenheitsangst und die paranoide Verfolgungs- oder Verschmelzungsangst, treten nebeneinander in verschiedenen Verhältnissen in den meisten mit Angst assoziierten Krankheitsbildern auf: so in der Schizophrenie, den Borderline-Störungen und den so genannten »Angstkrankheiten«.

Es gibt keine diagnosespezifischen Manifestationsarten der Angst, genauso wenig, wie es diagnosespezifische Abwehrformen gibt. Man kann aber von einer neurotischen oder psychotischen *Qualität* der Angstmanifestationsformen und ihrer

Abwehrformen sprechen. Eine Manifestationsart oder Abwehr ist klinisch häufig bei einer entsprechenden Diagnose anzutreffen, kann für sie manchmal charakteristisch sein, ohne aber ein Spezifikum einer bestimmten *Erkrankung* zu bilden; dies schon deshalb, weil die diagnostischen Kategorien in sich willkürlich voneinander getrennt sind. Viele Varianten kommen bei unterschiedlichen Diagnosen vor. Die Kategorisierung der Angstmanifestation ist in diesem Fall ebenso sinnlos und künstlich wie sonstige artifizielle diagnostische Kategorien.

Bei vielen Menschen kommt es zu einer regelrechten Angst-Kaskade, und man kann beobachten, wie die eine oberflächlichere Angst in die nächste, tiefere übergeht, bis die eigentliche Quelle, die existenzielle Urangst, erreicht wird.

Ein ca. 40 Jahre alter Mann betont bei der Klinikaufnahme, er bemühe sich stets, nicht zu stören; er habe Angst, im Vordergrund, im Rampenlicht zu stehen. Die therapeutischen Gespräche lassen bald darauf erkennen, dass sich hinter dieser Angst eine andere verbirgt, nämlich die Angst, nicht erfolgreich, »nicht der Erste« zu sein. Dies verursache ihm viel Verzweiflung, er müsse stets in Konkurrenzsituationen fürchten, als »Besiegter« zu gelten, und vermeide deshalb solche Situationen. Im weiteren Verlauf der Therapie stellt sich heraus, dass Leistung und Erfolg in der Familie die Vorbedingung der Liebe waren, der Patient fühlte sich als Kind nicht angenommen, nicht geliebt, wenn er keinen besonderen Erfolg aufzuweisen hatte. Auf diese Weise wurde deutlich, dass hinter diesen Ängsten die eigentliche Angst vor Verlassenheit stand; der Patient war sich nie sicher um die Liebe und den Schutz seiner Eltern. Als Kleinkind hatte er extrem stark auf die Abwesenheit der Mutter reagiert und sich geweigert, in den Kindergarten zu gehen. Erst später gelang es ihm

allmählich, die Verlassenheitsangst so weit zu überwinden, dass
er in der Schule bleiben und mit einigen Klassenkameraden Be-
ziehungen knüpfen konnte. In diese Zeit reichen auch seine
Schuldgefühle zurück, da er immer das Gefühl hatte, dass er die
Mutter nicht verlassen dürfe, was mit der Übernahme der von
der Mutter unbewusst delegierten Angst – ihrer eigenen Verlas-
senheitsangst – durch den Sohn korrespondierte.

In der späteren Phase der Therapie wurde der Patient seiner
existenziellen Angst bewusst, die über die beschriebene »Kaska-
de« bis in die Symptomatik des Alltags gereicht hatte und zum
stetigen Leid geworden war.

Ibn Hazm, genannt al-Andalusi, ein mittelalterlicher arabi-
scher Gelehrter aus Córdoba (994–1064), meinte, dass alle
Taten und Verhaltensweisen des Menschen durch Angst bestimmt sind und dass alles, was der Mensch tut, den Sinn hat,
diese Angst zu reduzieren. Die schicksalhafte Angst des Menschen, die Angst vor dem Tod, vor dem Nichts, vor der Auflösung manifestiert sich in vielen Aspekten des menschlichen
Lebens; ihre äußerlichen Formen haben Psychiater und Forscher dazu verleitet, in ihnen verschiedene Syndrome oder
Krankheitseinheiten zu sehen; solche Bestrebungen sind
auch heute noch sehr tief in unserer therapeutischen Wissenschaft und Praxis verwurzelt, denn sie dienen nicht nur dazu,
die Ohnmacht der Psychiatrie gegenüber der Angst zu verschleiern, sondern auch, die eigene Angst des Therapeuten
durch »Wissenschaftlichkeit« zu binden.

Angesichts der enormen Variabilität der individuellen,
durch eigene Erfahrungen biographisch und gruppendynamisch determinierten Angst-Manifestationsmöglichkeiten
sind die in der Folge vorgestellten Modalitäten nur als Beispiele zu verstehen. Es gibt so viele Manifestationsformen der
Grundangst, wie es Menschen gibt. Deshalb können viele

Ängste, wie z. B. die Angst, alt zu werden, die Angst (von vielen schönen Menschen), ihre Schönheit zu verlieren, oder die Angst, dick zu werden (von besonderer Bedeutung bei essgestörten Menschen) usw., hier nicht im Einzelnen diskutiert werden. Das Gleiche gilt auch für die in Kapitel 11 dargestellten Bewältigungs- und Abwehrstrategien der Angst.

Angst und Furcht. Stufen der Konkretisierung

Sigmund Freud erkannte früh die Schutzfunktion der phobischen Ängste und schrieb in der Traumdeutung: »Die Phobie ist der Angst wie eine Grenzfestung vorgelegt.«[9] Auch Anna Freud übernahm diese Ansicht, trotz der ödipalen Erklärungstheorien, die alle phobischen Ängste auf Kastrationsangst zurückführen sollten.

> *Ein älterer Mann kam in die Therapie wegen panikartig auftretender Angstattacken. Die Angstanfälle waren von der Phantasie des plötzlichen Herztodes begleitet, wobei er sich ausmalte, dass sein Sohn (der mittlerweile erwachsen war und sich um die Abgrenzung von seinen geschiedenen Eltern bemühte) ohne Vater bleiben würde. Im Laufe der Analyse stellte sich heraus, dass der Patient in Überidentifikation mit seinem Sohn eigentlich sich selber meinte; er war mit einem äußerlich anwesenden, jedoch emotional völlig kalten, abwesenden Vater und einer narzisstisch nur auf sich achtenden Mutter aufgewachsen. Es wurde deutlich, dass bei ihm die frühe Verlassenheits- und Vernichtungsangst diese »erträgliche«, auch ethisch zulässige Form »wählte«, um sich zu manifestieren.*

Die Intensität der als Phobie maskierten Angst kann so groß sein, dass sie den schlimmsten Schmerz verdrängt.

Phobie und Furcht sind einander sehr nah. Manche Autoren betonen die angstbindende Qualität der Furcht *und* der Phobie.[10] Ohne Objekt wird die Angst zur frei flottierenden Angst und kann Panikcharakter annehmen.

Nach Sullivan besteht »ein wesentlicher Unterschied zwischen Angst und Furcht darin, dass man unter günstigen Bedingungen die Faktoren einer Furcht auslösenden Situation, in der einem wehgetan wurde, beobachten, analysieren, identifizieren und in das Vorhersehvermögen einbeziehen kann, während das im Falle von Angst bestenfalls relativ zutrifft; schwere Angst, hat [...] fast die gleiche Wirkung wie ein heftiger Schlag gegen den Kopf. In einem solchen Falle verfügt man über herzlich wenig Daten, die man im Hinblick auf die Zukunft verarbeiten könnte.[11]

In den meisten Sprachen wird zwischen einer transitiven Form der Angst – im Deutschen mit »Furcht« und sich »fürchten« bezeichnet – und einer diffuseren, intransitiven Form – im Deutschen »Angst« bzw. »Angst haben« – unterschieden (im Französischen crainte/craindre und avoir peur/angoisse, im Englischen to fear und to have anxiety oder anguish, im Italienischen timore/temere und avere ansia oder angoscia). Wie Binder es ausdrückt: »Man fürchtet *etwas*, aber man ängstigt *sich*«[12]. In der Psychiatrie geht die Unterscheidung zwischen Angst und Furcht auf den Psychiater und Philosophen Karl Jaspers zurück,[13] sie wurde vor ihm auch von Heidegger vertreten.[14] In der Literatur wird die Unterscheidung aufgrund fließender Übergänge vielfach angefochten; die meisten Autoren sehen eine scharfe Abgrenzung beider Begriffe als kritisch oder verwenden sie sogar synonym.[15] In der Tat wird Furcht unklar definiert und es wird häufig übersehen, dass Furcht auch Abwehr gegen tiefere Angst darstellen kann. Furcht kann durchaus als Derivat bzw. Verschiebung von Urangst fungieren – so z.B. im Falle einer starken »Furcht« vor Dunkelheit beim Kind, die eigentlich Todesangst ausdrückt.

Auch die »Realangst« ist eigentlich *Furcht*, denn sie setzt ein Zielobjekt voraus – z. B. Furcht, vom Pferd zu fallen, von einer Schlange gebissen zu werden, bei einer Bergwanderung in eine Schlucht zu stürzen: Ohne diese Furcht in entsprechenden Situationen wäre man wohl in größter Gefahr! Auch Furcht vor Schmerz gehört zu dieser Kategorie. Solche situationsbedingte Furcht oder Realangst kann prinzipiell *vermieden* werden, sie ist *bewusst* oder bewusstseinsnah. In manchen Fällen muss man aber abwägen, ob es sich um situative Furcht oder Angst handelt. Flugangst, zum Beispiel, imponiert als Furcht: Sie ist zielobjektgebunden, kann vermieden werden; doch ist sie eine Verkörperung der Todesangst, denn die Angst besteht eigentlich nicht vor dem Flug, sondern vor einem Absturz, d. h. vor einem so gut wie sicheren, grausamen Tod. Grund genug, Todesangst zu haben. Also handelt sich bei solcher Furcht wohl um eine Verschiebung oder Maskierung von Todesangst.

Was ist irreale Angst? Gibt es ganz reale und ganz irreale Angst? Ist Flugangst »real«, weil wir täglich über den Absturz von Flugzeugen mit vielen Toten lesen, oder »irreal«, »übertrieben«, weil statistisch unwahrscheinlicher als ein Verkehrsunfall? Ist diese Art von Angst nicht archaischer in ihrer Qualität – der »Sturz ins Nichts« – als die Furcht vor dem Verkehrsunfall?

Uns interessieren hier besonders die Manifestationsformen der Angst und ihre Bedeutung für die Psychotherapie. Dazu gehört die Tatsache, dass jede ungebundene, also auf kein zumindest in Umrissen greifbares Objekt bezogene Angst »frei flottierend«, bedrohlich und unerträglich ist. »Die auf kein Objekt bezogene Angst ist viel unheimlicher als die auf eine wahrgenommene, vorgestellte oder gedachte Veranlassung bezogene«, so Pfister.[16] Daher die *instinktive Bestre-bung jedes Menschen, sie zu konkretisieren*: sie an etwas Konkretem festzumachen und quasi zu verdinglichen.

Wir können verschiedene Stufen der Konkretisierung unterscheiden: Furcht macht die Angst am deutlichsten greif- und zuordenbar: Das Objekt der Furcht ist, wie gesagt, bewusst und meistens vermeidbar.

Eine ca. 40-jährige Patientin, die an Krebs erkrankte, zeigte keinerlei Zeichen für eine gespürte Angst vor der Krankheit und ihren möglichen Folgen, obwohl sie darüber aufgeklärt worden war; ihre ganze Angst konzentrierte sich auf die Furcht vor den Nebenwirkungen der zytostatischen Medikamente, die ihr verschrieben wurden. Sie studierte diese mit großer Akribie und sprach bei jeder Gelegenheit darüber. Hier sieht man übrigens auch, wie Zwang die schützende Funktion der Furcht noch verstärken kann.

Die etablierte Verkettung von (oft aufwendiger) körperlicher Diagnostik und Behandlung dient nicht zuletzt, in einem tieferen Sinn, der Verschleierung, aber auch der Konkretisierung der Angst, die sich dadurch ausschließlich auf das Symptom fokussiert. Die übliche Behandlung des Körperlichen ohne die Berücksichtigung der wichtigsten seelischen Aspekte nutzt unbewusst diesen Mechanismus.

Ein Mann bekam eine Schwindelattacke, als er nach seinem Umzug auf einer hohen Leiter arbeitete; er fühlte sich sehr unsicher auf der Leiter und hatte kurz die Phantasie gehabt, er könne stürzen. Er bekam für einige Tage hohen Blutdruck. Ihm wurde klar, dass die Unsicherheit auf der Leiter und die dadurch ausgelöste Angst der alten Angst entsprach, die er als junger Mann beim Auswandern (Umzug) in ein fernes Land verspürt

I Die Angst

hatte; auch damals war ihm der Boden unter den Füßen buch-
stäblich wackelig geworden. Mit der Diagnose des hohen Blut-
drucks jedoch »verschwand« vollkommen die alte Angst, sie
konzentrierte sich fortan ausschließlich auf den hohen Blut-
druck und die damit verbundene Gefahr eines Schlaganfalls.
Diese Fokussierung wurde noch unterstützt durch die Aufmerk-
samkeit, die er seinen Blutdruckwerten mit der ärztlich ange-
ordneten täglich dreimaligen Messung widmete.

Eine ähnliche Konkretisierungsform stellt die Kastrationsangst dar. Die vielfältigen Phobien können jeweilige »kreative
Lösungen« der Konkretisierung bieten, deren Wahl freilich,
wie alle Konkretisierungsformen, psychodynamisch durch die
eigene Geschichte determiniert ist und analytisch auf sexualisierte Inhalte zurückgeführt werden kann (aber nicht muss).

Die nächste »Stufe« der Konkretisierung der Angst geschieht durch eine halbwegs definierbare, oft vage, bedrohliche Person oder Gruppe: Dies ist der Mechanismus der
Paranoia, der bei psychotischen Menschen, aber bei weitem
nicht nur bei ihnen, häufig die Persönlichkeit vor der un-
definierbaren und unbestimmten Angst bewahrt. Auch das
Objekt der Paranoia wird psychodynamisch bzw. gruppendynamisch mitbestimmt: etwa als Personifizierung der »ver-
folgenden Mutter«, des »strafenden Vaters«. Die Psychoanalyse hat diese Interpretationen herausgearbeitet und unsere
Wahrnehmung dafür verfeinert, dafür aber die dahinter liegende tiefere Angst vernachlässigt.

Die projektiven Konkretisierungen sind mit diesen verwandt; mit ihnen »gelingt« es dem Individuum, seine Angst
nicht nur zu verdinglichen, sondern sie insgesamt an jemand
anderen zu »delegieren«, so als hätte es selber gar keine Angst.
Aggression, sogar Hass, kann eine solche Funktion erfüllen
und Angst machen, d.h. »wirksam« abwehren (s. Kap. 11).

In den verschiedenen Formen der Dissoziation (Bewusstseinsspaltung), findet man kein »greifbares« Objekt mehr. Sie sind Fluchtarten, Versuche, sich einer drohenden Auflösung des Ichs zu entziehen; auch wenn keine eigentliche Konkretisierung mehr möglich ist, kann es doch gelingen, zumindest durch »Ausstieg« aus der unerträglichen Realität einen letzten Ausweg zu finden. Die Identifikation mit dem Aggressor, die bei Opfern von Misshandlungen das seelische Überleben ermöglicht, bietet eine nur noch vage Möglichkeit der Konkretisierung durch Projektion auf einen anderen, eine Täterfigur, die dann kontrollierbar oder zumindest lokalisierbar wird.

Auch die Psychosomatik ist eine Form der Konkretisierung; sie verläuft jedoch gänzlich auf einer tieferen unbewussten, körpernahen Ebene und kann nicht nur Angst binden, sondern auch Fürsorge und Kontakt über die körperliche Beschwerde bewirken.

Analog zu den Stufen der Konkretisierung können wir auch von Angstvarianten als »Stufen der Verlassenheit« sprechen, die mit der Konkretisierung verbunden sind. Die Verlassenheit ist bei der Trennung »absolut«, wenn diese durch die Erfahrung der bedrohlichen Unsicherheit in der Kindheit wie der drohende Tod erlebt wird. Weniger offensichtlich – und damit weniger bedrohlich, weil fassbarer, »konkreter« – ist die Angst vor Bedeutungslosigkeit (in den Augen von *jemandem*) oder vor Zurückweisung (immerhin durch *jemanden*).

Die Angst vor Auflösung, bei der es nicht gelingt, die Angst zu binden, ist die schlimmste: die frei flottierende Angst. Aber auch sie kommt nie allein vor, sondern wird beispielsweise bei schizophrenen Menschen von Halluzinationen und paranoischen Wahnideen begleitet, die ihrerseits Angst zumindest teilweise konkretisieren können. Auch Wahnsymptome erlauben »vorübergehende Entlastung von Angstgefühlen«.[17]

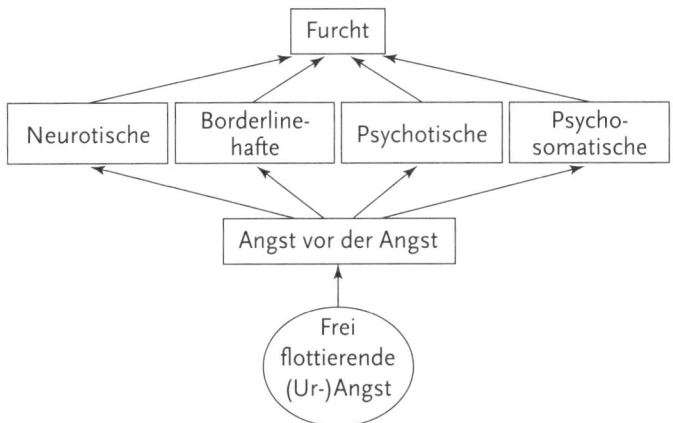

Abbildung 1: Stufen der Konkretisierung

Die Konkretisierung der Angst ist archaisch, und man kann sie in jeder alten Kultur finden – in Mythen, Bräuchen, Riten und Märchen. Das konkretistische Denken, das damit verbunden ist (d.h. das Denken, das an konkreten Inhalten haftet und keine konzeptionellen oder symbolischen Bedeutungen erkennt[8]), verarbeitet die Angst und wehrt sie gleichzeitig durch konkrete »Verdinglichung« ab. Ein anschauliches Bespiel stellt das mexikanische Totenfest dar, bei dem der Tod – und damit die Todesangst – nach aztekischer Tradition in Form eines Zuckergusses konkretisiert und verspeist wird. In vielen Kulturen »wohnen« die Ahnen, die auch »böse Kräfte« besitzen können, unter den Nachkommen, wo sie durch Gaben und Rituale besänftigt werden.

In allen alten und ursprünglichen Kulturen vermittelte die Präsenz der Ahnen im Rahmen des Ahnenkults ein Gefühl der Sicherheit und Kontinuität. Jede Religion »arbeitet« mit Konkretisierung: Der Teufel, die bösen Geister und ihre unendliche Vielfalt in allen Mythologien verkörpern das Böse und damit die Angst, die durch Konkretisierung zum greifbaren »Gegenüber« wird, dem man abschwören oder den man durch das (ebenfalls personifizierte) Gute besiegen oder zumindest fernhalten kann. Intensiver Glaube und sündenfreies Leben sind die »Garanten« für eine Bewahrung vor den ewigen Qualen der Hölle (s. Kap. 4).

Kinder benutzen den gleichen Mechanismus, indem sie die ursprünglich diffuse Angst an ein Objekt heften: an bestimmte Tiere, an dunkle Räume usw. »Sobald einem Kinde gelingt, seine Angst auf die geschilderte Art an ein Objekt zu fixieren, bedeutet dies bereits einen beachtenswerten Fortschritt seiner Angstbearbeitung, Angstbekämpfung«, so der Schweizer Pädagoge Hans Zulliger.[19] Freilich handelt es sich hier nicht um »Angstbearbeitung«, sondern um einen Versuch der »Bekämpfung« durch Konkretisierung.

Überlegungen über die bessere Erträglichkeit der Furcht im Vergleich zur diffusen Angst besitzen auch therapeutische Relevanz. Darauf basiert beispielsweise die therapeutische Wirkung der Reittherapie bei psychotischen Patienten. Ein schizophrener Patient, der dauernd halluzinierte, war so beeindruckt vom ersten Mal, als er auf dem Pferd zu galoppieren anfing, dass er laut schrie: »Wahnsinn, Wahnsinn!« – und aufhörte zu halluzinieren, um nicht vom Pferd zu fallen.

Angstlust, Angst und Spiel

Wie kann ein bedrohliches Gefühl, das auch noch als Abkömmling der Todesangst gelten soll, lustvoll sein?

Bereits Sören Kierkegaard[20] erkannte die Lustqualität in der Ambivalenz gegenüber der Angst. Auch der frühe Psychoanalytiker Otto Fenichel sprach von verschiedenen Aspekten des Lustgewinns durch Angst: Die Natur der Affekte beinhaltet auch eine Ambivalenz bezüglich der negativ belegten Affekte und Triebe (»Trieblust«): Angst, Aggression, Traurigkeit können auch »libidinös« besetzt sein und mit einer gewissen Lust einhergehen. Bezüglich der Angst entsteht dadurch ein »kontraphobisches Verhalten«, sozusagen eine »Flucht nach vorn«, die Fenichel »eine Wiederholung der Funktionslust des Kindes« nennt, »mit der es sich beweist, dass es keine Angst mehr zu empfinden braucht«. Fenichel spricht von der »Libidinisierung der Angst«: »Wie jede andere Erregung kann auch die Angst zu einer Quelle sexueller Erregung werden.«[21] Anna Freud sprach von einer Art »Flirt mit der Gefahr«, die zum Spiel werden kann.[22]

In der Tat können alle Varianten der Angst Lustgewinn provozieren. Situative Angst, die Angst, die durch eine »Mutprobe« provoziert und überwunden wird, geht mit narzisstischem Lustgewinn einher, mit der Lust, trotz der Angst das Ziel erreicht zu haben. In der Extremform führt die »Libidinisierung« oder »Sexualisierung« der Angst – wie z.B. beim Bungee-Springen – zur Ablenkung von der frei flottierenden, bedrohlichen Urangst. Angst kann auch faszinieren. In dieser Hinsicht ist sie mit der »Strategie« der Konkretisierung verwandt, geht aber noch einen Schritt weiter, indem aus Angst eine erotisch gefärbte Spannung wird. Dies kann die große Anziehung von Angst verursachenden Sportarten, Spielen oder einfach Freizeitaktivitäten und Unterhaltungen erklären.

Der Psychoanalytiker Michael Balint bemerkt, dass die »objektive äußere Gefahr, welche Furcht auslöst, das freiwillige und absichtliche sich ihr Aussetzen, und die zuversichtliche Hoffnung, dass alles schließlich doch gut enden wird«, grundlegende Züge dieser Anziehungskraft sind.[23] Der Beruf des Akrobaten, »eine sehr alte und ehrwürdige Zunft«, wurde schon 1600 v. Chr. auf Fresken in Knossos abgebildet. Zu ihren Darbietungen zählt Balint die Seiltänzer, sattellosen

Reiter, Springer, Gaukler und »möglicherweise auch Schlangenmenschen«. Diese »Abenteuer und Nervenkitzel [hängen mit dem] Aufgeben und Wiedererlangen der Sicherheit«,[24] d.h. mit dem Verlassen des »Hauses«, der Sicherheit, und ihrer Wiedererlangung zusammen. Verlassen der Sicherheit und ihr Wiederfinden seien der »Nervenkitzel« (thrill), der auch die Spannung in zahlreichen Spielen für Kinder und Erwachsene – »Blinde Kuh, Verstecken, Fangspiele, Schlagball, Kricket« – begründet.[25]

In diesem Zusammenhang beschreibt Balint zwei Charaktertypen: den Oknophilen und den Philobaten. Der oknophile Typ lebt in der größtmöglichen Sicherheit, die er nur für kurze Zeit, und nur wenn absolut nötig, verlässt. »Der Oknophile lebt von Objekt zu Objekt und bemisst seine Aufenthalte in den leeren Räumen so kurz als möglich. [Der] Ertrinkende, der sich an einen Strohhalm klammert«, umschreibt diese Haltung vorzüglich. Im Gegensatz dazu sucht der Philobat die Gefahren, die ihn den Objekten entfernen: »der Pilot in der Höhe [...], der Seemann auf hoher See, der Skifahrer am Hang, der Fahrer auf freier Bahn, der Fallschirmspringer in der Luft«. Balint weist auch auf den sexuellen Aspekt des »Philobatismus« hin, »der symbolisch verwandt ist mit Erektion und Potenz«, mit einer »primitiven Stufe der Genitalität«.[26]

Balint macht aber deutlich, dass es sich bei dem Philobaten nur um eine Scheinstrategie handelt, sozusagen um eine Art, durch Trotzen der Gefahr eine andere Angst abzuwehren: Wie die Sicherheit bei dem Oknophilen eine Illusion bleibt, »beruht die Illusion des Philobaten darauf, dass er außer seiner eigenen Ausrüstung keiner Objekte bedürfe, sicherlich nicht eines einzelnen, bestimmten Objekts«[27].

Angstlust ist Teil der spielerischen Entdeckung und Erfahrung der Welt durch das Kind; Günter Ammon betont

I Die Angst

die konstruktive Qualität der Angst, die mit dieser Entdeckung verbunden ist – einer Angst, die nötig und nützlich ist
als Schutz vor Gefahren und als Orientierungshilfe in der
Welt.[28]

Panik

Wie in Kapitel 1 beschrieben, stellt Panik nichts anderes als die
subjektiv extrem heftig erlebte, spiralenartige Steigerung der
Angst dar, einen der Selbstkontrolle entzogenen »circulus vi-
tiosus«. Jede Angst kann unter bestimmten Bedingungen zur
Panik werden: dann zum Beispiel, wenn keine Hilfe, keine
Rettung in Sicht ist.

Oft zeigt sich Panikstörung bei Menschen, die dazu neigen, keine Angst zu spüren. Die Übergänge zwischen der so
genannten Generalisierten Angststörung (GAS, oder englisch
GAD) und der Panikstörung sind bezüglich der frei flottierenden Angst fließend.

Panik kann auch ein Gruppenphänomen sein, sie ist bekannt in allen Situationen, bei denen eine unbestimmte Angst
ausbricht und um sich greift; sie kann auf einem Marktplatz
oder in einer U-Bahn ausbrechen, auf dem Fußballplatz oder
im Theater. Sie kann ansteckend wirken; ihre Auswirkungen
können katastrophal sein, denn die zur Panik gesteigerte
Angst übersteigt in ihrer Intensität alle anderen Gefühle –
beim Menschen nicht anders als beim Tier. Panik kann sich
nicht nur einer fliehenden, sondern auch einer siegreichen
Armee bemächtigen, z. B. der napoleonischen Armee nach der
Schlacht von Wagram.

Das Wesen der Panik, wie allgemein der Angst, spricht zu
uns am überzeugendsten aus Romanen und Werken von
Künstlern, die Angst und Panik aus eigenem Erleben kann-

ten. Ihre enorme Intensität ist durch die Tatsache mitbedingt, dass ein von Panik ergriffener Mensch jeglichen Kontakt zu den anderen verliert und sich *vollkommen allein* mit der übermächtigen Bedrohung konfrontiert fühlt. Er ist kaum oder nicht mehr erreichbar, nicht mehr »ansprechbar«. Demnach kann man Panik als eine gesteigerte Angst begreifen, bei der das Element der Einsamkeit extreme Ausmaße annimmt; hier potenzieren sich Angst und Einsamkeit am extremsten.

Durch Verdrängung bestimmte (»neurotische«) Angst-Manifestationsformen

Die nachfolgende Einteilung in Angst-Manifestationen mit »neurotischer«, »borderlinehafter« und »psychotischer« Qualität bedeutet, wie bereits gesagt, keine Kategorisierung oder Systematik; sie soll lediglich eine qualitativ verstandene lockere Gruppierung ermöglichen. Ich habe wiederholt auf die gleitenden Übergänge und Überlappungen, die individuellen Variationen und Schattierungen hingewiesen, die gerade gegen jede Art von kategorialem System sprechen und auch therapeutisch ohne Relevanz bleiben.

Phobien

Phobien sind Manifestations- und gleichzeitig Abwehrformen der Urangst. Schon Freud sprach von der angstbindenden Qualität der agoraphobischen Symptomatik[29] und erklärt in seiner »Traumdeutung« von 1900 die phobische Symptomatik als »Grenzfestung« der Angst. Es ist erträglicher, vor Spinnen oder Schlangen phobische Angst zu haben, als unter frei flottierender Todesangst zu leiden. Die Phobie erfüllt den doppelten Effekt, einerseits Angst zu konkretisieren und damit zu binden, andererseits auch, zumindest in vielen phobischen

Situationen, entsprechende auslösende Momente vermeidbar zu machen.

> *Eine 42-jährige Frau kam wegen einer generalisierten Angststö-*
> *rung, Panikattacken, Depersonalisationssymptomen und de-*
> *pressiver Symptomatik in stationäre Behandlung. Sie litt unter*
> *Angst in all ihren Formen: frei flottierend, Kontakt- und Grup-*
> *penangst, verschiedene Phobien, vor allem die Furcht vor Erbre-*
> *chen. In der Klinik fokussierte sie bald ihre gesamte Angst auf*
> *einen Mitpatienten, der bei ihr die Befürchtung, erbrechen zu*
> *müssen, intensiv mobilisierte. In ihrer Kindheit habe sie viel un-*
> *ter Angst gelitten, da sie oft von den Eltern allein zu Hause ge-*
> *lassen wurde. Infolge der Nachlässigkeit der Familie habe sie mit*
> *ca. 2 Jahren einmal Psychopharmaka geschluckt und man habe*
> *ihr den Magen ausgepumpt. Beide Eltern haben sie misshan-*
> *delt, außerdem damit gedroht, wenn sie nicht »brav« sei, würde*
> *sie erbrechen. Ihre Mutter sei nach einem heftigen Erbrechen ge-*
> *storben. Die Verkoppelung zwischen Angst und Erbrechen war*
> *dadurch mehrfach determiniert (wahrscheinlich spielte auch*
> *das Thema eines sexuellen Missbrauchs, ausgelöst durch den*
> *Mitpatienten, eine Rolle). Die Phobie machte die existenzielle*
> *Angst besser tolerierbar und erlaubte ihr sowohl eine gewisse Ab-*
> *grenzung als auch die Konkretisierung der Angst durch die Pho-*
> *bie, durch die sie ihre Opferrolle bewahren und ihre Kontakt-*
> *ängste rationalisieren konnte.*

Das Zielobjekt der Phobien wird dynamisch durch lebens-geschichtlich determinierte Erfahrungen – meist in der Kind-heit – bestimmt. Psychoanalytisch gesehen haben diese Erfah-rungen oft, wenn auch nicht immer, sexuellen Charakter und wurden seit Freud als Ausdruck der Verdrängung von Kastra-tionsangst gedeutet.

Angst zu versagen

Sie bedeutet nichts anderes als die Angst, die Liebe und Bedeutung für die Hauptperson nicht zu verdienen oder zu verlieren. Die anhaltende Angst, dieser Liebe nicht »würdig«,
nicht gut genug für sie zu sein, kann die Persönlichkeit eines
Menschen nachhaltig verformen und die ihr innewohnende
Angst ins Unbewusste verdrängen und in Hass umkehren.
Arno Gruen sieht in der Angst vor der Angst, die oft auf andere projiziert wird, einen Motor unserer Kultur.[30]

Aber die Angst, die Liebe (der Eltern, der Primärgruppe
und anderer wichtiger Personen) nicht zu verdienen, ihrer
nicht »würdig« zu sein, bedeutet in sich eine tiefe Verlassenheit und psychische Misshandlung, denn ein Kind, das seine
Liebe »verdienen« muss, ist ein bereits verlassenes, in seiner
Angst und seinem Kindsein nicht empathisch wahrgenom-
menes Wesen. Solchen Kindern ist früh »beigebracht« worden, dass sie nicht um ihrer selbst willen geliebt wurden und
dass sie um ihre Liebe kämpfen müssen bzw. diese jederzeit
leicht verlieren, wenn sie die »Spielregel« nicht einhalten. Das
Ausgeliefertsein an die Bedingungen, die daran geknüpft werden, dass man geliebt und angenommen wird, schafft Abhängigkeit, Leistungsdruck und Perfektionismus, Zwang und
Hass und dauernde unterschwellige Verlassenheitsangst –
wie wir weiter oben, unter »Angst vor Zurückweisung«, gesehen haben. Auch am Beispiel der Angst zu versagen sehen wir
die Komplexität und Verflechtung verschiedener Angstformen miteinander, die alle der gleichen Nichtachtung, Nicht-
empathie, dem gleichen Nichtverstandenwerden des Kindes
in seiner Angst entstammen.

Angst, ausgelacht zu werden

Die Angst, ausgelacht zu werden, ist eine Angstvariante mit
»neurotischen« und »paranoiden« Zügen, die eng mit der

I Die Angst

Angst vor Bedeutungslosigkeit zusammenhängt (s. weiter unten, S. 116). Wie bei allen Manifestationsformen der Angst wird auch hier die eigene »Geschichte« der Angst, werden die determinierenden Konstellationen der eigenen Biographie entscheidend. Bei einem Menschen beispielsweise, der in seiner Kindheit in seiner Familie durch die verletzende und erniedrigende Art des Auslachens in die Außenseiter- und Opferposition gedrängt wurde und danach, in Wiederholung dieser Dynamik, auch in Kindergarten und Schule ausgelacht wurde (ohne den Schutz von Erwachsenen), wird diese spezifische Variante der Angst verinnerlicht. Sie kann verständlicherweise zu hoher Sensibilität, Kränkung, Wut und Hass führen. Hierzu gehören auch die Ironie und ihre verletzenden Aspekte bei Kindern.[31]

Verarmungsangst

Diese Manifestationsform der Angst ist nicht mit der Armut verbunden, sie tritt ebenso häufig bei Reichen auf. Sie ist immer mehr oder weniger irrational, wenn auch – wie bei jeder Form der Angst – teilweise auch konkret begründbar. Klußmann gibt dazu die unbewussten Formeln: »Mutter lässt mich verhungern« und »Ich habe nichts von der Welt bekommen«.[32] Sie hängt stark mit der Angst-Abwehrform der Besitzsucht zusammen (s. Kap. 11.1) und hat einen deutlichen Zwangscharakter; sie kann wahnhafte, paranoide Züge annehmen. Die darin manifestierte Intensität entspricht der Intensität der durch diese »gebundenen« Urangst. Die oft gesteigerte Angst zu verarmen ist das Äquivalent der Angst, verlassen, schutz- und bedeutungslos, allein zu bleiben, nichts zu haben, also auch nichts *zu sein*. Die Psychogenese bzw. Gruppendynamik dieser Menschen lässt sich immer auf entsprechende Kontaktaspekte und Ideologien in der Primärgruppe – verstärkt durch soziokulturelle Motive – zurückverfolgen.

Solche Dynamiken sind auch bei Menschen mit krimineller Vorgeschichte zu finden, bis in die höchsten und verantwortungsvollsten Positionen des wirtschaftlichen und politischen Lebens. Die täglichen Korruptionsaffären überall auf der Welt beziehen ihre Energie aus der intensiven Angst, die sich hinter ihnen verbirgt. Wenn man die zusätzlichen Faktoren von Macht, Ansehen, Luxus, Sicherheit und vor allem die Füllung der inneren Leere als »Identitätsersatz« hinzunimmt, kann man die enorme Anziehungskraft der Besitzsucht verstehen (s. Kap. 11.1). Entsprechend intensiv ist ihre Kehrseite, die Verarmungsangst, denn Reichtum bietet nur trügerische Sicherheit. Menschen, die von der Verarmungsangst geplagt sind, verbringen schlaflose Nächte und unruhige Tage mit Grübeln und Spekulationen, ihr Leben kann von der Angst, »alles zu verlieren«, beherrscht werden. Je mehr sich ein Mensch in seiner Identität durch Besitz definiert, desto mehr muss er dessen Verlust befürchten, desto mehr beherrscht ihn die Verarmungsangst – also die Angst, niemand mehr zu sein, nicht mehr zu existieren. Bankrott war deshalb immer schon ein häufiger Grund zum Selbstmord.

Angst vor Bedeutungslosigkeit

Sie bezeichnet die Angst, in Bedeutungslosigkeit zu versinken. Auch diese Variante der Angst hat eine defizitär-narzisstische und depressive Färbung, nämlich die Befürchtung, unbeachtet, ungeliebt, vergessen und verlassen zu sein. Sie ist häufig bei Menschen zu finden, bei denen Anerkennung und Liebe in der Kindheit mit »Bedeutung«, mit Leistung oder außergewöhnlichen Fähigkeiten »erkauft« werden mussten. Angst vor Bedeutungslosigkeit drückt den Wunsch, die Sehnsucht aus, »jemand« zu sein, eine Bedeutung auf dieser Welt zu haben.

Erich Fromm hat sich mit dieser Form der Urangst beschäftigt. In »Die Furcht vor der Freiheit« beschreibt er den historischen Individuationsprozess des Menschen vom Mittelalter bis in die Neuzeit. »Da der Mensch [im Mittelalter] vom Augenblick seiner Geburt an seinen bestimmten, unverrückbaren Platz besaß, den ihm keiner streitig machte, war er in seinem strukturierten Ganzen verwurzelt. Das Leben besaß für ihn einen Sinn, der keine Zweifel aufkommen ließ. Jeder war mit seiner Rolle in der Gesellschaft identisch. […] Die Gesellschaftsordnung betrachtete man als naturgegeben, und dass man ein bestimmter Teil davon war, verlieh einem ein Gefühl der Sicherheit und Zugehörigkeit.«[33] »Erde und Menschen waren sein Mittelpunkt, der Himmel und die Hölle waren der zukünftige Aufenthaltsort, und von der Geburt bis zum Tod war alles Tun transparent in Bezug auf Ursache und Wirkung. […] Die mittelalterliche Gesellschaft nahm dem Individuum seine Freiheit nicht weg, denn es gab das ›Individuum‹ damals überhaupt noch nicht.«[34]

Mit der Zunahme der Bedeutung des Individuums in der Renaissance kam auch das Gefühl der Bedeutungslosigkeit des Einzelnen im verlorenen Einssein mit der Welt zum Vorschein. Es ist denkbar, dass manche Heldentat ihre Zähigkeit und Energie *auch* aus der Angst vor Bedeutungslosigkeit schöpft. So schafft Jean Anouilh mit seiner Heldin Antigone einen Menschen, der versucht, einem leeren, unbedeutenden Leben durch eine Heldentat eine Bedeutung zu geben; entsprechend wird dieser Heldentat im Laufe der Handlung jeder einsehbare Grund entzogen. Antigone besteht hartnäckig auf ihrer Aufopferung, um sich einem konventionellen, inhaltslosen Leben zu entziehen und ihrer Existenz doch noch einen Sinn zu geben.[35]

Besonders Borderline-Patienten und narzisstisch Kranke, aber bei weitem nicht nur sie, sind auf kontinuierliche Zuwendung in all ihren Formen angewiesen. Sie leiden schnell unter Angst, wenn Anerkennung fehlt, wenn sie nicht bemerkt werden. Der Begriff »Narzissmus« müsste unter diesem Aspekt neu überdacht werden, denn er stammt vom »schönen Narkissos« ab, dem Jüngling, der in sich selber verliebt war (was ihm zum Verhängnis wurde); der narzisstisch Kranke ist aber nicht in sich verliebt, sondern fürchtet im Grunde die Bedeutungslosigkeit und ist deswegen auf die Liebe *anderer* ununterbrochen angewiesen, um seine Angst zu lindern. Nach Ammon sind »Borderline-Kranke auf dauernde Bestätigung und Erfolg durch Arbeit angewiesen, weil sie sonst schwersten Verlassenheitsängsten und der Todesangst ausgeliefert wären, die sie seit frühester Kindheit durchmachen mussten.«[36]

Das Gefühl der Bedeutungslosigkeit ist für den heutigen Menschen unerträglich. Deshalb lassen täglich Leute, die ansonsten keine Chance hätten, zu zeigen, dass sie »auch jemand sind«, nichts unversucht, um aufzufallen und ihre Bedeutung zu demonstrieren. Statussymbole wie Besitz, Auto, aber auch körperliche Schönheit oder Kraft, helfen dem Menschen, »Bedeutung« zu erlangen. Gehen diese verloren, droht ihnen der Verlust ihrer Identität – oder besser: ihres Identitätsersatzes – und ihr Leben droht in Sinnlosigkeit zu versinken. Der Autofahrer, der zwanghaft andere überholen muss, erfährt immerhin die narzisstische Bestätigung, die ihm (für kurze Zeit) das Gefühl von Existenz und Bedeutung gibt: Seine Angst vor Bedeutungslosigkeit wird zumindest zeitweise betäubt.

Kastrationsangst

Die Kastrationsangst ist eine Variante der existenziellen Angst, der Angst vor Verstümmelung bzw. Vernichtung. Kinder mit einer intensiven Kastrationsangst sind traumatisierte Kinder, deren Beziehungstraumata mit der spezifischen Art der

Angst vor Strafe – d.h. auch vor Verlassenheit, vor dem Nicht-(mehr)-geliebt-Werden – und den dazugehörigen Schuld-gefühlen verbunden sind. Wir haben gesehen, wie Verlas-senheitsängste und Eifersucht (ihrerseits eine Angst vor Verlassenwerden) des »kleinen Hans« durch sexualisierte In-halte maskiert waren und wie Freuds Nachfolger ihm in dieser Tendenz, Existenzangst unter dem ödipalen Aspekt zu verken-nen, treu geblieben sind (s. Kap. 5). Später konnte Zulliger[37] bei 95% von Knaben *und* Mädchen die Kastrationsangst als »normale« archetypische Variante der Todesangst nachwei-sen. Nach Klußmann ist auch die Examensangst eine Form der Kastrationsangst.[38]

Es ist bekannt, dass die Kastrationsangst auch beim weib-lichen Geschlecht häufig auftritt, dort bezieht sich die Angst vor Strafe durch Verstümmelung auf die Mutter:

Eine erwachsene Frau träumte, dass sie in einem Teich mit schmutzigem Wasser schwimmt und ein dicker Karpfen, der teilweise mit einer Schürze gekleidet ist, ihr den Ringfinger ab-beißt. Sie assoziierte damit die Mutter, die auf sie und ihre Ero-tik (»schmutziges Wasser«) eifersüchtig war und öfters das Kin-derlied sang: »Meine Mutter schneidet Speck, schneidet mir den Finger weg«.

Ammon hat den existenziellen Charakter dieser Form von Angst betont, als er festhielt: »Alle Angst [ist] im Grunde Kas-trations- und Todesangst.«[39]

Angst um die anderen

Die Angst um eine wichtige, geliebte Person, um ein Kind, einen Partner, einen Freund oder auch einen Fremden, ge-hört zu den situativ nachvollziehbaren, bewussten Ängsten. Die übertriebene Angst um andere hingegen kann – von der

Umkehrung der Aggression, die uns aus der Psychoanalyse bekannt sind, abgesehen – eine Deck- oder Abwehrform der eigenen existenziellen Angst sein, die rationalisiert wird oder unter der Herrschaft der Moral steht (etwa der Religiosität oder einer moralisierenden und Schuldgefühle »züchtenden« Erziehung). Nicht selten begegnen wir in der klinischen Erfahrung Müttern, die mit ihrer übertriebenen, oft alles andere beherrschenden Angst um ihr Kind die eigene Todesangst abwehren. Kindern solcher Mütter ist die Angst der Mutter um sie kein Schutz: Sie erfassen intuitiv (wie wir es aus Therapien erfahren), dass sie damit nicht »gemeint« sind. Dabei sind häufig transgenerationale Momente unterschwellig wirksam.

Eine junge Frau hatte panische Angst, dass ihr erstes Kind nicht genug Nahrung bekäme, und ließ sich durch keine rationalen Argumente vom Gegenteil überzeugen; Beruhigungsversuche von Seiten der Kinderärzte änderten nichts an ihrer Angst. Neben der Maskierung und Umkehrung ihrer aggressiven Impulse gegen ihr Kind und dessen Lebendigkeit diente diese zwanghafte und hartnäckige Angst der Verschleierung und Abwehr ihrer eigenen, unbewussten existenziellen Ängste. Ihre Mutter war als Kind mit ihrer Familie in der Nazizeit verfolgt worden.

Durch Ausagieren bestimmte (»borderlinehafte«) Angst-Manifestationsformen

Trennungsangst

> Beobachtungen an jungen Tieren und Kindern haben zu der Vorstellung geführt, dass alle Angst – oder zumindest alle neurotische Angst – letzten Endes Trennungsangst ist, eine Reaktion auf die Trennung vom schützenden, elterlichen Objekt, und nicht Reaktion auf nichtidentifizierbare Gefahr.
> *Charles Rycroft 1968*

Die Trennungsangst ist der ursprünglichsten Grundform der Angst, der Verlassenheitsangst, am nächsten. Die Psychiater Arnold und Joraschky schreiben: »Aufgrund der überlebenswichtigen Funktion von Bindung ist Trennungsangst eine primäre Angst.«[40] Am Anfang sind Trennung und Verlassenheit ein und dasselbe. Sie bleiben dasselbe, wenn das Kind kein Urvertrauen entwickelt, d.h. das Vertrauen, dass die Mutter oder andere wichtige Personen nach der Trennung zurückkehren und das Kind nicht verlassen. Hier ist freilich nicht nur physische, sondern auch – und vor allem – seelische Verlassenheit gemeint.

In seinen »Drei Abhandlungen zur Sexualtheorie« von 1905 erklärt Freud zur Bedeutung der Trennung von der Mutter für das Kind: »Die Angst der Kinder ist ursprünglich nichts anderes als der Ausdruck dafür, dass sie die geliebte Person vermissen.«[41] Aus Gründen jedoch, die ich ausführlicher in Kapitel 5 (Angst in der Psychoanalyse) diskutiert habe, hat Freud seine diesbezüglichen Überlegungen nicht weiter fortgesetzt. John Bowlby, der Begründer der Bindungstheorie, sieht die Trennungsangst als »Primärangst« und führt sie auf ein »instinktbedingtes System« zurück, das er als »Bindung« bezeichnet: »Anfänglich ist die Angst eine primäre Antwort, die nicht auf andere Begriffe reduziert werden kann und die allein auf den Bruch in der Beziehung zur Mutter zurückgeführt werden muss. Wir wollen diese Auffassung die Theorie der *Primärangst* nennen.«[42] Diese »Primärangst« wird später bei Trennungen reaktiviert, so dass die Trennungssituation ihre Intensität aus früheren Verlassenheitserlebnissen bzw. Traumata herleitet.

Das Leben besteht aus mehr oder minder durchlebten, durchtrauerten Trennungen. Trennungsangst ist »die früheste Angst, die wir bei Kindern kennen«,[43] und ist mit der Angst vor dem Alleinsein oder, besser gesagt, vor dem Alleingelassenwerden eng verwandt. Das Ausmaß der Trennungsangst hängt nicht nur mit den durchgemachten Trennungen und deren Intensität zusammen, sondern ganz besonders mit dem Beziehungsgeflecht in der Familie – in der Sprache der Bindungstheorie: mit der Bindungsqualität. Eine unsichere Bindung, d.h. eine bereits bestehende Verlassenheitsdynamik, die mit dem Nichtspüren oder Nichternstnehmen der Gefühle des Kindes und der fehlenden oder zu geringen tragenden Funktion der Familie einhergeht, macht jede Trennung, auch eine sonst in der Regel tolerierbare, zu einem traumatischen Ereignis. Andererseits weiß man, dass Kinder lange und schwere Trennungen dann tolerieren, wenn ihre frühen Beziehungen in der Primärgruppe stabil waren und Anlass zum »Urvertrauen« gegeben haben. Osada schreibt in seinem erschütternden Buch »Kinder von Hiroshima«, wie wichtig die Anwesenheit der Mutter bei den schwersten Traumatisierungen der Kinder durch die Atombombe war.[44]

Jede tiefere Angst des Menschen ist auf die frühe Angst zurückzuführen, hilflos, alleine zu bleiben, verlassen zu werden; denn das Kind, wie später auch der erwachsene Mensch, ist alleine den Mächten der Natur und des Schicksals hilflos ausgesetzt. Trennungs- und Verlassenheitsangst erscheinen in unterschiedlicher »Verkleidung«. Abhängigkeit in all ihren Formen ist nichts anderes als das Sich-Anklammern an die Mutter (und ihre späteren Ersatzfiguren), die meistens ihrerseits alleingelassen und nicht trennungsfähig war und deshalb in der Regel das Kind für sich »brauchte«, es von sich abhängig machte. Die Angst vor Zurückweisung, die Angst vor dem Neuen, die Angst vor Verantwortung, die Identitätsangst (die weiter unten in diesem Kapitel besprochen werden), sind Manifestationsformen ein und derselben Angst, der Angst der Trennung von der frühkindlichen, nicht kindgerecht verlaufenen Symbiose.[45]

Bei Patienten mit einer Borderline-Persönlichkeitsstörung und bei psychotischen Patienten treten diese Formen ausgeprägt in Erscheinung. Zusätzlich findet man bei ihnen sehr oft deutliche transgenerationale Momente, die »loyalitätsbedingte« Schuldgefühle und unbewusste Rollenzuweisungen generieren und Trennungsschritte im eigenen Recht erheblich erschweren bzw. mit Angst besetzen.

Die Tatsache, dass Angst im Grunde Verlassenheits- bzw. Trennungsangst ist, hat große Bedeutung für die Psychotherapie; dort wiederholen sich, im Kontext der zwischenmenschlichen Situation der Behandlung, alle »Spielarten« der Verlassenheit, die an frühere Verlassenheits- und Angstsituationen »erinnern« und in aller Emotionalität diese wieder heraufbeschwören. Besonders in der letzten und wichtigsten Phase der Therapie, der Trennungsphase, wiederholen sich alte Trennungen und Verlassenheiten, der Patient trennt sich gleichzeitig im Nachvollzug früherer, nicht emotional bearbeiteter Trennungen. Menschen, die unter dieser Variante der Existenzangst leiden, müssen andere mit ihrer Eifersucht dauernd kontrollieren, denn sie sind ununterbrochen von Verlassenheit bedroht. Die daraus erwachsenden Partnerschaftsprobleme sind vielfältig und erreichen oft Ausmaße, die ernste Auswirkungen zur Folge haben können.

Ein junges Ehepaar kam zur Beratungsstelle einer Ambulanz mit dem Wunsch nach Partnergesprächen. Sie würden sich andauernd streiten; die Frau sehe nicht ein, wieso der Mann nicht für sie und ihre Probleme »da ist«, der Mann hingegen fühle sich angesichts dieser Probleme hilflos und suche die Flucht, was bei ihrer Partnerin weitere Wut und Kontrolle auslöse. Die Spirale steigerte sich bis zur Gewalttätigkeit, die beide alarmierte und zur Hilfesuche veranlasste. Es stellte sich bald heraus, dass die Frau unter erheblicher Abhängigkeit aufgrund ihrer existenziellen Ängste litt (sie hatte stark an Gewicht abgenommen und auch ihre Arbeit verloren) und sich verzweifelt an ihren Mann klammerte, der seinerseits (in der Mutterübertragung auf die Ehefrau) sich von dieser »eingesperrt« fühlte und flüchtete. Die Einsamkeit beider führte zum unausweichlichen Gefühl, aufeinander angewiesen bzw. aneinander gebunden zu sein und zur unerträglichen und gefährlichen Spannung. Solche »Clinch«-Situationen infolge einander »ergänzender« Strukturen und Übertragungsmuster liegen vielen Partnerschaftskrisen, Trennungen und Scheidungen zugrunde, zumal die Partner mit dieser sich dem bewussten Denken entziehenden Problematik meist allein gelassen werden und die Schuld ausschließlich beim anderen suchen.

Wir reagieren auf Abschiede mit Angst – und die größte Angst lösen unsere eigenen Abschiede aus. Und die Angst vor dem letzten Abschied, dem Tod, führt uns zurück zur Quelle aller Ängste, zur spezifisch menschlichen Urangst.

Angst vor Zurückweisung

Die Angst vor Zurückweisung hängt eng zusammen mit jeder Form der Verlassenheits- und Trennungsangst. Man könnte von *narzisstischen* Varianten (Angst vor Zurückweisung, Angst zu versagen, Angst vor Bedeutungslosigkeit), von *paranoiden* Varianten (Angst, ausgelacht zu werden, Verfolgungsangst, Verarmungsangst) und *Identitätsangst* im weiteren Sinne (Angst vor Verantwortung, Angst vor dem Neuen, Lebensangst) sprechen. Nach dem amerikanischen Psychiater Karl Menninger können vielfältige Fassaden – »unsympathisch, brutal, verächtlich oder hochmütig« – die Angst vor Zurückweisung maskieren. Verschiedene Varianten der Angst vor Zurückweisung (und der Verlassenheitsangst) kann man in allen artifiziell voneinander getrennten Unterformen der Persönlichkeitsstörungen in offiziellen diagnostischen Manualen[46] finden. So werden z.B. folgende Persönlichkeitsstörungen unterschieden:

- *Paranoide Persönlichkeitsstörung (F 60.0)*, charakterisiert durch »übertriebene Empfindlichkeit bei Zurücksetzung«;
- *Schizoide PS (F 60.1)*, »Emotionale Kühle, Distanziertheit, [...] anscheinende Gleichgültigkeit gegenüber Lob oder Kritik«, Tendenz, soziale Kontakte zu vermeiden (hier lautet die Botschaft: »Bleibe kalt, erspare dir den Schmerz und die Angst der Zurückweisung; lieber allein als verlassen. Das gibt dir das Gefühl von Stärke, von Unabhängigkeit«);
- *Dissoziale PS (F 60.2)*, »Herzloses Unbeteiligtsein gegenüber den Gefühlen anderer« als Abwehr der Angst vor Verlassenheit und Zurückweisung, meist durch Aggression abgewehrt;
- *Emotional instabile PS (F 60.3)*, mit ihren beiden »Untertypen«, dem Impulsiven Typ und dem Borderline-Typ (s. Kap. 6);

- *Histrionische PS (F 60.4)*, »Theatralisches Verhalten, [...] andauerndes Verlangen nach Anerkennung durch andere, [...] im Mittelpunkt stehen, [...] verführerisches Verhalten«, die dem Zweck dienen, der Existenzangst auszuweichen. Auch diese »Strategien« der Angstminderung und der Sicherung der Aufmerksamkeit in der Abhängigkeit von anderen (z.B. vom Partner) sind psychodynamisch und gruppendynamisch bestimmt: Verführerisches Verhalten war in der Kindheit wirksam, um die Aufmerksamkeit zumindest eines Elternteils (in der Regel des Vaters bei Töchtern, zu »sichern«. Die Botschaft lautet: »Sei verführerisch, dann bekommst du Schutz gegen deine Ängste; dafür musst du mit der Eifersucht (deiner und der der anderen) und der Verlassenheitsangst leben«[47];

- *Anankastische (zwanghafte) PS (F 60.5)*, »Ständige Beschäftigung mit Details, [...] Perfektionismus, [...] unverhältnismäßige Leistungsbezogenheit«. Die Verkettung »Angst vor Versagen – Angst vor Verlassenheit – Leistungsbezogenheit – Zwang« wird verinnerlicht und bestimmt die Symptomatik der Angstvermeidung. Die Botschaft lautet: »Solange du gute Leistungen vollbringst, wirst du gesehen, wenn nicht sogar angenommen; weh dir aber, wenn du versagst!«;

- *Ängstliche (vermeidende) PS (F 60.6)*, »Ausgeprägte Sorge, in sozialen Situationen kritisiert oder abgelehnt zu werden, [...] Vermeidung sozialer [...] Aktivitäten [...], aus Furcht vor Kritik, [...] Missbilligung oder Ablehnung, [...] Abneigung, sich auf persönliche Kontakte einzulassen, außer man ist sicher, gemocht zu werden«. Sie ist auf eine wirksame Strategie in der Primärgruppe zurückzuführen, die oft auch in Ideologien sozialer Isolation vertreten ist (»Allein ist man stark«, »Hüte dich vor den bösen anderen«; ein Patient berichtete von der Devise seines Vaters: »Ein Freund

I Die Angst

ist jemand, der dich heute anlacht und dir morgen ein Messer zwischen die Rippen sticht«);

– *Abhängige (asthenische) PS (F 60.7):* Vermeidung von Entscheidungen, »Unterordnung eigener Bedürfnisse unter die anderer Personen, zu denen eine Abhängigkeit besteht, [...] unbehagliches Gefühl beim Alleinsein aus übertriebener Angst, nicht für sich allein sorgen zu können, [...] häufige Angst, von einer Person verlassen zu werden«.

Bei all diesen Formen der Persönlichkeitsstörungen spielen, neben psychodynamisch und gruppendynamisch tradierten Strategien, auch individuelle Faktoren wie Scham, Schuldgefühle, Depression, Abgrenzungsfähigkeit und Kränkbarkeit oder Aggression und ihre Manifestationsformen (offene, unterschwellige, defizitäre) eine wichtige Rolle. Durch die Vermischung solcher Faktoren entstehen schließlich unterschiedliche Konstellationen, so dass die interindividuellen Variationen innerhalb einer Persönlichkeitsstörung weit größer sein können als die Unterschiede zwischen den einzelnen nach dem ICD-System oder dem DSM-IV, einem weiteren Klassifikationsmanual. Kernberg spricht ironisch von denjenigen Forschern, »die an ihrer Vorliebe für einen kategorialen Ansatz zur Erfassung der Persönlichkeitsstörungen festhalten, meist klinische Psychiater auf der Suche nach spezifischen diagnostischen Einheiten«[48].

Verantwortungsangst

Franz Kafka beschreibt in seiner kurzen Erzählung »Vor dem Gesetz«[49] von 1914 das Dilemma des Menschen, der seine Verantwortung dem Schicksal überlässt und der tragischerweise erst vor seinem Tod von der vertanen Zeit und den Chancen seines Lebens erfährt. Kafkas Erzählungen finden literarischen Ausdruck für die Folgen der Angst und das Zurückweichen vor Verantwortung, das gleichzeitig auch die Angst vor eigener Lebendigkeit und Identität verkörpert. Angst vor der Verantwortung ist eine Form der Angst, die in unterschiedlichem Maße uns allen innewohnt und all unsere Entscheidungen begleitet – und auch begleiten muss. Ganz besonders ist dies der Fall, wenn nicht nur die Verantwortung für die eigene Person, sondern auch für andere im Spiel ist. Alle Dramen und Tragödien der Weltliteratur kreisen um das Dilemma des handelnden Menschen, in dessen Tun andere, geliebte Personen involviert sind; und keinem Helden einer Widerstandsbewegung, keinem ethisch Handelnden blieb jemals dieses Dilemma erspart.

Verbunden mit der Verantwortungsangst ist auch die »Gefahr des absoluten Gehorsams«.[50] Deshalb hat die Angst vor Verantwortung eine ethische Dimension. Die ethische Dimension des mit Angst verbundenen Handelns in Verantwortung gewinnt heute, in einer Zeit, in der die massive Zerstörung menschlichen Lebens durch unverantwortliches Tun von Diktatoren und Terroristen, aber auch die »schleichende« Gefahr der Vernichtung unserer Lebensgrundlage in greifbare Nähe rückt, eine besondere Prägnanz. Sich auf unsere Zeiten beziehend, fragt Battegay: »Regt sich in den Menschen der Gegenwart die Angst deshalb so mächtig, weil sie wahrnehmen, Kräfte entfachen zu können, die die Welt zum Erlöschen, die sie aber auch zum blühenden Leben führen kann? [...] Seine ihm damit aufgetragene Verantwortung liegt auf der Hand. Er darf sie nicht leugnen.«[51]

Identitätsangst

Ohne den eigenen Kampf mit und die Überwindung der Angst vor Verantwortung kann es kein erfülltes, in eigener Identität gelebtes Leben geben. Identität entsteht im Bewusstwerden und in der Überwindung der eigenen Angst. Identi-

I Die Angst

tätsangst ist ein umfassenderer Begriff für Verantwortungs-
angst. Sie ist eine häufige Form der Angst bei Borderline-
Kranken. Identitätsangst beinhaltet Aspekte von Angst vor
dem Neuen, vor Verantwortung, von Lebensangst insgesamt.
In Ammons Verständnis ist jedoch die Identitätsangst eine tiefere Dimension menschlicher Existenz und gleichzeitig von
Krankheit und Gesundheit, die mit seinem Verständnis des
Begriffs Identität eng zusammenhängt. Demnach ist Identität
»ein Prozess, ein fortwährendes Suchen, eine fortwährende
Entwicklung«.[52] Auch Battegay umschreibt die Identitätsangst,
wenn er formuliert: »Angst [kann] im Menschen sowohl dann
entstehen, wenn er entdeckt, dass er eine Unzahl von Freiheiten besitzt, als auch dann, wenn er erkennt, dass er im
Grunde stets ein Gebundener ist. Unbeschränkte Möglichkeiten einerseits und unentrinnbares Schicksal andererseits
sind letztlich die ihn ängstigenden Gegebenheiten«. Angst ist
»Ausdruck der Verängstigung der Selbstwerdung« und gehört
zu jeder menschlichen Grenzsituation.[53]

Angst vor der Freiheit, Verantwortungsangst, Angst vor
dem Neuen, Identitätsangst sind Facetten einer gleichen
Angst, die auch mit der ursprünglichen (»konstruktiven«)
Aggression verbunden ist (im ursprünglichen Sinne der Entdeckung der Welt durch das Kind – *ad gredi*), um Neues zu
wagen, Beziehungen einzugehen und die eigene Identität zu
erweitern. Es kann aber keinen neuen Schritt ohne Trennung
vom Alten, von früheren Dynamiken geben. Der Prozess der
Identitätsentwicklung ist immer mit Angst verbunden, da »jeder Schritt in Richtung einer eigenen Identität auch einen
Trennungsschritt aus der Symbiose bedeutet«.[54] Die Gesell-
schaftsstrukturen unserer Zeit unterstützen das Individuum
nicht in seinem angeborenen Bedürfnis, sich in der eigenen Identität zu entfalten. »Für Menschen, die in eine solche, von Effizienzdenken, von Machbarkeitswahn und vom

Egoismus geprägte Gemeinschaft hineinwachsen«, schreibt Gerald Hüther, »macht weder Achtsamkeit noch Behutsamkeit irgendeinen Sinn«.[55]

Lebensangst

Auch der Begriff Lebensangst bezeichnet eine übergeordnete Form der Angst – die Kehrseite der Todesangst. Vielen Menschen, die über Angst vor dem Sterben klagen, geht es um die Angst zu leben, das Leben wirklich und in eigener Identität zu leben und jenseits von innerer Überanpassung zu gestalten. Lebensangst ist mit der Begrenztheit des Lebens verbunden, es ist diese Einmaligkeit und gleichzeitig durch Zeit begrenzte Freiheit, die dem Menschen Angst macht. Dies ist das Thema zahlreicher Romane und Filme, die Menschen schildern, denen erst nach der Bewusstwerdung der Begrenztheit des Lebens, meist durch eine unheilbare Krankheit, ihr bisheriges Dasein wie nicht gelebt vorkommt und die erst im Schatten des nahenden Todes »anfangen« zu leben (wie z.B. Kurosawas Ikiru, »Einmal wirklich leben«[56], oder Dörries »Kirschblüten«[57]). Battegay kritisiert Erziehungsformen und soziale Systeme, die auf Aussparen der Angst und übertriebener Sicherheit basieren, denn »Neues kann nur erworben werden, wenn es in ringender Auseinandersetzung erarbeitet wird«. Pädagogen, die »in den Fehler verfallen, die *Angstfolgen* bei den jungen Menschen (Verrohung, Aggressionen, Bandenbildung usw.) nur als asozial zu betrachten und mit Gewaltmaßnahmen niederzudrücken«, verkennen die lebenswichtige Existenzangst, die sich in diesen Manifestationen ausdrückt.[58] Gerade bei Jugendlichen kann nicht genug betont werden, dass die Lebenslust und die Lebensangst eng beieinander die Zeit der Pubertät und der Adoleszenz beherrschen. Phasen von Tatendrang und Mut wechseln sich hier in rascher Folge mit Phasen von Zweifel und Sinnlosigkeit ab; Stimmungsschwankungen, Rebellion und diffuse Angst sind in dieser Lebensphase am intensivsten.

Angst vor dem Neuen und vor Veränderung

Die Angst vor dem Neuen ist eine unmittelbare Form der Verlassenheitsangst. Alles Neue droht mit Unbekanntem, Unsicherem, zwingt den Menschen, der unter Angst leidet, sich von Altem, Vertrautem zu trennen. Er weiß aber nicht, wohin der Weg nach der Trennung führt, leidet unter der Unsicherheit, fühlt sich beängstigt und verlassen. Die Angst vor dem Neuen ist vielleicht die häufigste konkrete Manifestationsform der Angst überhaupt, wenn auch oft in verhüllter Form – etwa als Entscheidungsschwäche oder Ambivalenz (auch in der Psychotherapie), sie zeigt sich in konservativer, ängstlicher Lebensform und in vielen Gewohnheiten, Routinen, Alltagsritualen. Sie stellt das Wesen der Bürokratie dar, die jede Kreativität und Erneuerung fürchtet. Bürokratie beinhaltet aber auch den Neid auf das Lebendige und den Zwang, mit dem die eigene innere Leere und die Existenzängste »ausgefüllt« werden.

Typologisch ist der durch die Angst vor dem Neuen gekennzeichnete Mensch von Balint (wie weiter oben, S. 110, zitiert) als oknophil bezeichnet worden.[59] Der Oknophile scheut jede Veränderung, alles Neue, lebt in einer Sicherheit, die aber aufgrund der Angst, sie zu verlieren, keine Sicherheit ist. Es passiert manchmal, dass solche Menschen ihre Angst plötzlich überwinden, indem sie neuartige, sogar waghalsige »Experimente« wagen; diese dienen vielleicht dem Selbstbeweis gegen die Angst, sie beinhalten möglicherweise auch einen Befreiungsversuch. Häufiger ist aber, dass Menschen, die nach außen immer wieder Neues, Unbekanntes riskieren oder sogar suchen – und damit abenteuerlustige, »philobatische« Charakterzüge nach Balint zeigen –, umso mehr das

Neue fürchten, wenn es sich um ihre *Innenwelt* und ihre Gefühle handelt. Nicht selten begegnen wir Patienten, die ein abenteuerliches Leben voller Risiken gelebt haben, jedoch die größte Angst vor der Begegnung mit sich selber, dem Unbekannten *in ihnen*, mit ihren Ängsten, an den Tag legen.

Dies ist eine häufige Schwierigkeit der Psychotherapie, da der Mensch hier *immer* mit dem Neuen, Unbekannten in seinem Unbewussten konfrontiert wird und durch die Therapie neue, unbekannte Wege beschreiten soll und damit der Angst vor Veränderung ausgesetzt ist. Von hier aus gesehen, erscheint die dem Patienten häufig (und oft vorwurfsvoll) zugeschriebene Ambivalenz gegenüber der Therapie oder der ihm unterstellte sekundäre Krankheitsgewinn in einem anderen Licht. Wahrscheinlich handelt es sich dabei um einen der Hauptfaktoren auch beim Abbruch oder Misserfolg einer Psychotherapie. Der »Mut« solcher Patienten nach außen täuscht über ihre Ängstlichkeit nach innen, d.h. über ihre Angst vor der Angst, hinweg. Donald Winnicott schreibt über eine Patientin: »Es war jetzt klar, dass sie sich danach sehnte, in ihren krankhaften Verhaltensmustern einige Sicherheit zu finden, und vor der *Unsicherheit, die mit der Freiheit zu wählen einhergeht,* Furcht hatte.«[60] Die Angst, die mit der Freiheit der seelischen »Gesundheit« verbunden ist, wird oft viel mehr gefürchtet, als die Krankheit; Die »Unberechenbarkeit« der Gesundheit erscheint vielen Patienten, trotz all ihren Leiden, die doch bekannt und vertraut sind, als bedrohlicher. Einige Autoren betonen, dass schwer gestörte Borderline-Patienten »extreme Angst vor Veränderung haben«,[61] bringen diese jedoch nicht in Verbindung mit einer tiefer liegenden Urangst. Auch bei depressiven Menschen ist die Angst vor Veränderung meist besonders ausgeprägt.[62] Freud sah in der Angst vor dem Unbewussten einen Grund der Widerstände gegen die Psychoanalyse überhaupt.[63]

Die Suche nach dem Neuen, dem Abenteuer, wird oft mit Freiheit assoziiert. Die Angst vor dem Neuen ist nicht mit der Furcht vor Entdeckungen, Eroberungen der Natur, Wagnissen in Abenteuern zu verwechseln, denn der Mensch verlangt auch nach Entdeckung des Neuen; diesem Impuls verdanken wir alle bedeutenden Fortschritte des menschlichen Lebens. Gemeint ist vielmehr die Angst vor dem Neuen im Inneren, der auch dem Abenteurer und Entdecker Angst macht, ja, ihn manchmal *gerade* dazu bewegt, in das Abenteuer zu flüchten. Die Angst vor dem Neuen ist damit die Angst vor der Begegnung mit der eigenen Angst, die in allen Manifestationen des Lebens eine zentrale Rolle spielt.

Delumeau sieht die religiösen Auseinandersetzungen im 16. und 17. Jahrhundert unter dem Aspekt der Angst vor dem Neuen: »Die Angst vor Neuerungen und deren Ablehnung spielten auch eine Rolle bei den religiösen Unruhen und Aufständen des 16. und 17. Jahrhunderts. Die Protestanten wollten keinerlei Neuerungen einführen. Ihr Ziel war es, zur Reinheit der Urkirche zurückzukehren und das Wort Gottes von allen schädlichen Stellungen zu befreien [...]. Die Aufgabe der Katholiken bestand [...] darin, den alten Glauben aufrechtzuerhalten [und den] heiligen Gottesdienst wieder herzustellen«[64]. »Die Glaubenskonflikte des 16. Jahrhunderts können also als dramatischer Zusammenstoß zweier Verweigerungen des Neuen betrachtet werden [...]. Alle Augen waren auf die Vergangenheit gerichtet, niemand wollte als Neuerer auftreten. Veränderungen wurden von den Menschen von einst als Störung der herrschenden Ordnung angesehen, das Ungewohnte wurde als bedrohlich empfunden.«[65]

Die Angst vor Veränderung ist desto bedrohlicher, je labiler der Bezug zu etwas Stabilem, je unsicherer die Persönlichkeit und je größer ihre (meist nicht gespürte) existenzielle Angst ist. Dies wird am deutlichsten bei Kindern und schizophrenen Patienten, die jede Veränderung als bedrohlich erleben können und sich, besonders unter den Bedingungen der Hospitalisierung in Anstalten, extrem stark an Gewohnheiten, gewohnten Personen und Ritualen fixieren. Aber auch beim »Normalen« erzeugt jede Veränderung, sogar jeder Umzug Angst (beispielsweise bei Menschen, die in ihrer Kindheit oft mit ihrer Familie umziehen mussten und diese als Traumatisierungen erlebt haben, weil die Gefühle, die ihnen die Trennungen von Freunden bereiteten, nicht beachtet wurden).

Durch Abgrenzungsschwierigkeiten charakterisierte (»psychotische«) Angst-Manifestationsformen

Kontaktangst/Gruppenangst

Auch in diesem Fall handelt es sich um eine Angstform, die in verschiedenen Ausprägungen auf einem Kontinuum auftritt, d.h. auch »neurotische« oder »borderlinehafte« Züge zeigen kann. Sie ist auch bei »normalen« Menschen vorhanden; wir haben im Alltag eine ganze Fülle von Strategien, um die Kontakte zwischen Zuviel und Zuwenig, d.h. auch Nähe und Distanz, zu regulieren. Gesellschaftliche Rituale im Gespräch, Vermeidung von zu viel Tiefe und Direktheit durch soziale Konventionen und vielfältige gemeinsame Aktivitäten gehören zu den vielen »unmerklichen«, kulturell sehr unterschiedlichen Umgangsarten zwischen den Menschen. Bei vielen Menschen stellen beispielsweise Rededrang, Schlagfertigkeit, Witz, Erotisieren nichts anderes als »milde« Fluchtvarianten vor »zu viel« Kontakt und der damit verbundenen Angst dar.

Menschen, die in ihrer Kindheit keinen richtigen Kontakt, keine echte Liebe bekommen haben, sondern für die narzisstischen Zwecke der Bezugspersonen benutzt und ausgebeutet bzw. festgehalten wurden, neigen dazu, unter oft erheblicher Kontaktangst zu leiden. Die Kontaktangst ist eine »fusionäre« Variante der Angst, eng verwandt mit der »paranoischen« Angst, verfolgt, festgehalten oder verschlungen zu werden. Kontakt hat für solche Menschen eine bedrohliche Qualität: Er wird gewünscht, gesucht und gleichzeitig vermieden; Menschen, die unter Kontaktangst leiden, sind dem Dilemma der doppelten Einsamkeit ausgeliefert: Sie können nicht allein sein und nicht in der Nähe anderer Menschen. Sie unterhalten oft oberflächliche, von außen betrachtet ausgiebige soziale Kontakte, verwenden einen großen Teil ihrer Zeit mit »Plaudern« und »Kaffeeklatsch«, so dass sie nicht *allein*, aber in ihrem Inneren *einsam* sind. Sie haben viele »Kumpel«, aber keine intimen Freunde. Auch hinter manchen Modediagnosen, wie der ADHS-Erkrankung oder dem sog. Asperger-Syndrom, verbergen sich schwere Kontakt- und Gruppenängste.

Kontaktangst steigert sich in der Regel in Gruppen und kann dort Ausmaße von panikartiger Gruppenangst erreichen. Die Angst vor der Nähe eines anderen Individuums wird in Gruppen multipliziert, denn Gruppen werden oft unbewusst als die »festhaltende Mutter« erlebt, vor der kein Entkommen möglich ist. Solche Gruppenangst kann besonders bei psychotischen und Borderline-Patienten schwere autistische Formen annehmen (s. Kap. 6, »Angst in den Psychosen und den Borderline-Störungen«). In Gruppen werden solche Menschen leicht ausgeschlossen. Auch in Kindergarten und Schule finden verdeckte oder offene Sündenbockdynamiken statt, die von den Verantwortlichen toleriert oder nicht registriert werden und die bei den Kindern, die diese Dynamiken bereits erlebt haben, retraumatisierend wirken.

Ein junger Patient, der in seiner Kindheit durch beide Eltern systematisch unterdrückt und laufend kritisiert bzw. erniedrigt wurde – im Gegensatz zum Bruder, der das Gute, Begabte, den Stolz der Familie verkörperte –, wurde auf alle erdenklichen Weisen in Kindergarten und Schule geschlagen, gedemütigt und »gemobbt«. In der Klinik sprengte er jede Gruppe; in Abwehr seiner großen Gruppenangst redete er logorrhöisch und »plauderte« Inhalte aus Gruppen aus, die therapeutischen Grenzen verletzend. Entsprechend seiner verinnerlichten Gruppendynamik zog er die Aggression eines großen Teils der Klinik auf sich und machte sich zum Sündenbock, besonders für diejenigen, die für ihre Aggression eine Projektionsfigur benötigten. Erst die gruppendynamische Arbeit konnte verhindern, dass die Wiederholung der alten Dynamik zum Abbruch führte; die Arbeit mit seiner »Opferdynamik« und der »Suche nach einem Sündenbock« seitens der Gruppe führte schließlich zu einer Auflösung der alten Dynamik und einer guten Akzeptanz des Patienten.

Im Falle eines älteren Patienten in ambulanter Psychotherapie hatte das »Mobbing« in der Schule einen deutlich sadistischen Charakter; er wurde in zahlreichen Situationen von seinen Mitschülern gequält, ohne dass jemand, Schüler oder Lehrer, ihm zu Hilfe gekommen wäre. Er war mit drei Halbgeschwistern von der gleichen Mutter aufgewachsen, die von der Mutter deutlich bevorzugt wurden. Der Stiefvater »hielt sich« aus der Erziehung »heraus«. In seiner Kindheitsphantasie war er »der einzige Mensch unter Robotern«. Eine Gruppentherapie war aus seiner Sicht als Patient vollkommen »unvorstellbar«.

Menschen mit Kontakt- und Gruppenangst erleben die Gruppe – u. U. auch die Familie – als bedrohlich, unausweichlich und reagieren auf sie mit Fluchttendenzen. Sozial akzeptierte, »milde« Fluchtarten – die Flucht in die Arbeit, in sportliche und andere Aktivitäten, vielfältige Clubs und Vereine – stellen ihnen willkommene Abwehrmöglichkeiten zur Verfügung

I Die Angst

und tragen nicht selten zu chronischem Unmut und Konflikten in Ehen und Familien bei.

In der Psychotherapie gewinnt die Kontakt- und Gruppenangst eine besondere Bedeutung; Gruppentherapie ist *die* Domäne der Kontakt- und Gruppenangst schlechthin, dort werden solche Ängste mit ihren zahlreichen individuellen Varianten am ehesten im Hier und Jetzt der Gruppensituation deutlich und bearbeitbar.

Auflösungsangst

Auflösungsangst entspricht der Angst vor Desintegration, vor Auflösung, vor Selbstverlust des eigenen Ichs; sie entspricht der bei psychotischen Menschen, aber auch bei solchen mit einer Borderline-Störung häufigen Angst, »verrückt« zu werden. Sie ist nach Mentzos[66] die psychotische Variante der Angst. Sie ist immer mit Angst vor Kontrollverlust gepaart, so dass Menschen, die unter dieser Variante der Existenzangst leiden, sich selbst und andere dauernd kontrollieren müssen. Die daraus erwachsenden Partnerschaftsprobleme sind vielfältig und erreichen oft quälende Ausmaße, die ernste Auswirkungen zur Folge haben können.

Laut Hoffmann handelt sich es bei der Angst vor Selbstverlust um »die Folge der Wünsche nach übergroßer Nähe (Verschmelzungswünsche) in den sozialen Beziehungen«, die bei Borderline-Patienten den Wunsch »nach intensiver Nähe, ja, nach Auflösung der Grenzen zwischen dem Selbst und dem sozialen Objekt« führen können.[67] Sie stellen also die Steigerung der Kontaktangst und gleichzeitig ihre Kehrseite dar, denn gerade die große Intensität der Verschmelzungswünsche bei Borderline-Patienten bedingt auch die große Angst davor. Es wird daraus ersichtlich, dass die vielfältigen »persönlichen« Varianten der Kontakt-, Auflösungs-, Verschmelzungs- und Verfolgungsangst und ihre Kehrseiten, die

Wünsche nach Kontakt und Verschmelzung, aus psychodynamischer Sicht ein *Kontinuum* von Wünschen und Ängsten darstellen, die aus den biographisch determinierten Ausformungen der Existenz- und Verlassenheitsangst herstammen. Es ist nur dem Bedürfnis der Psychiatrie nach phänomenologischer Klassifikation zu verdanken, dass all diese Angstformen in der Literatur (auch in der psychoanalytischen!) kursieren und wie separate diagnostische Einheiten behandelt werden. Auch die Auflösungsangst, wenngleich psychopathologisch mit »psychotischer Qualität« behaftet, ist keineswegs auf psychotische Menschen beschränkt. Vielmehr handelt es sich um eine Angst, deren Intensität im Leben variieren kann und in Situationen, in denen Angst intensiv hervortritt – z. B. in Panikattacken – durchaus auch bei »Gesunden« vorkommen kann. Verschiedene Formen der Angst vor der Auflösung begegnen uns auch in der Sexualität, in der Angst (und dem Wunsch), im Geschlechtsakt zu verschmelzen, mit dem Partner/der Partnerin eins zu werden.

Projektionsformen der Angst. Verfolgungsangst (Paranoia)
Es bereitet klinisch keine Probleme, zwischen einer psychotischen Paranoia, einer paranoischen Verfolgungsangst im Rahmen einer Borderline-Persönlichkeitsstörung und einem neurotischen oder »normalen«, paranoisch »gefärbten« Misstrauen zu unterscheiden. Die Intensität und der Realitätsgehalt variieren erheblich; trotzdem sind die Grenzen fließend und Grenzfälle häufig. Ein »gesunder« Mensch kann seine paranoischen Ängste in der Regel gut kaschieren bzw. rationalisieren. Wie wir am Anfang dieses Kapitels gesehen haben, hilft in jedem Fall die »Lokalisierung«, die Konkretisierung eines Verfolgers auch einem »Gesunden«, denn die konkretisierte Angst, und besonders die Furcht, ist leichter zu ertragen als die frei flottierende Variante.

Ein Beispiel intensiver Verfolgungsangst beschreibt Stefan Zweig in seiner Erzählung »Angst« von 1912: Die Heldin der Erzählung, Irene, konzentriert ihre ganze Angst in Form von paranoischer Angst: Sie fürchtet, von einer Erpresserin, die von ihrer außerehelichen Liebschaft wissen könnte, verfolgt und demaskiert zu werden. Diese Befürchtung ist auf den ersten Blick berechtigt, stehen doch für eine Dame aus der großbürgerlichen Gesellschaft dabei Ehre und Ansehen auf dem Spiel; doch lässt Zweig keinen Zweifel daran, dass die Wurzeln dieser Verfolgungsangst tiefer liegen, nämlich in der Leere ihrer bürgerlichen Existenz, die auch die innere Leere der Existenzangst ist: »Nirgends war Widerstand in ihrer Existenz. Überall griff sie ins Weiche, überall war Vorsorglichkeit, laue Liebe und häusliche Achtung hingebreitet, und ohne zu ahnen, dass diese Gemäßigtheit der Existenz niemals von äußeren Dingen bemessen wird, sondern immer nur Widerspiel einer inneren Beziehungslosigkeit ist, fühlte sie sich irgendwie um das wirkliche Leben durch diese Behaglichkeit betrogen.«[68] Die »innere Beziehungslosigkeit« entspricht der Einsamkeit, die den Menschen der Existenzangst hilflos ausliefert. Letztendlich kann man in der Verfolgung der Paranoia einen »letzten« Hilfsmechanismus sehen, der die Einsamkeit eines Menschen lindern kann: Der Verfolgte ist nie allein.[69]

»Normale« Angst

Ich habe am Ende von Kapitel 1 bereits versucht, »normale« Angst zu definieren. Die *Symptomangst*, auch als Basisangst, von Freud als Signalangst bzw. Realangst bezeichnet, ist ein Signal für eine drohende Gefahr. Sie ist die »normale Angst«, die man noch am ehesten als Furcht bezeichnen kann, da sie die Reaktion auf eine »reale« Gefahr darstellt und ihr Fehlen nicht nur das Individuum, sondern auch die Spezies gefährden kann. Es handelt sich bei ihr um eine biologisch determinierte Reaktion, die jedem Tier innewohnt.

Situative Realangst, eigentlich Furcht, ist also notwendig zur eigenen Sicherheit und zum Überleben. Aber auch Angst zu spüren ist notwendig, um sich selbst und andere Menschen empathisch wahrzunehmen, um lebendig und authentisch zu sein, um Kontakte, Beziehungen knüpfen und halten zu können und um menschliche und geistige Tiefe zu erreichen.

Zwischen der normalen und der pathologischen (neurotischen oder psychotischen) Angst gibt es sicherlich fließende Übergänge. Aber was ist »normal« in Bezug auf die Angst? Wenn »gesunde« Menschen, also solche, die unter keiner krankhaften Angst leiden, heute überall so tun, als bedeuteten Klimawandel, Globalisierung, weltweite Armut und verantwortungslose Spekulanten, amoralische Funktionäre und Politiker gar nichts, *obwohl* sie eigentlich sehr wohl wissen, dass dies die gefährlichste aller Verdrängungen ist, bzw. es versäumen, kollektive Maßnahmen zu ergreifen oder kollektiven Druck auf die Verantwortlichen auszuüben, ist dieses Verhalten dann »normal«? Ist nicht der Angstneurotiker besser in der Lage, zumindest die Angst – wenn auch ohne die Möglichkeit der Abgrenzung und der Entscheidung einer Maßnahme – zu spüren, also »normaler« als der »Normale«? Sind wir »Normalen« nicht Menschen mit einer kollektiven defizitären Angst, die tatenlos zuschauen, wie uns und unseren Kindern und Nachfolgern die Lebensgrundlage unwiderruflich zerstört wird? Kann man dann noch die Unterscheidung zwischen »normal« und »pathologisch« bezüglich der Angst des Individuums und der menschlichen Spezies aufrechterhalten?

I Die Angst

Angst in den Träumen

Freud erwähnt die sog. Angstträume in seiner »Traumdeutung« und ist bestrebt nachzuweisen, dass diese seiner Theorie des Traumes als Wunscherfüllung nicht widersprechen,[70] er interessiert sich aber nicht weiter für ihre tiefere Bedeutung. Angst tritt in Träumen auch bei Patienten auf, die sonst keine Angst spüren, und hat damit eine wichtige Funktion. Im Traum werden tief liegende Ängste präsent und durch den Traum »bearbeitet«; dies gilt freilich auch für die sog. Albträume. Der Psychiater Karl Menninger spricht von der »lebensnotwendigen Rolle des Traumes im emotionellen Haushalt« und zitiert einen Patienten: »Wenn ich doch nur wieder einen Alptraum hätte! Diese Träume ließen ihn voll Entsetzen erwachen, aber auf sie folgten stets einige Tage, an denen er von seinen Tages-Angstzuständen befreit war.«[71]

Die Qualität und der Kontext der Angst in Träumen können zu einer Art Messinstrument des Therapieerfolgs werden; anfängliche Gefühle von Panik und Hilflosigkeit weichen in den Träumen »erträglicheren« Gefühlen von Angst und widerspiegeln indirekt die Tragfähigkeit des therapeutischen Bündnisses, durch das der Patient der Todesangst nicht mehr hilflos ausgeliefert ist:

Eine ca. 30-jährige Patientin träumte am Anfang ihrer Analyse von einer riesigen Spinne, die sie bedrohte, indem sie über ihre Bettdecke kroch. Sie wachte in Panik, schweißgebadet auf. Im Laufe der Analyse wurde die Spinne im Traum immer kleiner und »harmloser«. Im dritten Jahr der Analyse machte ihr die Spinne, die immer noch öfters in den Träumen erschien, kaum noch Angst. Sie bekam eine andere Gestalt, wurde gläsern, zerbrechlich, die Patientin hätte sie »mit einer Handbewegung von der Decke werfen und vernichten« können. Sie überlegte sich be-

reits im Traum, ob es Traum oder Wirklichkeit sei. Sie erkannte
in der Sitzung die Symbolik der Todesangst in Verbindung mit
der bedrohlichen, mit Liebesentzug bestrafenden Mutter.

Angst und Wirtschaft

Unser Wirtschaftssystem und die damit eng verknüpfte natio-
nale und internationale Politik sind von den unerbittlichen
Gesetzen des Markts – Nachfrage und Angebot, erbitterte
Konkurrenz und das Streben, den Rivalen mit allen Mitteln zu
überbieten oder auszustechen – bestimmt. Militärische Macht,
Kolonialismus, als religiöse Kriege maskierte Wirtschaftskon-
flikte waren immer schon unauflösbar mit der rücksichtslosen Durchsetzung eigener Interessen in Konfliktsituationen
mit Konkurrenten verbunden. Dies hat sich bis heute trotz
wertvoller Ansätze nicht wesentlich geändert; die Konsum-
jagd hält unsere Welt- und Wirtschaftsordnung in Gang. Den
Gesetzen der Marktwirtschaft entspricht die Logik der Psychologie, nach der die Leere und Sinnlosigkeit vieler Menschen,
ihre Depression und Angst, durch Konsum gelindert werden
können. In dieser Parallelität zwischen Wirtschaft und »Psychologie der Massen« scheint der tiefere Grund der erstaun-
lichen Tatsache zu liegen, dass die ansonsten so kreative
Menschheit im Bereich der Wirtschaft keine praktikable Alternative zu der so oft kritisierten »kapitalistischen« Konsum-
wirtschaft (die sog. sozialistische war nur eine Variante davon)
geschaffen hat. Umso erstaunlicher, wenn man bedenkt, wie
leicht erschütterbar und auf Sand gebaut dieses Wirtschaftssystem im Grunde genommen ist. Nicht nur die Abhängigkeit der gesamten Weltpolitik von Rohstoffen und der Willkür
einiger rohstoffbegnadeter Staaten, sondern auch die Abhängigkeit von den Märkten, von der Gier und den Kaprizen von

I Die Angst

Despoten, die sie führen und ihre Position beliebig ausspielen können, verleihen dem System seinen Kartenhaus-Charakter. Es ist schon von Zusammenbruch bedroht, wenn ein größerer Markt droht, sich dem Teufelskreis zu entziehen; in anderen Fällen wird es von einer Hand voll skrupelloser Spekulanten leicht erschüttert. Aber auch ohne Katastrophen dieser Art bleibt die Wirtschaft in einer beständigen Unruhe, die Börsen reagieren wie der Pulsschlag auf jede neue Instabilität, die die »alte große Krise« in Erinnerung ruft. Und vielleicht sind diese Spannung und Unruhe notwendig, um jene tiefere Angst mit dem »Beelzebub« der Furcht vor der Wirtschaftsdepression zu verjagen, analog dem Vorgang, mit dem die verschiedenen »kleineren« Abwehrformen der Angst die »große« Urangst bannen sollen.

In letzter Instanz bedeutet dies, dass die angstmindernde Wirkung des Konsums für Wirtschaft und Politik geschickt genutzt, der Appetit auf immer wieder neue und technisch ausgefeiltere (auch überflüssige) Produkte angestachelt werden muss, wenn ökonomischer Fortschritt erreicht und – was damit bedauerlicherweise eng verbunden ist – Arbeitslosigkeit, Armut und Misere der Massen, Rebellionen und Kriege wiederum vermieden werden sollen. Welch verheerende Logik! Konsum- und Kauflust rangieren neben Drogen und Alkohol in ihrer angstlindernden Wirkung und werden – ebenso leicht wie diese – zur (in diesem Fall willkommenen) Sucht. Erich Fromm spricht vom Konsum als der »Verehrung der Produktion als eines Selbstzwecks«, einer »Form unserer gegenwärtigen Religion«[72]. Ein Wirtschaftssystem, das vor allem durch Angst aufrechtzuerhalten ist, kann mit Recht als eine »Angstkrankheit« bezeichnet werden.

8 Defizitäre Angst

Bedenkt man das menschliche Dasein,
so ist es viel erklärungsbedürftiger,
dass der Mensch meist keine Angst hat,
als dass er manchmal Angst hat.

Kurt Schneider 1950

Mit defizitärer Angst bezeichnen wir eine Angst, die für den Betreffenden nicht spürbar ist. Viele Menschen verneinen, dass sie Angst haben oder haben könnten, mit einer Art Staunen oder Stolz, und versichern glaubhaft, dass sie das Gefühl nicht kennen. Sie scheinen Angst überhaupt nicht zu vermissen und rationalisieren dies meist mit dem Herunterspielen der Gefahr oder mit dem Bewusstsein eines ungewöhnlichen Mutes; sie »sehen nicht ein«, weshalb sie »Angst haben sollten«. In der Psychotherapie gelten sie als schwer behandelbar, sie sind konkretistisch, gefühlsarm, oft völlig kontaktunfähig; Ammon nannte sie die »Unerreichten«,[1] viele wären früher als Psychopathen bezeichnet worden. Freilich ist die Angst dieser Menschen weniger *nicht* vorhanden, als *nicht gespürt*. Sie wird oft *anders* manifestiert: Entweder wird sie delegiert, d.h. anderen in ihrer Umgebung (beispielsweise dem Therapeuten oder den Gruppenmitgliedern einer Gruppentherapie) unbewusst zugeschoben, oder sie wird durch Aggression (s. Kap. 16) oder aber, was meist unerkannt bleibt, als psychosomatische Krankheit (Kap. 9.1) ausgedrückt.

»Der Mensch mit defizitärer Angst ist generell unfähig, Angst zu spüren und zuzulassen: Stattdessen werden Müdigkeit, Lan-

I Die Angst

geweile oder Gefühle innerer Leere gespürt. Gefährliche Situationen werden inadäquat eingeschätzt, real bestehende Gefahren werden unterschätzt oder gar nicht wahrgenommen. Das unbewusste Bedürfnis, dieser emotionalen Nichtexistenz zu entkommen, führt dazu, dass der Mensch extreme Grenzsituationen aufsucht, wie z. B. gefährliche sportliche Aktivitäten, kriminelles Verhalten oder riskantes Autofahren. Ebenso wenig wie die eigene Angst kann die Angst anderer Menschen wahrgenommen, verstanden und ausgehalten werden, was auch zu einer Verflachung der Beziehungen und zu emotionalem Unbeteiligtsein führt. Emotional belastende Situationen, wie Trennungssituationen oder Auseinandersetzungen mit Tod und Sterben, werden in ihrer Bedeutung herabgespielt oder umgangen.«[2]

Bei der enorm gewachsenen Fachliteratur ist es erstaunlich, dass die defizitäre Form der Angst kaum Aufmerksamkeit erweckt hat. Erstaunlich deshalb, weil sie zu den häufigsten Formen gehört, auch wenn sie »unsichtbar« ist. Für die Psychiatrie hat von jeher nur das Sichtbare Bedeutung, sie ignoriert das Verborgene. In den gängigen Diagnosesystemen taucht der Begriff »Defizitäre Angst« nicht auf (ebenso wenig wie im Übrigen die defizitäre Aggression), als wäre das *Fehlen* der Angst kein krankhaftes Symptom. Ein Symptom, das nicht gemessen werden kann, entzieht sich auch der Operationalisierung und wird sich – in unserer Zeit mit ihrem besonderen Vorzug aller medizinisch prüfbaren *Tatsachen* und Manualisierungen – wenig Anerkennung erfreuen.

Kliniker messen der defizitären Form der Angst in der Regel keine Bedeutung bei: Beispielsweise erwähnt Hans-Peter Kapfhammer in den 48 Seiten seiner Abhandlung über Angststörungen das »Zuwenig« an Angst ein einziges Mal.[3] Nicht selten begegnen wir in der Literatur aber Hinweisen über eine »Eigenart« mancher Menschen, die einfach weniger

Angst spüren als andere, ohne dass die tieferen Implikationen für das Individuum und die Gesellschaft näher diskutiert werden – mit Ausnahme des Aspektes der mangelnden Furcht bei realer Gefahr. So spricht Gion Condrau von Menschen, »denen Angst ebenso fremd zu sein scheint wie gewissen Leuten etwa Zahnschmerzen«.[4] Psychosomatisch strukturierte Menschen neigen dazu, die nicht gespürte Aggression und Angst in körperlichen Symptomen und Erkrankungen auszudrücken. Die Erkenntnis, dass defizitäre Angst innig mit psychosomatischen Symptomen verbunden sein kann, kommt erstmals durch den Begriff der »Alexithymie« (das »Weit-weg-Sein von Gefühlen«) und der »pensée opératoire« (rein funktionales, an konkretistischen Details haftendes Denken) vor, allerdings ohne eine umfassende Konzeptualisierung.[5] Defizitäre Angst tritt oft in Verbindung mit einer Alexithymie auf, der Unfähigkeit, Gefühle insgesamt wahrzunehmen. Der Alexithymie begegnen wir besonders bei psychosomatisch reagierenden Menschen. Auch sog. Konversionssymptome – d.h. körperlich ausgedrückte, verdrängte Konflikte – sind ein körperlicher Ausdruck nicht gespürter Angst und anderer Gefühle.

Dabei waren schon für Aristoteles – der die Angst des »mutigen Menschen« den Tugenden zuordnete und ein Zuwenig an Angst in einer gefährlichen Situation »tollkühn« fand[6] – jene Menschen, »die vor nichts Angst haben – nicht einmal vor Erdbeben oder Überschwemmung, wie man von den Kelten behauptet, [...] Maniker oder Verrückte«.[7] »Wie aber kommt es«, fragt sich Medard Boss,[8] »dass es doch Menschen gibt, die ohne Angst sind und ohne Angst sterben?«

Es ist schon lange bekannt, dass für die Natur die Angst einen unverzichtbaren Schutzmechanismus zum Leben und Überleben darstellt. Tiere, die keine Angst haben (z.B. wenn sie im

I Die Angst

Zuge ihrer Entwicklung keinen natürlichen Feinde hatten, wie die Pinguine und die See-Elefanten auf den Galapagos-Inseln,[9] sind vom Aussterben durch Menschenhand bedroht. Battegay betont, dass ein Mensch ohne Angst sich »nie in der Gesellschaft behaupten kann«.[10]

Angst spüren heißt Mensch sein. Das Märchen »Von einem der auszog, das Fürchten zu lernen« berührt den Kern der Problematik, indem es nicht nur den Menschen mit defizitärer Angst darstellt, sondern auch seinen Weg zum Menschwerden durch das Erfahren der Angst. Otto Fenichel gehört zu den wenigen Analytikern, die die Bedeutung der Verleugnung der Angst erkannten. Er wies auch darauf hin, dass Mut oder, besser, »reaktiver Mut«, die (nicht gespürte) Angst kompensieren kann.[11]

Dulz und Schneider, die der »frei flottierenden« Angst eine zentrale Bedeutung in der Symptomatik der Borderline-Erkrankung beimessen, beschreiben die defizitäre Angst zwar phänomenologisch, sehen ihre Wichtigkeit aber nur begrenzt. Die Erklärung sehen die Autoren in der paranoischen Angst des Patienten, angegriffen oder vernichtet zu werden, wenn er seine »Schwäche zugibt«. Daraus leiten die Autoren die paranoische Kontrolle, die agoraphobischen und die Gruppenängste solcher Patienten ab. Sie erklären damit die Vernichtungsangst des Borderline-Kranken, nicht aber die Gründe, weshalb diese Angst bei solchen Patienten nicht gespürt, d.h. defizitär bleibt. Die Verkennung der defizitären Angst und die ausschließlich phänomenologische Beobachtung führen zu dem Glauben, dass Borderline-Patienten »fraglos Ängste [haben], sogar schwere Ängste [...], aber sie haben sie nicht durchgängig«;[12] dies kann therapeutische Konsequenzen haben.

Ammon hat als Erster die besondere Bedeutung der defizitären Angst erkannt und ihre Funktion für verschiedene

Krankheitsprozesse deutlich gemacht und konzeptualisiert.[13] Er hat die defizitäre Angst mit anderen Formen der Angst und der Aggression in Verbindung gebracht, ihre Entstehung gruppendynamisch erklärt und ihre Bedeutung für den zwischenmenschlichen Kontakt und für die Psychotherapie beleuchtet. Defizitäre Angst impliziert unbewusste Abwehr der Angst und damit Abwehr eigener Identitätsentwicklung, die ohne die eigene Erkenntnis und Konfrontation der Angst nicht möglich ist. Dementsprechend ist für Ammon defizitäre Angst »die Grundlage für Vermeidung von Leben und Lebensäußerungen, für die Vermeidung konstruktiv-aggressiver Auseinandersetzung mit anderen Menschen, die Vermeidung von Identität schlechthin. Defizitäre Angst verstehe ich als eine Abwehr der Angst, als eine Flucht vor der Angst, als ein Ausweichen vor einer Auseinandersetzung mit sich selbst, mit der eigenen Identität«.[14]

Defizitäre Angst dient der Abwehr der Angst selbst, weil diese Angst in der Kindheit nicht verstanden und aufgefangen, ja, oft nicht einmal erkannt wurde oder sogar verpönt war, verhöhnt oder verurteilt und bestraft wurde. Das Nichtbeachten der Angst beim Kind hängt nicht nur an einer Person – etwa einem despotischen Patriarchen in der Familie –, sondern rührt von einer Gruppendynamik her, die das Kind entweder zum Träger der Angst der Primärgruppe oder zum Träger und Verwirklicher ihrer Ideale von Macht und Stärke macht. Heute sind die transgenerationalen Wurzeln solcher Erziehungsmethoden in den Vordergrund gerückt. Wenn Angst auf die Dauer nicht gesehen – oder, besser gesagt, *der Ängstliche* nicht gesehen – oder sogar abgelehnt oder bestraft wird, dann wird ihre Kontakt- und Kommunikationsbedeutung atrophieren wie eine Sprache, die nicht verstanden und zur toten Sprache wird: Angst entwickelt sich zur defizitären Angst. Ideologische Faktoren, wie die Deutung defizitärer

Angst durch die Umgebung als Mut und Stärke, verstärken den Einfluss einer solchen unterdrückenden Gruppendynamik.

Defizitäre Angst kann nach außen als Normalität und Stärke imponieren, vor allem bei angepassten und sozial oder beruflich erfolgreichen Menschen, die unter ihrer »Normalität« eine Borderline-Struktur verbergen. Ammon beschreibt einen solchen Patienten, dessen »ganzes Leben ein einziger Versuch [war], ohne Unterstützung eine angepasste Fassade der Normalität aufrechtzuerhalten und seine archaische Existenzangst zu verbergen«.[15]

Ich habe einige der kulturellen Faktoren, die in unserer patriarchalisch geprägten Tradition auf die Erziehung Einfluss nehmen und die Unterdrückung der Angst vor allem beim Mann begünstigen, in Kapitel 2 genannt. Auch heute noch kann man nicht selten beobachten, dass defizitäre Angst – in ideologisch »infiltrierten« Familien und politischen Systemen – mit Mut, Tapferkeit, Heldentum assoziiert wird. In früheren Zeiten lag sie allen »männlichen« Ideologien zugrunde. Spuren dieser Einstellung sind mitunter auch in der Wissenschaft zu spüren. Beispielsweise verglichen Graham und seine Mitarbeiter eine Gruppe von Krankenschwestern, die häufiger Angst spüren, mit einer anderen Gruppe, die weniger Angst spürt; diejenigen Krankenschwestern, die mehr Angst spürten, wurden automatisch als »kränker« eingestuft.[16]

Defizitäre Angst fällt aber nicht auf in Funktionen, die eher mit Tatkraft, Intelligenz, Effizienz, Durchsetzungsvermögen und Verfolgung eigener Interessen (häufig für die Interessen der Wähler gehalten) assoziiert werden, wie dies bei Politikern und führenden Persönlichkeiten des Wirtschaftslebens der Fall ist. Sie täuschen uns in ihrer Entschlossenheit und Kampfbereitschaft, weil unsere kollektiven Wünsche nach Führung groß und unsere unbewusste Identifikation mit solchen Führungspersonen mächtig ist.

Die Bedeutung der defizitären Angst für die Kriminalität und ihre extremeren Erscheinungen – die Fanatiker, Amokläufer, sexuell Kriminellen und andere »plötzlich« und unverständlicherweise aus einer Normalität »Gekippten«, die in Medienberichten immer wieder als Sensation ohne tieferes Verständnis vermarktet werden – wird immer noch nicht generell erkannt. Ebenso wenig fallen aber auch Menschen mit defizitärer Angst auf, die ihr Defizit (unbewusst) mit überzogener sportlicher Aktivität, gefährlichem Autofahren oder mit anderen sozial mehr oder weniger akzeptierten Mitteln kompensieren.

Ein junger Mann berichtete in seiner Psychotherapie über sein »Abenteuer« während eines Urlaubs in einem tropischen Land: Er war allein auf dem Strand und wagte sich mit Schnorchel und Schwimmflossen hinaus ins Meer, weiter als bisher. Er wusste, dass dort öfters Haie anzutreffen waren, aber das »Abenteuerliche« zog ihn an. Als er schon ziemlich weit hinausgeschwommen war und die Ruhe der Tiefe genoss, sah er plötzlich zwei Haie in seiner Nähe, die ihn »zu beobachten schienen«. Er verspürte keine Angst, sondern eher Neugier, und beschloss, die Haie seinerseits zu beobachten. In der darauf folgenden Viertelstunde erschienen auch andere Haie, eine ganze Schule, die ihn aus der Tiefe und aus der Nähe »begleiteten«. Auch jetzt spürte er keine Angst, entschied aber »zur Sicherheit« zum Strand zurückzuschwimmen. Er tat dies so unauffällig wie möglich, denn er wusste, dass Haie unberechenbar sind. Am Strand angekommen, wunderte er sich selber, dass er angesichts der sehr gefährlichen Situation nichts befürchtet hatte.

Auch während er darüber erzählte, schien der Patient eher über eine dritte Person zu berichten, obwohl die Angst bereits seit einiger Zeit Thema in seiner Therapie war. Er hatte vor kurzer Zeit geträumt, dass er auf seinem Weg zu einem Haus oben auf dem Hügel einen gefährlichen Eber sah, der mit den Zähnen fletschte. Er entschied sich, einen Bogen um ihn zu machen, um unbehelligt weiterzusteigen, obwohl der Weg sehr schmal war.

Etwa sechs Monate später berichtete der gleiche Patient einen weiteren Traum: Er lag auf der Eisfläche eines zugefrorenen Sees, nicht weit weg vom Ufer. Da sah er Haie im Wasser. Er versuchte einen von ihnen zu streicheln, beschloss dann, ein »Experiment« zu machen: Er nahm einen kleineren Fisch, beschmierte ihn mit Blut und reichte ihn ins Wasser als Köder. Dieser Fisch war starr gefroren und konnte sich nur sehr wenig bewegen. Nun kamen aber nicht die Haie, sondern ein kleiner, aggressiver Fisch, der den Köderfisch bei lebendigem Leibe anknabberte. Der Köderfisch konnte sich nur begrenzt wehren, es gelang ihm aber schließlich, dem Raubfisch durch heftige Bewegungen zu entkommen. Der Patient sah selber in diesem Traum die Fortsetzung des vorherigen und assoziierte den Köderfisch mit sich und dem »verletzten, geschundenen Jungen« seiner Kindheit. Am Ende des Traumes fühlte er ein Erfolgserlebnis: Er spürte immer noch keine Angst vor Haien, war aber »vorsichtiger geworden«. Als Köderfisch war er eingefroren und starr, aber nicht mehr so, dass er sich nicht wehren konnte. Er »taute auf«, wurde lebendiger, musste noch Gefahren konfrontieren, aber nicht mehr zum Preis der inneren Kälte.

Ein anderer Patient berichtete, dass er sich einen Zahn ohne Betäubung ziehen ließ, weil er große Angst davor hatte, an der Spritze zu sterben. Er litt unter dieser phobischen Angst, die für ihn weit bedrohlicher war als der Schmerz. Der Zahnarzt selber hielt diese Situation kaum aus und weigerte sich, ihn weiter zu behandeln. In diesem Fall sieht man übrigens deutlich, wie eine Phobie an Stelle der nicht gespürten, abgewehrten Angst treten und diese »ersetzen« kann.

Auch so genannte »Unfallpersönlichkeiten« (z. B. Autoraser) gehören zu den Menschen, die ihre Angst nicht spüren können; meistens kann man ihre defizitäre Angst bis ins Kindesalter zurückverfolgen, in dem sie sich häufig verletzten oder in gefährliche Situationen brachten.

Aus Menschen mit defizitärer Angst rekrutieren sich viele Topmanager, die skrupellos ihre Interessen und die ihrer Firmen durchsetzen. Sie handeln aber nicht als Personen, sondern als »Schatten ihrer Selbst«, wie ein ehemaliger Konzernchef schrieb. Angepasste, erfolgreiche Menschen mit defizitärer Angst – oft mit defizitären Gefühlen überhaupt – werden leicht für gesunde Menschen gehalten.

Äußere Überanpassung stellt besonders in menschenfeindlichen und diktatorischen Gesellschaftssystemen eine erwünschte Eigenschaft dar und wird daher mit Erfolg und Macht belohnt. Autoren wie Erich Fromm und Arno Gruen haben versucht, die Geschichte der letzten Jahrhunderte bis in unsere Tage als Geschichte im Spannungsfeld zwischen Anpassung und Autonomie, zwischen engen Grenzen und Auswüchsen der Freiheitsphantasie der Nichtanpassung neu zu formulieren.[17] Aber die psychotherapeutische Erfahrung zeigt, dass auch das hartnäckige Nicht-angepasst-Sein vieler Patienten im Grunde eine verhüllte Anpassung (an ein Feindbild) bedeutet und folglich auch eine Form der Anpassung ist, die allerdings als Freiheit imponiert: Man könnte von einer »Anpassung des Neinsagens« sprechen.

Auch manche Helden können aus defizitärer Angst handeln. Einige »entdecken« durch die Heldentat einen eigenen Sinn und taten dann alles bewusst; sie fingen an, Angst zu spüren, kämpften aber weiter – d.h. sie *wurden* erst im Laufe der Situation von Menschen mit fehlendem inneren Sinn zu Helden. Zu diesem Typus gehören Menschen wie Oskar Schindler[18], der Italiener Giorgio Perlasca[19] und der Schwede

Raoul Wallenberg[20], die zahllose Juden aus Budapest vor dem Holocaust gerettet haben. Dementsprechend müssen wir lernen zu differenzieren zwischen Helden, die aus defizitärer Angst, aus Leere und fehlendem Lebenssinn handelten, und solchen, die von Anfang an die Sache im Auge hatten, unter Angst litten, aber diese Angst zugunsten der höheren Sache *überwanden*.

Zu Recht sieht Battegay in der Neigung vieler Politiker, wenig oder keine Angst zu spüren, eine Gefahr für die Menschheit: »Tritt in [brisanten] politischen Situationen keine Angst vor dem Tode zu Tage, besteht die Gefahr, dass die so genannten Verantwortlichen die Risiken unterschätzen und ihr Volk wie die gesamte Menschheit in Gefahr stürzen. Es zeigt sich auch in diesem Zusammenhang der lebenserhaltende Charakter der Angst.«[21] Defizitäre Angst ist eines der Haupt-Persönlichkeitsmerkmale von skrupellosen Diktatoren. Ihre nicht gespürte, defizitäre Angst wird durch Paranoia und Machthunger ersetzt, sie besitzen oft auch die Verführungskünste, mit denen sie ihre verführbaren Zeitgenossen, die väterliche Leitfiguren brauchen, für sich einnehmen. Sie werden von diesen bewundert, weil sie starke Identifikationsfiguren vortäuschen, die von vielen Menschen benötigt werden, oder erotisch-sadistische Anziehungskraft besitzen. Nero, Hitler, Stalin, Saddam Hussein, Ceaușescu sind nur einige der bekanntesten tragischen Figuren aus einer großen und makabren Galerie.

»In Hermann Görings Kinderspielen ging es ständig um Krieg«, so Arno Gruen. »Vor dem Nürnberger Gerichtspsychologen Gilbert brüstete er sich: ›Schon mit 12 oder 14 hatte ich keine Angst vor dem Tode.‹ Als er einmal in den österreichischen Alpen war, ging eine Lawine ab. Die anderen suchten in Panik Deckung, er jedoch stand da und bewunderte das Furcht

erregende Spektakel der auf ihn niederprasselnden Schnee-,
Eis- und Gesteinsbrocken. [...] Angstlosigkeit, heldenhaftes Ge-
baren und psychosomatische Reaktionen (Rheuma) existierten
nebeneinander.«[22]

Und nicht nur die großen Mörder der Geschichte, auch die
»kleinen« Kriminellen und Betrüger, die religiös oder ideologisch motivierten Fanatiker und Terroristen wehren ihre
Angst ab, meist in der gleichen Form. Sie alle sind in der Regel nicht fähig, das Opfer in sich, das »Fremde«,[23] zu erkennen; sie sind unfähig, die eigene Angst oder die Angst
anderer Menschen zu spüren. Sie sind emotionale Krüppel.
Bedenkt man die zentrale Bedeutung, die Menschen mit solchen Zügen im Bereich der Schlüsselpositionen des Militärs,
der Industrie, der Finanzwelt und der Politik innehaben, so
kann man sagen, dass *defizitäre Angst eine der gefährlichsten*
menschlichen Eigenschaften darstellt.

Nur wenige Autoren (wie Günter Ammon und Arno Gruen)
heben die Bedeutung der Familiendynamik hervor, die zur
Entstehung der defizitären Angst und der Verdrängung des
inneren Schmerzes führt. Diese Dynamik findet man regel-
mäßig in der Geschichte von Amokläufern, bei denen die so
über viele Jahre entstandene chronifizierte Angst in Hass um-
schlägt, wenn der Ausgrenzung oder Verhöhnung durch die
Umgebung noch die Demütigung als letzte Strafe hinzuge-
fügt wird. Oft wird das Kind nicht nur allein gelassen, sondern
sogar für seine Angst bestraft, mit Gewalt behandelt oder unterdrückt. Diejenige Angst wird in ihm unterdrückt, die seine
Eltern, seine Familie, gelernt haben in sich selber zu unterdrücken; das Kind verbündet sich paradoxerweise mit seinen
Peinigern im Zuge der »Identifikation mit dem Angreifer«:
»Die, die Angst und Terror auslösen, werden idealisiert.«[24]

Die Ausläufer der alten Ideologien von Stärke und Männlichkeit haben sich im Zuge unserer kulturellen Entwicklung zwar abgeschwächt, und es berechtigt immer wieder zum Optimismus, wenn man Familien sieht, die das Kind liebevoll »Kind sein lassen« und seine Gefühle ernst nehmen. Aber die Spuren sind noch sichtbar: Das »Züchten« von Courage, als Männlichkeit getarnt, und besonders von Erfolg und Macht, ist nach wie vor präsent. Deshalb sind viele stolz, wenn das Kind beim Zahnarzt »tapfer« war oder wenn es bei einem Schmerz schnell aufhört zu weinen; solches Verhalten wird belohnt und verstärkt. In der Schule wird der Junge, der Angst spürt und ausdrückt, ausgelacht, nicht selten auch gemobbt. Die Erziehung ist immer noch von traditionellen Geschlechtsrollen geprägt. Wir haben bis heute keine neue Tradition der Angst als Teil des Menschlichen, die die alte Tradition des Mannes als mutigen Kämpfers ersetzen könnte. Und deshalb hören viele von uns nicht gern, wenn das Kind unter Angst leidet, und reagieren darauf ambivalent. Und wenn *wir* es kaum gelernt haben, mit der Angst umzugehen, werden es unsere Kinder auch nicht lernen können, denn sie identifizieren sich mit uns;[25] Schule und Gesellschaft helfen ihnen dabei nicht, denn ihr Wertesystem hat sich im Laufe der Zeit nicht geändert.

Die Ideologie der Stärke – eigentlich der defizitären Angst – wird in keiner Armee der Welt hinterfragt, stattdessen wird heuchlerisch von Verteidigungsministerien gesprochen, wo der Ausdruck »Angriffsministerien« viel eher angebracht wäre. Das »Töten« der Angst (d.h. des Feindes) ist die Voraussetzung, auf der alle Armeen basieren, und die Kämpfer, deren Angst am defizitärsten ist, sind der Stoff, aus dem die richtigen Soldaten und Offiziere gemacht sind. Es ist ohne weiteres nachvollziehbar, dass z.B. Nazis in der Untersuchung von Dicks bei 1000 deutschen Kriegsgefangenen in England bezüglich der Verarbeitung der Angst besonders auffällig waren: Nur 35% von ihnen konnten Angst spüren. Unter den Anti-Nazis – aus denen mancher Held (vielleicht auch aus defizitärer Angst?) hervorgegangen ist – waren es immerhin 65%.[26] Diese Zahlen korrelieren eng mit dem Prozentsatz derer, die »Zärtlichkeiten zulassen konnten« (weil sie sie von früher kannten): nur 37% bei Nazis gegenüber 63% bei Anti-Nazis.[27] Ammon und Gruen weisen ausdrücklich auf die Verbindung von defizitärer Angst und fehlender eigener Identität hin.

Eine Patientin erklärte angesichts einer zweiwöchigen Unterbrechung ihrer Therapie wegen eines Urlaubs beunruhigt: »Ich will nicht, dass schwierige Dinge während der Ferien auftreten.« Auf meine Nachfrage hin erklärte sie mir: »Als ich klein war, habe ich kaum geschrien, mich kaum bewegt, ich lag ganz ruhig da, war aber immer wach. Wenn man nach der Mutter ruft und nichts passiert, dann steigt eine schreckliche Angst hoch. Wenn man dagegen nichts erwartet und demzufolge auch nichts kommt, dann kann man genauso gut schön ruhig bleiben. Wenn ich meine Gefühle unter Kontrolle halten muss, liege ich einfach ruhig da – das kommt mir sehr ökonomisch vor. Ich erinnere mich daran, dass unsere Mutter sich ziemlich hilflos anstellte, als meine Schwester und ich schwimmen lernen wollten. Ich war damals 7 oder 8 Jahre alt. Ich versuchte, ihr zu sagen, wie sie uns im Wasser halten sollte. Sie machte es immer falsch, griff uns an der Taille und hielt nicht unseren Kopf. Ich ärgerte mich über sie und gab es schließlich auf. [...] Ich hatte immer das Gefühl, auf mich selbst aufpassen zu müssen, und traute mich deshalb nicht einzuschlafen, aus Angst, ich würde dann nicht mehr aufwachen.«[28]

Das natürlichste Ventil nicht gespürter, defizitärer Angst ist die Aggression. Wut und Aggression sind die kulturell ge-

I Die Angst

förderten »männlichen« Attribute, die es erlauben, die eher »unmännliche« Angst in gesellschaftlich erwünschter Weise auszudrücken.

Defizitäre Angst mag auch in der Partnerwahl mancher Menschen eine Rolle spielen. Der Autor Heinz-Peter Röhr bemerkt, dass »hysterisch« (heute heißt es »histrionisch«) strukturierte Frauen häufig Männer »suchen«, die als »stark« gelten, d.h. wenig oder gar keine Angst zeigen (bzw. spüren).[29] Freilich ist damit unbewusst die Suche nach der (oft fehlenden oder emotional nicht präsenten) starken Vaterfigur, die die Angst trägt, das Motiv hinter der Partnerwahl. Röhr erklärt es mit der Anziehung der Gegensätze, doch bemerkt er zu Recht, dass der tiefere Grund die Suche nach dem »starken Mann« ist: »Gemeint sind die innere Angst und Unsicherheit, die Hysterikerinnen nach einem Partner suchen lassen, der Stärke und Sicherheit ausstrahlt.«[30] Männer mit defizitärer Angst suggerieren Stärke, Ausgeglichenheit, sie tragen alles mit Gleichmut; dafür wird ihnen »im Tausch« von der Partnerin oft ein »Stück« Depression getragen. Doch der »Vertrag« schlägt meist fehl. Die Frau erkennt bald, dass hinter dem phantasierten starken Vater ein ängstlicher Mensch steckt, der allerdings seine Angst nicht fühlen kann und auf die Frau als Sprachrohr seiner Angst – wie in der Regel auch seiner sonstigen Gefühle – angewiesen ist; und der Mann merkt, dass die Lebendigkeit der Frau oberflächlich ist und oft Angst und Depression zudeckt. Damit beginnt oft ein langer Partnerschaftskrieg, der durch chronifizierte gegenseitige Enttäuschungen zu Trennung, Scheidung, Ehekrieg führt, ohne dass das dahinter Stehende von den Partnern erkannt wird.

Den Abwehrcharakter der defizitären Angst zu erkennen hat große therapeutische Bedeutung. Für den Patienten bedeutet dies, zu erkennen, dass er seine existenzielle Angst vor sich selbst verleugnet und auch, dass das Defizitäre in direktem Verhältnis steht zur darunter liegenden Angst: je größer die Abwehr, desto größer die Angst, die durch das Defizitäre abgewehrt werden muss.

9   Angst und Körper

Psychosomatische Aspekte

W. Schulte[1] nennt Angst »vorwiegend eine Sache […] der leib-
nächsten Sphäre. Sie bezieht Körperliches mit ein. Das lässt
sich schon aus den physiologischen Begleiterscheinungen mit
ablesen, die zwar für das Angsterleben nicht spezifisch sind,
aber einen unerlässlichen Bestandteil des Angsterlebens aus-
machen. Fehlten sie, so wäre es allenfalls eine schöngeistige
Luxusangst. *Angst ist immer Körperliches, Seelisches und Geisti-
ges zugleich.*«[2]

Psychosomatik *ist* Angst, und zwar bei *allen* psychosomatischen Erkrankungen; sie ist die häufigste Ausdrucksform
der Angst überhaupt. Angst ist *der psycho-somatische Affekt*
schlechthin. Sie ist gleichsam zwischen Körper und Psyche
angesiedelt; sie findet körperlichen *und* seelischen Ausdruck.
Freud hat dem dualen Charakter der Angst mit seiner ersten
Angsttheorie Rechnung getragen, wenn auch in einem begrenzten Sinn. Schon in seinem Frühwerk »Über die Berechtigung, von der Neurasthenie einen bestimmten Sympto-
menkomplex als Angstneurose abzutrennen« von 1895 nennt
Freud körperliche »Angstäquivalente« wie Störungen »der
vasomotorischen Innervation«, ferner »Herzkrampf, Atem-
not, Schweißausbrüche, Heißhunger«, »Diarrhöen, Schwindel, Kongestionen, Parästhesien« oder ein vages »Schlecht-
werden« oder »Unbehagen«.[3]

Franz Alexander, der Begründer der modernen Psychosomatik, spricht von Abwehrformen der Angst, die gegen

innere Gefahren so reagiert, als wären diese äußere, gegen die es sich zu verteidigen gilt. Zu den Abwehrmechanismen dieser Angst gehören, neben psychischen Mechanismen, auch körperliche Symptome wie »Blutdrucksteigerung, erhöhte Pulsfrequenz, gesteigerter Muskeltonus und andere somatische Zeichen«[4]. Alexander nennt ausdrücklich die Angst im Zusammenhang mit der Ätiologie der Herzbeschwerden und -störungen,[5] Hypertonie[6] und anderen psychosomatischen Erkrankungen[7]. Manche moderne Autoren, die aus dem Bereich der Inneren Medizin kommen, haben Alexanders integrativen Ansatz des Verständnisses von körperlicher Symptomatik als Angstabwehr verwässert, indem sie die Angst sowohl als Auslöser als auch als Begleiterscheinung körperlicher Erscheinungen betrachteten.

Günter Ammon konzeptualisiert die »psychosomatische Struktur«[8] auf der Grundlage defizitärer emotionaler Früherfahrungen des Kindes in seiner Umgebung. Er verbindet das psychosomatische Symptom mit einer narzisstischen Wunde (dem »Loch im Ich«[9]), die als Folge einer psychodynamisch und gruppendynamisch bedingten Vernachlässigung und Verlassenheit zu betrachten ist.

»Der psychosomatisch Kranke wächst in einer emotionalen Leere auf und [bekommt] nie die Zuwendung, die er als Kind eigentlich bräuchte. Diese Leere in der frühen Lebensgruppe bringt das Kind dazu, sich über das Signal einer körperlich erscheinenden psychosomatischen Krankheit Liebe und Zuwendung zu holen. Alle psychosomatisch Kranken sind innerlich Verlassene. Es herrscht eine ständige Angst vor, verlassen zu werden; in aktuellen Trennungssituationen versuchen diese Patienten, alles zu tun, um eine Trennung zu verhindern. Sie machen sich dadurch unbewusst völlig abhängig von anderen Menschen. Die Patienten reagieren in Trennungssituationen*

mit körperlichen Symptomen [...]. Man könnte psychosomati-
sche Erkrankungen deshalb auch als ›Trennungskrankheiten‹
bezeichnen.«[10]

Gleichzeitig fungiert das psychosomatische Symptom als Er-
satzidentität, die das »Loch im Ich« auffüllt. Der gruppendynamische und der Identitätsaspekt der psychosomatischen
Struktur sind in Ammons Denken zentral. »Das psychosomatische Symptomverhalten des Kindes« ist nicht nur ein »individuelles« Entwicklungsproblem, das »als unbewusstes Iden-
titätsverbot von Seiten der Mutter und der Primärgruppe die
strukturelle Ich-Veränderung bewirkt«,[11] sondern ist »als Ausdruck eines unbewussten Identitätskonfliktes von Mutter und
Primärgruppe« zu verstehen.[12] Familiendynamiken, die zur
späteren psychosomatischen Struktur prädisponieren, können sich auch transgenerational fortsetzen.[13] Eine wichtige
therapeutische Implikation dieses Konzeptes ist der Verzicht
auf die Priorität der Symptombehandlung zugunsten der Entwicklung der gesamten Persönlichkeit als Ziel der Therapie
(Ammon nennt sie »Identitätstherapie«[14]).

Die bei psychosomatisch reagierenden Menschen häufige
defizitäre Angst ist Folge der frühkindlichen Entwicklung:
Angst kann nur dann »zugelassen« und verbalisiert werden,
wenn die interpersonellen Bedingungen in der Entwicklung
des Kindes gegeben waren, d.h. wenn die Angst, die das Kind
spürte und kommunizierte, verstanden, angenommen und
adäquat beantwortet wurde; mit anderen Worten, wenn die
Umgebung bereit war, auch die eigenen Ängste zu erkennen und mit diesen umzugehen. Das Baby spürt mit höchs-
ter Wahrscheinlichkeit alle körperlichen Nöte, wie Hunger,
Durst, Schmerz usw. als körperlich manifestierte Angst; es
kann wahrscheinlich nicht zwischen diesen Formen der Angst
und der Angst, von der Mutter verlassen zu werden, unter-

scheiden. Auch später bleibt die Verbindung zwischen Angst und körperlichen Manifestationen (Somatisierung) bestehen. Die defizitäre Angst des Psychosomatikers wird von dem Heidelberger Mediziner Heinrich Huebschmann in seiner Untersuchung von Herzinfarkt-Patienten eindrucksvoll beschrieben: Auch in der Begegnung mit dem Tod äußerten die meisten Patienten keine Todesangst; wenn sie es dennoch taten, ließ »aber die Art, wie davon gesprochen wurde […], Zweifel aufkommen, ob die Kranken wirklich die Nähe des eigenen Todes voll erfahren hatten […] Diese Erfahrungen [hinterließen] wenig Spuren im Bewusstsein« der Patienten.[15]

Trotz der weitgehenden Bekanntheit der körperlichen Manifestation der Angst kommt es bis heute nicht selten vor, dass ein Patient in der somatischen Medizin, aber auch in der Psychiatrie, zahlreiche diagnostische Untersuchungen über sich ergehen lassen muss, weil er die Angst nicht als solche spürt, sondern körperlich ausdrückt.

Ein junger Mann klagte über wiederholtes akutes Herzrasen und wurde aus der psychotherapeutischen Klinik in das benachbarte somatische Krankenhaus verlegt. Er hatte sich kürzlich von seiner Freundin getrennt und vermisste seine Eltern sehr. Im Krankenhaus fühlte er sich verlassen; außer bei den notwendigen körperlichen Untersuchungen fand keinerlei Gespräch mit ihm statt. Als er darüber klagte, wurde ihm mit Elektroschocks (als Mittel der kardialen Konversion im Falle, dass Beta-Blocker nicht ausreichend wirkten) »gedroht«. Freilich vermehrten diese Drohungen die bestehende Angst und bewirkten einen Teufelskreis. Die Reaktion der Ärzte im Krankenhaus ist als Gegenübertragung im Sinne der Wiederholung der früheren Reaktion der Eltern auf die Angst des Patienten zu verstehen; schon diese hatten kein Verständnis für die Angst des Kindes gehabt und ihm mit Strafen gedroht.

Es ist nahe liegend, dass sich in der Krankheit frühe Angsterfahrungen und -dynamiken wiederholen, denn der Körper
»erinnert sich« an frühe, vorsprachliche emotionale Erfahrungen, also auch an Angsterfahrungen. Vieles spricht dafür,
dass auch das Immunsystem im Sinne einer »Erinnerung«
und »Wiederholung« reagiert: Die immunologischen Korre-
late früherer Traumata werden im Falle späterer Verlassen-
heits- und Trauersituationen wieder aktiv.[16] Es ist nicht abwegig, auch bei Krebserkrankungen, die nach dem heutigen
Stand des Wissens zu den autoaggressiven Erkrankungen ge-
zählt werden müssen, von einer solchen psycho-immunologi-
schen Dynamik auszugehen. Möglicherweise besteht im tiefen Nicht-getrennt-Sein von Körperlichem und Seelischem, in
der Art, wie im frühen Kindesalter das Körperliche primär
vollständig Angst ausdrückte, der *archaische* Charakter der
Krebserkrankung. Bei Krebskranken wird die enthemmte,
nicht mehr abgegrenzte Selbstaggression als Angst- und
Aggressionsäquivalent am deutlichsten.

Psychosomatische Krankheit kann also als eine Art verstanden werden, unbewusst mit Angst umzugehen bzw. nicht gespürte Angst abzuwehren. Die Psychosomatik »erzählt« die
Geschichte eines Menschen, der Angst nicht spüren »darf«,
weil seine Angst nicht verstanden und mitgetragen, sondern
ignoriert oder bestraft wird – in einer Bestrafung, die der
Kranke als Selbstbestrafung selber übernimmt –, und der
seine existenzielle Angst nur mit dem Körper kommunizieren
kann, weil nur diese Art der Kommunikation noch erkannt
und mit Aufmerksamkeit und Zuwendung belohnt wird.

Trauma und Angst

Ein Trauma kann die gesamte verborgene Todesangst mobilisieren. Die Sprache beinhaltet viele Ausdrücke, die die Verbindung zwischen Trauma und Angst veranschaulichen: »den Boden unter den Füßen entziehen«, »Sturz in den Abgrund« oder »Auflösung ins Nichts«; sie beschreiben plastisch das Gefühl der Urangst, besser, als konkrete Beschreibungen es tun könnten. In einem bestimmten Sinn ist die existenzielle Angst eine posttraumatische Angst: Das Ur-Trauma des unter Angst leidenden Menschen ist die Verlassenheit mit all ihren »Spielarten«. Jeder Patient mit einer psychosomatischen Krankheit, einer Persönlichkeitsstörung oder einer Psychose ist früh traumatisiert.

Die Traumatherapie sondert die »sichtbaren« Traumata ab, weil sie biologisch gut nachvollziehbar sind, und begründet eine »neue Therapiemethode«, die sich jedoch lediglich mit dem isolierten Trauma beschäftigt. Im Grunde nutzt die Traumatherapie bekannte physiologische Erklärungen, »modernisiert« durch die neueren Fortschritte der Neurobiologie, besonders der bildgebenden Verfahren, und leitet daraus eine Therapie ab, die verhaltenstherapeutische und hirnphysiologische Elemente kombiniert. Sie beinhaltet die *Gefahr der Physiologisierung und Banalisierung* der menschlichen Angst und ist, nach Kernberg, »ideologisch durchsetzt«. Kernberg meint, dass »Traumabehandlung übertrieben [wird], besonders in Deutschland«[17].

Traumata im pathologischen Sinne sind (wenn man einmalige akute Traumatisierungen wie Zug- und Flugzeugunglück, sexuelle und Gewalttraumata ausnimmt, die in diesem Zusammenhang keine Rolle spielen – sie sind die Domäne der »klassischen« Traumatherapie) immer Beziehungstraumata. Das misshandelte oder missbrauchte Kind leidet nicht nur –

und oft nicht einmal hauptsächlich – unter dem eigentlichen Trauma selbst, sondern vielmehr darunter, dass der Täter, meist ein Vertrauter, »plötzlich«, für das Kind völlig unerklärlich, sich verändert, bedrohlich und unkenntlich wird. Er ist unberechenbar geworden und hat sein wahres Gesicht verloren, hat nunmehr zwei Wesen. Auch Alkoholiker gehören zu solchen Bezugspersonen, die zwei unterschiedliche Gesichter haben können: Unter Alkohol traumatisieren sie das Kind durch Missachtung der Grenzen – im Sinne der Gewalt oder des Sexualisierens – im nüchternen Zustand können sie danach weiterhin »liebe« Elternfiguren sein.

Eine junge Frau berichtete, dass sie und ihre Schwester – beide schliefen im Kinderzimmer im oberen Stockwerk – an den Schritten des heimkehrenden Vaters gelernt hatten zu erkennen, ob dieser nüchtern oder betrunken war. Im einen Fall war er ein liebevoller Vater, der den Kindern einen Gute-Nacht-Kuss gab; im anderen ein »Monster«, unansprechbar, gewalttätig, das die Kinder ohne ersichtlichen Grund weckte und verprügelte.

Diese Beziehungsverunsicherung und -traumatisierung, das Unberechenbare der Bezugspersonen, trägt zur späteren Borderline-Pathologie bei. Spätere Traumatisierungen sind besonders dann folgenschwer, wenn sie auf den »fruchtbaren« Boden früherer (Beziehungs-)Traumatisierungen fallen. Damit ist das Trauma im Grunde eine Retraumatisierung.

Dulz sieht frühkindliche traumatische Erfahrungen – auch schon pränatal – als prädisponierend für die Entwicklung einer Borderline-Störung.[18] In diesem Sinn ist auch das Konzept kumulativer Traumatisierung zu verstehen.[19] Die Entwicklung einer Borderline-Störung mit Angstsymptomatik nach einer Traumatisierung durch Misshandlung oder Missbrauch (im Sinne einer sog. Posttraumatischen Belastungsstörung, PTSD) hat zur Bedingung, dass in der Kindheit Verlassenheit, Vernachlässigung oder sonstige Beziehungsstörungen vorhanden waren. Die traumatisierenden Ereignisse wiederholen dynamisch die alten Verlassenheitstraumata und werden erst dadurch pathogenetisch wirksam.

Ein ca. 40-jähriger, in seinem Beruf erfolgreicher Mann erzählte, dass seine posttraumatischen Symptome – Albträume, diffuse Ängste, schwere dissoziative Symptome (Bewusstseinsspaltungen) – mit einer Enttäuschung an seiner neuen Arbeitsstelle begonnen haben. Man hatte ihn befördert und ihm den Posten des zukünftigen Leiters der ausländischen Zweigstelle in Aussicht gestellt. Dort angekommen, wurde er bald vom älteren Chef enttäuscht, fühlte sich von diesem nicht richtig wahrgenommen, wurde schwer depressiv und kehrte schließlich gekränkt zum Wohnort der Mutter zurück. In der Therapie konnte der Patient zwischen diesem Ereignis und früheren einschneidenden Episoden in seiner Kindheit eine Verbindung finden: Als Vierjähriger fühlte er sich von seinem Vater, der »nur mit sich selbst beschäftigt war«, nicht gesehen; schließlich stellte sich heraus, dass dieser schwer erkrankt war und später auch starb, ohne eine Annäherung an den Sohn gefunden zu haben. Nach dem Tod des Vaters wurde das Kind zu den Großeltern genommen, wo es sich wohl fühlte und den Großvater als Ersatz für den verlorenen Vater erlebte. Bald aber holte ihn die Mutter unvermittelt zu sich zurück, nachdem sie nun für ihn »wieder Zeit hatte«; vom Großvater konnte er sich nie verabschieden.

In der modernen Literatur über Trauma und Angst, die der Traumatologie verschrieben ist, vermisst man meistens die emotionale Qualität; diese geht verloren in der Analogie zwischen dem niedrigeren Tier, das aus Angst instinktiv handelt, und dem Menschen mit seinen komplexen emotionalen Erfahrungen, die bereits im frühen Säuglingsalter einsetzen. Beim Kind und beim traumatisierten Erwachsenen geht es nicht um die Angst, die von der plötzlichen Begegnung mit einer Schlange im Wald verursacht wird, sondern um eine Urangst, die von Verlassenheit ausgelöst und in ihrer Intensität und Verhaltenssteuerung von verinnerlichten Dynamiken in der eigenen Geschichte moduliert wird.

Bei all den oft verheerenden Folgen der Traumata darf man nach meiner Auffassung auch einen anderen Aspekt nicht aus den Augen verlieren: Für Menschen, die bereits unter einer diffusen, frei flottierenden Angst leiden, führt ein traumatisches Ereignis nicht nur zu einer Reaktivierung der Todesangst, sondern auch zu einer Art Konkretisierung dieser Angst. Wie ein »neurotischer« Mensch seine Angst in Furcht zu verwandeln sucht und ein »paranoid-psychotischer« diffuse Angst an eine verfolgende Instanz oder eine Verschwörung bestimmter Personen bindet, so kann auch ein traumatisierter Mensch seine Todesangst durch das Trauma konkretisieren, an ein bestimmtes Ereignis oder eine bestimmte Person binden. Freilich sind die Ängste eines traumatisch geschädigten Menschen oder eines paranoiden Patienten oft nicht weniger intensiv, dafür aber »fassbarer« und – falls das Trauma von Tätern verursacht wurde – auch »persönlicher« und damit meist leichter zu ertragen und zu verarbeiten. Deshalb zeigen viele Menschen das starke Bedürfnis, ihre Angst auf *ein* bestimmtes Trauma kausal zurückzuführen. Die Konzentration des Traumatherapeuten auf *das* Trauma beruht damit letztendlich auf einer Identifikation mit den Abwehrstrategien des Patienten.

Traumatisierende Ereignisse beschränken sich selten auf eine einfache Täter-Opfer-Dynamik. Sie stellen mit großer Regelmäßigkeit gruppendynamische Situationen dar, in denen aktive und passive Mittäter bzw. duldende Dritte oder Untergruppen eine bedeutende Rolle spielen. Die häufigste Variante der Mitwirkung von Einzelnen und Gruppen in traumatisierenden Situationen ist das passive Dulden, das Nicht-Hinschauen. Wir kennen sie aus zahlreichen Beispielen, aus Filmen wie »Gegen die Wand«[20] (hier wohnt eine Gruppe von »Unbeteiligten« der aggressiven Eskalation bei, die dann mit einem Mord endet, ohne zu intervenieren), oder »Shine«[21] (in dem die Mutter »ruhig« bügelt, während der Vater den Sohn seelisch mit Schuldgefühlen misshandelt). Meist sind die Inhalte der Traumatisierung sowohl gewalttätig als auch sexuell.

Eine 32-jährige Patientin erzählte von ihrer frühen »schleichenden« Traumatisierung mit aggressiven und sexuellen Inhalten: Ihr sadistischer Vater pflegte sie als Kind in den benachbarten Wald mitzunehmen, wenn sich dort jemand erhängt hatte, um ihr dies »zu zeigen«. Der Vater bestand darauf, dass die Tochter noch in ihrer Pubertät im Ehebett mit ihm schlafen sollte (die Mutter schlief im Wohnzimmer, aus »Bequemlichkeit«), wobei er als »Druckmittel« unter seinem Kissen ein Beil »bereithielt«. Die Mutter äußerte in einem späteren Gespräch mit der Tochter ein mildes Staunen darüber und rationalisierte ihre passive Haltung mit bestimmten »räumlichen Notwendigkeiten«; außerdem habe sie in diesen Dingen nichts Gravierendes erkennen können. Die passiv-aggressive Mittäterschaft wurde schon in den heftigen Gegenübertragungsgefühlen des Therapeuten, der das Gespräch führte, deutlich.

Aus der Geschichte sind uns die häufigen Episoden des »unschuldigen Wegschauens« bei Verfolgungen von Minderheiten ebenso bekannt wie deren Wiederholung auf der globalen politischen Ebene im Sinne der Appeasement-Politik (nicht nur Hitler gegenüber, sondern auch heute noch gegenüber menschenverachtenden Regimes, wenn diese große wirtschaftliche Vorteile bereithalten). Freilich sind die Übergänge von der passiven zur aktiven Mittäterschaft ganzer Gruppen fließend.

> *Eine junge Patientin kam in die Klinik aufgrund einer Border-line-Störung mit multiplen sexuellen Traumatisierungen. Ihr Vater hatte sie jahrelang sexuell missbraucht, ohne dass dies der Mutter oder dem Rest der Familie »aufgefallen« war. Später, vor ihrer Klinikaufnahme, entschloss sie sich, den Vater anzu-zeigen. Daraufhin reagierte der Rest der Familie wütend und empört: Sie habe »das Nest beschmutzt«; dahinter war auch das finanzielle Interesse der Familie von großer Bedeutung, denn sie befürchtete, durch die anstehenden Prozesse »ruiniert« zu werden.*

Die gruppendynamische Sichtweise von Traumatisierung und Traumafolgen ist von eminenter Bedeutung für die Therapie. So werden in Therapiegruppen »Täter« und »Opfer« vor einer Polarisierung bewahrt bzw. entlastet, indem Täter- und Opfer-anteile in der gesamten Gruppe benannt und »verteilt« wer-den; andererseits wird nach der aktiven oder passiven Beteili-gung ganzer Gruppen im Falle von Grenzüberschreitungen gesucht und ihr Anteil bewusst gemacht. Damit werden in der Tiefe Schulddynamiken relativiert und starre, verinnerlichte Opfer- und Täter-Dynamiken der therapeutischen Bearbei-tung zugänglich.[22]

Neurobiologie der Angst

> Psychische Phänomene sind keine »Dinge
> an sich«, sie sind tatsächlich zu einem
> wesentlichen Teil nur präverbal und nur im
> intimen Raum zugänglich, sie entziehen sich
> ihrem Wesen nach dem Ideal der natur-
> wissenschaftlichen Reproduzier- und
> Verifizierbarkeit.
> *Gaetano Benedetti 1977*

Zur Zeit erleben wir eine scheinbare Annäherung zwischen Psychoanalyse und Neurobiologie, nach einer langen Zeit des »Kalten Krieges«. Psychotherapeuten interessieren sich aktiv für die bildgebenden Verfahren, die die Ergebnisse ihrer Therapie zum ersten Mal »sichtbar« und fassbar machen könnten; die Hoffnung beseelt sie, dass diejenigen endgültig verstummen werden, die immer noch Zweifel an der Wirksamkeit tiefenpsychologischer Verfahren wie der Psychoanalyse hegen. Sie werden wieder »wissenschaftlich«, wie Freud selber es erträumte.[23] Auch Genetik und Psychoanalyse sind keine Gegensätze mehr. Doch der Schein dieser Annäherung, so attraktiv sie erscheinen mag, trügt. Die Methoden, die Ziele, die Ansätze sind nicht weniger voneinander entfernt als früher. Sonst würden nicht so viele Psychiater heute noch zwischen ihren Visiten die unter Angststörungen leidenden Patienten mit ihren Ängsten allein lassen und sich fast ausschließlich um ihre medikamentöse »Einstellung« kümmern. Eine solche Praxis impliziert eine Denkweise der Psychiatrie, der gemäß Angst ein primär physiologisches Phänomen ist,

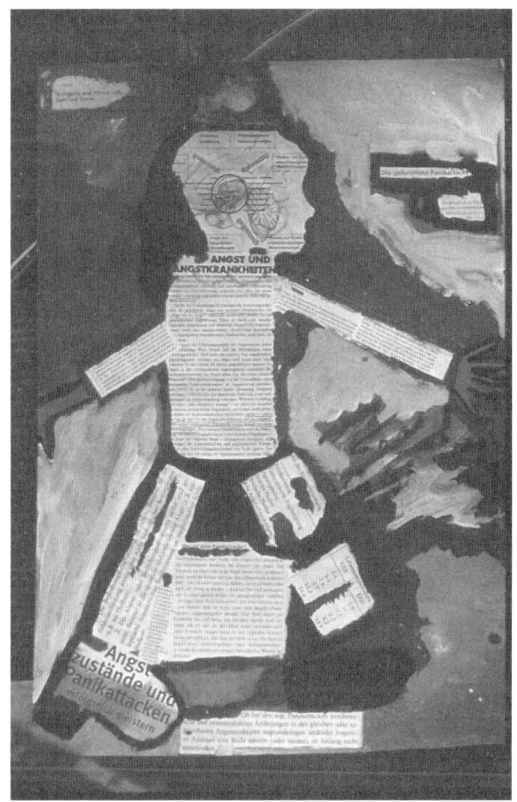

Abbildung 2: »Angst«. Das ironische Bild einer Angstpatientin, die in einem renommierten psychiatrischen Zentrum ausschließlich mit Psychopharmaka behandelt wurde.

dem mit entsprechenden pharmakologischen Mitteln zu begegnen sei.

Für viele dürfte es eine Selbstverständlichkeit sein, dass die neurophysiologischen Phänomene der Angst lediglich das biologische *Korrelat* des *Gefühls* Angst darstellen. Aber nicht für alle: Nicht wenige Forscher suggerieren – ermutigt von der Pharmaindustrie –, dass die Zeit kommen wird, in der ein

Medikament das »Problem« Angst (oder Angststörungen) »lösen« wird, dass eines Tages die Angst oder zumindest die Angsterkrankungen (wie auch die Depression und die Schizophrenie) mit einem geeigneten Medikament heilbar sein werden. Sie verwechseln die Neurobiologie der Angst mit ihrem Wesen, mit der seelisch-körperlichen Erfahrung der Angst. Was wir neurobiologisch verstehen können, ist das neuronale bzw. hirnphysiologische *Korrelat* der Angst, das die Wissenschaft schon lange beschäftigt. Der Mensch reagiert aber auf Angst in komplexer Weise; ethische und höhere geistige Motive prägen sein Verhalten, wenn er sich, wie Janusz Korczak, aufopfert, um das Leid von Kindern zu lindern.

Viele Wissenschaftler und Psychiater, die mit der biologischen Tradition der Medizin groß geworden sind und sich keine andere als eine biologisch fundierte Heuristik vorstellen können, scheinen die physiologischen Manifestationen eines Phänomens mit seinen Ursachen gleichzusetzen. Nur wenige Forscher erwägen die Möglichkeit, dass die mit den modernen bildgebenden Verfahren »sichtbar« gewordenen Hirnveränderungen auch Folge statt Ursache anderer Entwicklungsprozesse sein könnten – und dann meistens aus einem fast naiven Labor-Blickwinkel.

Auf der neurobiologischen Ebene wird Stress als das gemeinsame physiologische Substrat von Angst und Depression angenommen. Entsprechend werden Hypothalamus, die Freisetzung von Corticotropin-Releasing Hormone (CRH), Hypophysenvorderlappen und das dort als Reaktion freigesetzte Adrenocorticotrophe Hormon (ACTH) einerseits und hemmende (sog. GABA-erge) Neuronsysteme andererseits als modulierend für Stressantworten und damit auch für die Angst angesehen (andere Systeme wie das dopaminerge, anticholinerge und das atriale natriuretische Peptid ANP spielen dabei eine wichtige Rolle, auf die aber hier nicht eingegangen

I Die Angst

werden kann). Mit Sicherheit ist jedes psychische Phänomen, jede menschliche Regung – Angst, Liebe, Ärger, Hass – in letzter Instanz auf mikrokosmische, einfache chemische Reaktionen oder, weiter noch, auf atomare Phänomene reduzierbar; ihr Wesen geht aber dabei verloren. Ebenso absurd wäre es, die Gefühle, die ein Mozart'sches Adagio oder ein Bach'sches Präludium in uns wecken, in hirnphysiologische Formeln pressen zu wollen. Die Entdeckung der Spiegelneurone mag beispielsweise eine »neurobiologische Sensation« sein,[24] außerhalb des Blickwinkels dieser Wissenschaft überrascht sie uns nicht. Wir wussten immer schon, dass es Empathie gibt, wir wussten nur nicht, welche Neuronen dafür »zuständig« sind. Wir glauben, dass Empathie damit »wissenschaftlich bewiesen«, kein »bloßes Gefühl« mehr ist – das bestätigt und beruhigt uns. Was nützt uns oder, besser gesagt: was nützt unseren Patienten dieses Wissen aber? Werden wir damit empathischer oder werden wir eines Tages diejenigen chemisch behandeln können, die keiner Empathie fähig sind?

Die Tendenz, Angst primär auf ein physiologisches Phänomen zu reduzieren oder, was ähnlich ist, diesem den Primat über das Erzeugen des Affektes Angst zuzuschreiben, entspricht der Tendenz, Gefühle zu depersonalisieren. Auch Stress wird sozusagen anonymisiert und generell auf eine Reaktion, die Angst auslöst, reduziert; er wird also als eine unpersönliche, von der eigenen Lebensgeschichte abgelöste Reaktion gesehen, die beliebig reproduzierbar – und behandelbar – ist.[25] So werden beispielsweise die häufigen panischen Ängste, die in der Schwangerschaft und nach der Geburt auftreten, nicht auf nahe liegende und unbewusste Ängste zurückgeführt – diese werden in den Untersuchungen nicht einmal befragt –, sondern auf hormonelle Veränderungen.[26] Meine Kritik an einer primären Beschäftigung mit der

Neurobiologie der Angst ist darauf gegründet, dass der Blickwinkel durch diese Beschäftigung wegbewegt wird vom Subjektiven des Leids; man neigt dann dazu, Angst, wie andere Gefühle, mit einem physiologischen Phänomen *gleichzusetzen*. Dieser biologisierende Blickwinkel verarmt, entemotionalisiert, banalisiert und »verwissenschaftlicht« das Gefühl im Menschen und seine Bedeutung für zwischenmenschliche Beziehungen.

Noch einen Schritt weiter gehen Wissenschaftler, die die Angststörungen für genetisch bedingt halten. Nicht wenige biologisch orientierte Forscher und Psychiater suchen nach den biologischen Grundlagen der Angst im Bereich des Hirnstoffwechsels: »Zahlreiche humangenetische Untersuchungen *belegen*, dass Angst oder Depression *wesentlich* durch genetische Faktoren determiniert werden«, heißt es.[27] Die Hoffnung, eines Tages Angst – wie Schmerz und Altwerden – nicht mehr erleiden zu müssen, gehört zu den beliebtesten Utopien der Menschheit: Sie ist eine Utopie, die blendet.

Angsterkrankungen werden von manchen Forschern als Folge einer biologischen Vulnerabilität für Angst betrachtet – nicht anders als auch andere psychische Erkrankungen, wie die Schizophrenie, die Depression und (teilweise) die Persönlichkeitsstörungen. Als »Beweis« solcher Thesen – auch dies in Analogie zur Schizophrenie – dienen Studien, die bei eineiigen Zwillingen eine weit höhere Konkordanzrate (Auftrittshäufigkeit bei beiden Zwillingen) der Prävalenz von Angsterkrankungen aufweisen als bei zweieiigen.[28] Diese Daten werden dann als Beleg für die »wesentliche Rolle« der genetischen Faktoren bei den Angsterkrankungen angeführt.[29] Ob jemand unter den Wissenschaftlern, die die Zwillinge untersucht haben, jemals auch nach psychodynamischen, gruppendynamischen oder nach tiefenpsychologischen Gesichtspunkten geforscht hat, ist allerdings fraglich. Denn nur dadurch treten Zusammenhänge offen zu Tage, die dem pragmatischen Forscher, der Fakten und Zahlen sucht, verborgen bleiben. Die tiefe Verbundenheit zwischen eineiigen Zwillingen,[30] die Umstände und das Alter bei ihrer Trennung, ihre sonstigen Verbindungen und andere wesentliche Kontakte während ihres Heranwachsens liefern wertvolle Hinweise, die nur von dem beachtet werden, der ein offenes Ohr für sie hat.

Eine zentrale Rolle in der heutigen Auffassung der Angstphysiologie spielt das Wissen über kumulative Traumata, über die im Körper gespeicherte »Erinnerung«, ferner über die neuronale Plastizität und in letzter Zeit über die sog. Spiegelneurone. Heute ist bekannt, dass sich der Körper an frühe Traumata wie Verlassenheit, Misshandlung oder Missbrauch »erinnert« – man spricht vom »Gedächtnis des Körpers«.[31] Angst- und Schmerzerfahrungen werden im limbischen System, insbesondere im Mandelkern des Gehirns (Amygdala) »gespeichert« – wobei wir wissen, dass frühe Schmerz- und Angsterfahrungen miteinander korrelieren, ja, bei Babys wahrscheinlich identisch sind. Man spricht von einem »impliziten Gedächtnis«, in dem »traumatische frühkindliche Erfahrungen oder tradierte Muster- und Familienthemen […] eingegraben« sind und von dort eine »Konditionierung« späterer Erfahrungen ermöglichen, zum Beispiel in posttraumatischen Störungen.[32] Diese Konditionierung ist übrigens nicht nur für das Gehirn, sondern für das gesamte Immunsystem nachgewiesen.[33] Vom Mandelkern gehen Signale an das Großhirn, *wenn aktuelle Erfahrungen frühere Erinnerungen hervorrufen* oder an solche erinnern.

Dies entspricht auf neurobiologischer Ebene dem »irrationalen« Charakter der Angst bei den sog. Angsterkrankungen: Mit einem aktuellen Angstreiz wird nicht nur die adäquate Angstreaktion ausgelöst, die Person erfährt auch frühere, traumatische Ängste und möglicherweise die damaligen

Schmerzen von neuem, was den körperlichen Charakter der Angst erklären mag. Dies bestätigt die klinische Erfahrung, dass Traumata in der Regel erst dann Krankheitswert haben, wenn sie sich an frühere Traumata »anschließen« können.

Man kann den Beitrag der Neurobiologie begrüßen, ohne ihn zu überschätzen. Forscher mit Weitblick und der Bescheidenheit des wahren Wissenschaftlers wie der Neurobiologe Hüther, der eine Integration zwischen neurobiologischen Mechanismen und soziokulturellen bzw. psychodynamischen Faktoren herzustellen versucht, vertreten die Position, dass das menschliche Gehirn auf Verbindungen und Beziehungen angelegt ist und aus diesem Grund eine Integration »zwischen Denken und Fühlen, zwischen Gehirn und Körper« die »Beziehungsfähigkeit [...] zu anderen Menschen, zur eigenen Geschichte, zur Kultur und zur Natur« anstrebt.[34]

»Ockhams Rasiermesser« und das Multifaktorielle Konzept

> So wertvoll uns die Beobachtungen der
> Autoren sind, so wenig fördern uns die
> theoretischen Folgerungen, die sie aus ihnen
> ziehen. Ihre Erklärungen beschränken sich
> meist darauf, die Symptome auf gewisse
> nächste Ursachen (Anlässe) oder auf
> »Prädisposition«, auf »Degeneration«
> zurückzuführen […]. Allzu früh verlassen sie
> den psychologischen Weg und verlieren sich
> in physiologisierender Spekulation.
> *Sándor Ferenczi 1921*

Die Annahme, dass die meisten Krankheiten genetisch bedingt bzw. auf konstitutionelle Faktoren oder »Prädispositionen« zurückzuführen sind, war die gängige ätiologische Erklärung im 19. und auch im 20. Jahrhundert. Auch psychische und psychiatrische Störungen wurden als genetisch verursacht und als vererbbar betrachtet. Das Konzept der konstitutionellen Prädisposition (oder genetischen Veranlagung) zieht durch die Psychiatrie des 19. und 20. Jahrhunderts und ist mit ihren bedeutendsten Vertretern verbunden. Bénédict Morel (1860) sprach von »konstitutionellem Blödsinn«, Emil Kraepelin (1896) von der Untherapierbarkeit der Schizophrenie aufgrund konstitutioneller Faktoren; Psychoanalytiker wie Sándor Radó und Heinrich Meng meinten, dass die Schizophrenie auf eine angeborene Prädisposition zurückzuführen sei. Noch 1990 findet sich diese Argumentation in Texten über Schizophrenie: »So wie viele andere Krankheiten und wie viele körperliche und seelische Eigenschaften erblich mitbestimmt sind, so ist schon rein nach der Erwägung der Wahrscheinlichkeit für die Schizophrenien die Annahme einer erblichen Grundlage nahegelegt.«[35]

Auch Freud nahm für die Genese der Neurosen eine konstitutionelle bzw. genetische Disposition an; darin war er ein Kind seiner Zeit. Seine »Ergänzungsreihe«, die die Zusammenwirkung konstitutioneller/genetischer und umweltbedingter Faktoren in der Entstehung der Neurose postuliert, kann als Modell späterer bio-psycho-sozialer oder »multifaktorieller« Krankheitsentstehungs-Modelle angesehen werden. Freud war auch der Auffassung, dass die Angst eine biologische, ererbte Basis habe.[36] Seit Freud hat man diese Hypothese aufgrund ihrer Bequemlichkeit nicht mehr aufgegeben. Dabei ist eine konstitutionelle Disposition für psychische oder psychosomatische Krankheiten weder jemals eindeutig nachgewiesen worden, noch ist sie als Erklärung zwingend. Sie wird trotzdem automatisch und überall ohne kritische Hinterfragung angenommen, ob es sich dabei um Borderline-Störungen, Angsterkrankungen, Depression oder andere psychische Krankheiten handelt. Das heute weit verbreitete »bio-psycho-soziale Modell«[37] geht auf Freud zurück.

Für die Psychosomatik vertreten z. B. Weiner und Fawzy[38] ein multifaktorielles Modell mit genetischen, bakteriellen, immunologischen, nutritiven, entwicklungsbedingten, psychologischen, verhaltensbedingten und sozialen Faktoren, die sie versuchen, in ein »integratives Modell« zusammenzufassen. Tschuschke nennt mehrere multifaktoriell »gleichberechtigte« Faktoren, wie Umweltnoxen, Gendefekte, Vitamine, Viren, mangelnde körperliche Bewegung, Versagen des Immunsystems, Fehlverhalten, Fehlernährung als Gründe der Krebserkrankung.[39] Kernberg führt die Borderline-Persönlichkeitsstörung auf einen vererbten aggressiven Trieb bzw. ein angeborenes Defizit in der Angsttoleranz zurück,[40] Linehan und Koerner postulieren eine erbliche Veranlagung zur emotionalen Dysregulation.[41]

Selbst Autoren, die dank ihrer psychogenetischen Auffassung seelische Störungen mit früheren destruktiven Dynamiken und Konflikte erklären, scheinen auf das Türchen der genetischen Prädisposition nicht verzichten zu wollen. So liest man beispielsweise: »Bei allen Patienten mit einer affektiven Psychose besteht jedoch eine große Vulnerabilität des Ichs, die vermutlich bedingt ist durch den biologisch-genetischen Faktor, der wiederum von der frühen Kindheit an die Ich-Bildung beeinflusst hat.«[42] Strian bemerkt, dass bei den Angstkrankheiten im engeren Sinn »die genetische Disposition eine Rolle« spiele, und begründet seine Einschätzung mit ähnlichen Prävalenzraten z.B. in Deutschland und in den USA.[43] Nach Hoffmann und Hochapfel ist auch bei den Phobien ein genetisch-konstitutioneller Faktor mitbeteiligt.[44] Diese vorherrschende Ansicht einer biopsychosozialen Medizin, die auch bezüglich der Entstehung der Angstkrankheiten (wie auch der Depression) eine kombinierte, multifaktorielle Genese postuliert, hält sich also hartnäckig.

Viktor von Weizsäcker gehört zu den wenigen, die schon früh die Notwendigkeit solcher Erklärungen hinterfragten: »Seelisches drückt sich in der Körpersprache aus, Körperliches in der seelischen […]. Z.B. aus der Klinik der Migräne, Angina pectoris und der Cholezystopathien (Gallenblasen-Erkrankungen) sind täglich Beobachtungen zu entnehmen, dass statt eines in der Liebe, in der Fortpflanzung, in der Arbeit, im Geiste ungelebten Lebens ein körperliches Symptom auftritt. Jetzt hat man einen Menschen, der ein in der Liebe, in der Fortpflanzung, der Arbeit, dem Geiste verkürztes Leben und dazu eine Krankheit hat. Ist das so schwer zu verstehen?«[45]

Um beispielsweise die Symptomatik von Borderline-Patienten, ihre Ängste, ihre wechselnden Persönlichkeitsanteile und Symptome zu erklären, reicht es da nicht aus, dass sie in Familien aufgewachsen sind, in denen sie unverstanden, verlassen, oft nur über Leistung wahrgenommen, unempathisch und ohne Verständnis für ihre existenziellen Ängste, oft missbraucht und misshandelt wurden, von Eltern und Großeltern, die oft ihrerseits psychische Störungen hatten, depressiv oder zwanghaft oder autistisch waren und ihre eigenen Ängste an ihre Kinder weiterdelegierten? *Ist es noch nötig, konstitutionelle Faktoren zu bemühen?*

Warum bleibt der konstitutionelle Faktor nach wie vor so beliebt? Wer sich seiner als Denkmodell bedient, hat den Vorteil, dass er sich nicht festlegen muss. Alles mag darin seinen Platz haben: das Genetische, das Soziale, das Psychodynamische. Es lässt auch freien Raum für das, was man nicht verstanden hat. Außerdem kann schließlich niemand die Logik des Sowohl-als-auch als Grundlage des Dispositions-Modells widerlegen. Und mehr noch: Es hat den weiteren großen Vorteil, dass es niemandem »die Schuld gibt«; es erspart vielen Familien von Borderline-Patienten und von Schizophrenen die Schuldgefühle, es verteilt die »Schuld« gleichmäßig zwischen Familie, Gesellschaft, Kultur und Schicksal. Selbst wenn die ersten Lebensjahre des zukünftigen Angstpatienten ohne Schutz, Verständnis und Empathie der Familie, ja, oft mit Missbrauch und Misshandlung verlaufen sind, kann immer noch eine »entsprechende genetische Veranlagung« dafür verantwortlich sein, da »sich später im Leben Angststörungen und Depressionen nur dann entwickeln, wenn ungünstige Umweltfaktoren dazukommen«.[46]

Auf diese Weise versucht man zu erklären, dass nicht jedes traumatisierte Kind später eine Borderline-Störung oder eine so genannte Posttraumatische Belastungsstörung (PTSB) entwickelt. Vertieft man jedoch die Untersuchung der Familien solcher Patienten, so kommt man unschwer zu dem Schluss, dass sie nicht nur pathogenen Einflüssen ausgesetzt waren, sondern auch »rettenden« Einflüsse von Angehörigen, Lehrern, Nachbarn oder Freunden erfahren und verinnerlichen konnten; ja, sogar die »Täter« und »Angreifer« bestanden nicht nur aus grausamen Eigenschaften, sondern besaßen oft widersprüchliche (Borderline-)Persönlichkeiten, deren positive Aspekte ebenfalls durch Identifikation verinnerlicht und zum festen Bestandteil der Persönlichkeit des Kindes wurden (vgl. Fallbeispiel S. 165). Die Bindungsforschung hat zu diesem Verständnis mit ihrer Beschreibung der Weitergabe von Bindungsverhalten bei Angst- und Borderline-Patienten wesentlich beigetragen.[47]

Die Entdeckung der neuronalen Plastizität[48] – der »Fähigkeit des Gehirns, sich erfahrungsabhängig selbst umzustrukturieren, und dies sogar im Erwachsenenalter«[49] – hat zum erweiterten Verständnis der Genetik wesentlich beigetragen. Die Frage stellt sich jetzt umgekehrt: Welche einschneidenden traumatischen Erfahrungen des Kindes haben zu einer eventuellen genetischen Veränderung geführt? »Schweres Trauma, Misshandlung oder Vernachlässigung« – schreiben Koenigsberg und Siever[50] – »können zu einer dauerhaften Änderung in den neurochemischen Systemen führen«. Die Entdeckung der Spiegelneurone[51] ihrerseits unterstützt nicht nur die Annahme, dass Angsterfahrungen gespeichert werden, sondern legt es nahe, dass auch der interpersonelle Aspekt dieser Erfahrungen im Neurobiologischen verankert wird. Gewiss wird jedes Kind mit einer Vielzahl von genetischen Veranlagungen geboren, die sich körperlich in Größe, Haar- und Augenfarbe etc. manifestieren; doch in psychischer Sicht gleicht jedes Neugeborene einer pluripotenten Zelle (einer Körperzelle, die je nach Notwendigkeit viele Gestalten annehmen kann), kann es sich doch unter dem Einfluss der bewussten und unbewussten Dynamiken in seiner nächsten

Umgebung – und vor allem in seiner Familie – zu fast allem entwickeln. Es kann von dieser zum »Erfolgsmenschen« oder zum »Gescheiterten«[52] oder zu allem, was »auf dem Kontinuum zwischen den Positionen ›Kind als Monster‹ und ›Kind als Erlöser‹« liegt,[53] gemacht werden.

Der multifaktorielle Ansatz ist im Grunde eine *durch Liberalisierung verschleierte Form des biologistischen Ansatzes.* Er soll das Postulat einer einseitig biologistischen Denkweise dadurch »versüßen«, dass anderen, sozialen und umweltbedingten Faktoren *doch noch* ein Einfluss zugebilligt wird, ohne den Zusammenhang der einzelnen Faktoren in der Tiefe erläutern zu müssen. Das Hauptgewicht liegt damit in der Regel bei der Genetik, den »Umweltfaktoren« kommt lediglich eine modulierende Bedeutung zu, deren Auswirkung in der Regel unklar bleibt.

Eine radikal biologistische Auffassung psychischer Erkrankungen ist heute, zumindest in Schriften, seltener als früher anzutreffen. Aussagen wie »die cerebralen neuroanatomischen Veränderungen, die zu den klinischen Bildern einer schizophrenen Psychose *führen*«,[54] oder »Die Psyche ist im Wesentlichen das Ergebnis des limbischen Systems«[55] sind seltener geworden. Es ist nicht schwer, unter der vorherrschenden Auffassung der Multifaktorialität eine »Liberalisierung« solcher Radikalität zu sehen, die in einem dünnen »Ideenkleid«[56] verhüllt ist. Die Vulnerabilitätstheorie stellt eine neuere Version der Annahme einer genetischen Veranlagung dar. Sie postuliert eine angeborene Verletzbarkeit, die sich vor allem in dopaminergen Funktionsstörungen und in anderen Normabweichungen in bestimmten Hirnarealen manifestiert und die »High-risk«-Kinder für die spätere klinische Manifestation der Schizophrenie prädisponiert.

Für die Befürworter der Vulnerabilitätshypothese spielt auch die »Eigenschaft »Angst« bzw. »Ängstlichkeit« […] im

Hinblick auf die spätere Entstehung von Angststörungen als ein grundlegender Vulnerabilitätsfaktor« eine bedeutende Rolle.[57] Was ist aber Ängstlichkeit? Ist sie pathologischer als mangelnde Ängstlichkeit (defizitäre Angst)? Das multifaktorielle Modell kann variieren, je nach der ideologischen Heimat des Autors. Damit wird ein Nebeneinander von Ingredienzien erzeugt, das jedem eklektischen Denkansatz und Therapiepragmatismus Vorschub leistet. Diese sind heute in der therapeutischen Praxis sehr verbreitet; überall werden mehr oder weniger spezielle »Therapie-Mischungen« angeboten, die biologische, sozialpsychiatrische, tiefenpsychologische oder gar analytische sowie körpertherapeutische Behandlungselemente (das Wort »Bausteine«, heute auch in der Ausbildung sehr verbreitet, eignet sich hier als mechanistischer Begriff) beinhalten, *ohne den Versuch einer Integration.*

Das Prinzip, nach dem nicht mehr Annahmen, Argumente oder Wesenheiten für eine Beweisführung herangezogen werden sollten als unbedingt notwendig,[58] ist als logisches Prinzip in die Philosophie als »Ockhams Rasiermesser« (Occams Razor) eingegangen. Es bezeichnet ein logisches Prinzip, das auf den mittelalterlichen scholastischen Philosophen Wilhelm von Occam (oder Ockham, ca. 1290–1349) zurückgeht und das die für eine Beweisführung nicht notwendigen Argumente als Abschwächung der Beweisführung betrachtet.

Maria Ammon fand in einer qualitativen Studie von sechs schizophrenen Patienten und ihren Familien »frühe Verlassenheitsgefühle [sowie] den Verlust der Mutter durch Tod. In allen Familien sind die Eltern psychisch auffällig. Bei zwei Patienten sind sie auch körperlich schwer erkrankt. In [der Hälfte der] Familien lagen Selbstmorddrohungen bis hin zu Selbstmordversuchen der Eltern vor. In allen Familien hatten die Patienten sowohl eine gestörte Mutter- als auch eine gestörte Vaterbeziehung. Die Eltern brachten sämtlich eigene Traumata, besonders Kriegstraumata mit. Interessant war auch, dass in allen Familien trotz der offensichtlichen Aggressivität und Problematik immer wieder Aspekte eines Heile-Welt-Gefühls vermittelt wurden. In [den meisten] Familien herrschten existenzielle Ängste vor. Ebenfalls [...] hatten die Eltern sich nicht aus ihrer Herkunftsfamilie gelöst. Keiner der Patienten erhielt adäquate Unterstützung in Krisensituationen.«[59] Derart intensive Verlassenheitssituationen der Kinder, die in ihren Ängsten nicht wahrgenommen werden, die gestörte Bindung und andere psychische Auffälligkeiten in den Familien, die auch mehrgenerational tradiert werden und wirksam sind, erklären voll und ganz die Ängste und die aus diesen Ängsten erklärbaren Symptome der Schizophrenie. Die klinische Praxis überzeugt, dass je nach der Gesamtpathologie der Familie, aber auch der sonstigen (oft »rettenden«) Einflüsse innerhalb und außerhalb der Familie verschiedene Störungen auftreten können. Nach dem Prinzip von Ockhams Rasiermesser benötigt die Ätiologie dieser Erkrankung keine zusätzlichen genetischen Faktoren. Umgekehrt sind Forscher, in deren Argumentation der »Erbfaktor« entscheidend ist, darüber hinaus auf multifaktorielle Erklärungen angewiesen.

An dieser Schlussfolgerung kann man Anstoß nehmen, es sei denn, man versteht, dass das Konzept der Multifaktorialität eine *Abwehr von Angst* darstellt, da sie unbewusst hilft, Entscheidungen zu vermeiden (s. Kap. 12, »Professionelle Angst«). Eine große Anzahl von Theorien aus sehr unterschiedlichen Blickwinkeln der Hirnbiologie, Genetik, Endokrinologie, Psychodynamik, Verhaltenstheorie etc. wird dadurch verständlich. Viele solche Studien weisen konkretistische Zusammenhänge mit einzelnen, mehr oder weniger isolierten »Prädiktoren« nach, um dann eine multifaktorielle Genese entstehen zu lassen. Das Konzept der Multifaktorialität führt letztendlich zum Versuch, die Unzahl der Daten miteinander in einem System zu verknüpfen, ohne sich mit dem *Wesen* der Angst in seiner emotionalen und unbewussten Komplexität zu konfrontieren.

Auch die Beantwortung der Frage nach der Genese der Angststörungen ist durch die Einstellung und den Ansatz eines Forschers geprägt. Wenn man sich gründlich und empathisch mit dem Patienten und seiner frühen Geschichte beschäftigt hat – mit seinen Erfahrungen von Angst in den frühen, prägenden Gruppen –, ist man auf das Hilfskonstrukt der Prädisposition oder Vulnerabilität für sein Verständnis nicht mehr angewiesen. Es bleibt nach klinischer Erfahrung *keine Frage mehr offen*. Ockhams Rasiermesser-Prinzip wird dann erfüllt.

10 Gruppendynamische und transgenerationale Aspekte der Angst

Gruppendynamik der Angst

Ich bin schon weiter oben auf manche gruppendynamische Aspekte der Angst eingegangen (z.B. im Zusammenhang mit dem Thema Psychosomatik). In diesem Zusammenhang kann Karl Menninger zitiert werden: »Die Beziehung des Kleinkinds zur Mutter (Nahrung, Wärme, Berührung, Gehaltenwerden usw.) ist die eigentliche Grundlage des Urvertrauens im Leben.«[1] Menninger antizipiert damit die späteren Erkenntnisse der Bindungstheorie.

Der amerikanische Psychiater Harry Stack Sullivan sieht Angst als Teil interpersoneller Prozesse; ihre Entstehung und ihre Manifestationen sind zwischenmenschlich bedingt. Sullivan hielt die Angst für einen wesentlichen Faktor nicht nur für die Psychiatrie, sondern auch für das Leben schlechthin.[2] Die Ansicht, dass Angst kein intraindividuelles, sondern ein interpersonelles Phänomen ist, hat wichtige Implikationen für das tiefere Verständnis und auch für die psychotherapeutische Behandlung der Angst. Die vorherrschende Sicht, die durch die psychoanalytische Forschung (und auch die moderne Bindungsforschung) zieht, sieht für die Entwicklung des Kindes die Mutter-Kind-Beziehung als maßgebend; erst spät in der Geschichte der Psychoanalyse kommt die Bedeutung des Vaters dazu,[3] und mit ihm der Begriff der »Triangulation«, der dem Vater keine genuin interpersonelle, sondern eher eine unterstützende Wirkung für das Kind zuschreibt.

Die Primärgruppe und ihre eigene bewusste und unbewusste Dynamik als Matrix der Entwicklung gewinnen erst später an Bedeutung.

Kaum eine traumatisierende Situation ereignet sich ohne eine aktive oder passive Beteiligung von Gruppen. Diese Bedeutung der Gruppendynamik gilt auch für die Entstehung pathologischer Angst, die ja mit wiederholten offenen oder verhüllten Traumatisierungen und Mikrotraumatisierungen in engem Zusammenhang steht.

Der Umgang mit Angst ist Teil des Umgangs gesamter Gruppen mit Gefühlen. Folgende gruppendynamische Aspekte sind für die Angst beim Kind von Relevanz:

– Wie gehen die Mitglieder der Gruppe (der Primärgruppe) mit den eigenen Ängsten um (tabuisierend, offen)? Der Umgang mit der Angst in der Primärgruppe prägt den Umgang des Kindes mit der eigenen Angst durch identifikatorische Prozesse.[4]
– Wie geht die Gruppe mit den Ängsten des Kindes um (verständnisvoll, empathisch oder ignorierend, disziplinierend, bestrafend)?
– Wird Angst als solche wahrgenommen und ausgedrückt oder wird sie als Aggression geäußert?
– Welche Ideologien findet man in den Gruppen bezüglich der Angst (z.B. Ideologie der Männlichkeit, der Stärke, des »Zähne-Zusammenbeißens«)?
– Wie werden die Geschlechtsrollen im Hinblick auf die Angst manifestiert (werden beispielsweise Jungen diesbezüglich anders behandelt als Mädchen)?

Die Angst des Individuums hat ihre gruppendynamische Geschichte. Günter Ammon beschreibt den gruppendynamischen Prozess bei Fällen, in denen das »schwächste Glied«

zum Träger sowohl der Angst als auch der Aggression der gesamten Familiengruppe wird, um die Homöostase der Gruppe aufrechtzuerhalten: »Im Gruppenprozess übernimmt jeweils das psychogenetisch prädestinierte Gruppenmitglied seine geeignete Rolle, z.B. reagiert der am meisten psychosenahe Patient psychotisch, wenn die gesamte Gruppe große Angst erleidet. In diesem Augenblick wird er zum Träger der Angst in der Gruppe. Es verhält sich hier mit der homöostatischen Balance der Gruppe ähnlich wie in einer neurotischen Familie, wo das schwächste Glied in die Rolle des Krankheitsträgers gedrängt wird.«[5]

Eine zentrale Frage im Rahmen der gruppendynamischen Betrachtungsweise lautet: Was drückt das Symptom »Ängstlichkeit« oder »Angststörung« für die gesamte Gruppe (Familie) aus? Und umgekehrt, was drückt die Gruppe (die Familie) für den Einzelnen aus? Unter diesem Aspekt gesehen, haben auch die verschiedenen Verhaltensstörungen im Kindesalter (einschließlich der zur Zeit modischen ADHS-Krankheit – des »Aufmerksamkeitsdefizits- und Hyperaktivitäts-Syndroms«) eine gänzlich andere Bedeutung. Ebenso ist auch hier zu fragen: Was drückt das Kind für seine Umgebung aus? Welche Bedeutung haben seine Verhaltensstörungen, seine Ängste im Kontext der Gruppe? Wer delegiert an das Kind seine nicht gespürte Angst?

Ein 15-jähriger Junge wurde in die Klinik mit der Diagnose eines Gilles-de-la-Tourette-Syndroms (einer Erkrankung, die mit skurrilen Verhaltensweisen wie Tics, obszönem Schimpfen etc. einhergeht) und einer hyperkinetischen Störung des Sozialverhaltens aufgenommen. Er war in einer psychiatrischen Klinik mit hohen Dosen des Präparats Methylphenidat (eines Medikamentes »gegen« ADHS) ohne Erfolg behandelt worden. Das klinische Bild zeigte einen sehr hoch gewachsenen, aber infantil wirkenden depressiven jungen Mann mit deutlichen borderline-haften Zügen und sehr niedriger Frustrationstoleranz sowie kognitiven Denkstörungen. Sein Verhalten war durch Ruhelosigkeit, Störung in Gruppen, Grimassieren, Schmatzen etc. gekennzeichnet. Es wurde bald deutlich, dass er mit diesem Verhalten die Aufmerksamkeit auf sich ziehen wollte, als wollte er auf das Groteske in seiner inneren Situation aufmerksam machen. Er war das ältere von zwei Kindern eines jungen Ehepaares; die jüngere Tochter war die »leicht Erziehbare«, »Erfolgreiche« gewesen. Die Eltern waren immer unterschiedlicher Auffassung im Hinblick auf die Erziehung, Streit und Unruhe dominierten in der Familie. Als er 12 Jahre alt war, erlitt der Vater einen Schlaganfall mit anschließender Halbseitenlähmung; der Patient hatte eine sehr starke Bindung zum Vater (die Mutter, die sich selber als Borderline-Kranke bezeichnete, lehnte die Krankheit des Sohnes kategorisch ab) und reagierte mit einer Zunahme der Unruhe (Hyperkinese), worauf er in einer jugendpsychiatrischen Klinik aufgenommen wurde. Während seines Aufenthaltes dort reichten die Eltern die Scheidung ein. Es folgte ein langer, für alle zermürbender Scheidungskrieg.

Die stationäre Behandlung konzentrierte sich stark auf die konstruktiven Aspekte seiner Persönlichkeit: seine ungewöhnliche Empathiefähigkeit, seine kindhaft-loyal wirkende Hilfsbereitschaft, die gute Intelligenz, die Spontaneität und den Humor. Die Unruhe, die Hyperkinese und die kognitiven Störungen wurden als Ausdruck seiner eigenen ausweglosen familiären Situation und insbesondere seiner Schuldgefühle verstanden, wobei er gruppendynamisch Träger der Angst und der ohnmächtigen Wut der Gesamtfamilie war – vor allem des hilflosen Vaters und der angepassten Schwester. Durch die empathische Einstellung der Therapeuten und die Beliebtheit bei den Mitpatienten (die »neuen Geschwister« schätzten seine skurrile Art und seine Originalität) entstand eine tragende Atmosphäre, *in der er sich wie in einer neuen Familie wohl fühlte. Er »spezialisierte sich« in »Hilfsaktionen« für Patienten, deren Rechte er laut vertrat, und in die Organisation von Festen in der Klinik; er zeigte neue Interessen, beispielsweise für das Kochen. In mehreren Familiengesprächen konnte die Problematik aus der Sicht des Patienten erklärt und seine Situation als »Balancierer« der Familie und »Fürsprecher« des Vaters (in der Klinik wurde diese Rolle in der Übertragung vom Chefarzt der Klinik übernommen) verstanden werden. Die hyperkinetische Unruhe und die Tics nahmen allmählich ab und verschwanden nach 5 Monaten stationärer Therapie vollständig. Nach der Entlassung begann er ein Praktikum als Kochhelfer und absolvierte es mit sehr guten Ergebnissen.*

Viele bekannte Kindergeschichten – vom Zappelphilipp (dem Prototyp des heutigen ADHS-Kindes), vom Suppenkasper, dem anorektischen Kind usw. – stehen im Zeichen des traditionellen psychiatrischen Denkens, das die Schuld dem Kind zuweist und es gleichzeitig für das Symptom bestraft; der Humor vermag nicht darüber hinwegzutäuschen. Wichtige Fragen werden nicht gestellt (welche unerträgliche Dynamik veranlasst das Kind, seine Unruhe, seine Angst durch »Zappeln« auszudrücken, wie ein eingesperrtes, »auf verlorenem Posten« kämpfendes Wesen?), weil die Aufmerksamkeit durch das »Faszinosum« der Symptomatik und die wissenschaftlich-biologischen Erklärungsversuche verstellt wird: Es entsteht gleichsam ein *Aufmerksamkeits-Defizit-Syndrom der Umgebung gegenüber dem Kind,* in der es in seiner Not nicht verstanden wird und zu »ungewöhnlichen« Ausdrucksmitteln greifen muss. Ähnlich im Falle des Suppenkaspers: Hat sich jemand um die Not des Kindes gekümmert oder nur um das Essen? Was drückt das unglückliche Kind damit aus? »Warum muss ein Familienmitglied verhungern?«[6] Auch die bekannten Märchen, die von verlassenen Kindern handeln – Hänsel und Gretel, Schneewittchen u.a. –, lassen die »gruppendynamischen« Fragen offen: Wieso werden Kinder ohne ihre Eltern allein durch den gefährlichen Wald geschickt? Wo war Schneewittchens Vater, der König, als die Stiefmutter es mit ihrer Eifersucht traumatisierte und es schließlich töten lassen wollte?

Gruppendynamisches bzw. systemisches Denken entlastet den Einzelnen, indem die individuelle Problematik als Delegation einer Gruppe angesehen und in der Gruppentherapie wieder auf die Gruppe »verteilt« werden kann. Gruppendynamik hat eine befreiende und therapeutische Wirkung. Der gruppendynamische Ansatz setzt ein Denken voraus, das dem Unbewussten, der Symbolik und dem konzeptionellen Denken verpflichtet ist; er kann nur dort therapeutisch wirken, wo das konkretistische Auflisten von Symptomen und von daraus resultierenden Krankheiten überwunden wird.

Die oben erwähnten gruppendynamischen Aspekte der Angst werden in aller Regel von Generation zu Generation weiter »vererbt«.

Transgenerationale Aspekte

Nicht nur die Gruppendynamik der Primärgruppe hat maßgeblichen Einfluss auf Qualität und Intensität der Angst beim Kind; die langen Schatten der Traumatisierungen früherer Generationen, die sich transgenerational weiter tradieren, können das Kind erreichen und sein Leben überschatten. M. Hirsch gibt in einem Artikel von 1975 ein Beispiel von »psychosomatischem Reaktionsmuster über drei Generationen [mit] der tradierten Dynamik der internalisierten primären Objektbeziehungen«.[7] Massing et al. basieren ihre »Mehrgenerationen-Familientherapie« auf der Weitergabe unbewusster und ungelöster Störungen und Konflikte an die Kinder.[8] Nach Ferreira werden Familienmythen auf ähnliche Weise von Generation zu Generation weitertradiert.[9] Jurek Becker beschreibt mit psychologischem Scharfsinn, wie ein KZ-Überlebender, der »einen Strich unter seine Vergangenheit ziehen«, d.h. sich der schwierigen Trauerarbeit nicht stellen will, aus seinem Sohn einen Boxer machen möchte, um diese Arbeit (und auch die Rache) an ihn zu »delegieren«.[10] Der Sohn weigert sich schließlich, die Trauer des Vaters zu tragen, sein Trauma zu »konkretisieren« und zu rächen.

Transgenerational »vererbt« werden in Familien nicht nur Traumata und nicht durchgearbeitete Trauerprozesse, die an sie delegiert werden,[11] sondern auch die Einstellung zur und der Umgang mit der Angst: das Verständnis oder Unverständnis für die eigenen Ängste und die des Kindes oder das »Verbot«, Angst auszudrücken, aus der eigenen Geschichte. Auf diese Weise werden bewusst oder unbewusst auch Normen und Ideologien weitergegeben, die die Angst und »Ängstlichkeit« (als Synonym zur »Feigheit« oder »Unmännlichkeit« verstanden) verbieten, beschämen oder erniedrigen bzw. belächeln. Jeder kennt die Reaktion einer Schulklasse auf den »Angsthasen« oder, umgekehrt, auf den furchtlosen »Klassenhelden«, und die Macht solcher sozialen Urteile. Die Indoktrination der Kinder in ihren Familien wird weitertradiert und in Gruppenkultur und Gruppenideologie umgeformt. Transgenerational tradierte Ideologien nehmen oft, durch unbewusste Identifikationsprozesse,[12] die Form von moralischen Normen an – »ein Mann kennt keine Angst« – und sind kulturell prägend. Wenn ideologischer Druck (wie im Faschismus oder anderen Diktaturen) auf familiäre Ideologien oder ihre unbewussten Äquivalente trifft, dann werden sie fruchtbar oder potenzieren sich gegenseitig. Solche Normen werden auch dann weitergegeben, wenn sie auf der bewussten Ebene – oft vehement – angefochten oder, was häufiger ist, ins Gegenteil verkehrt werden.[13] Ein Beispiel sind rassistische Ideologien wie der Antisemitismus, die oft unbewusst weiter persistieren, da sie hinter einer bewussten Ablehnung identifikatorisch verinnerlicht werden können.[14]

> *Ein älterer US-amerikanischer Offizier erklärte mir vor vielen Jahren, dass in seinem Land Rassismus praktisch nicht mehr, oder wenn, nur unter den unkultivierten Schichten existiere. Er gab einige persönliche Beispiele aus seinem Freundeskreis. Auf die Frage: »Wie würden Sie reagieren, wenn Ihre Tochter mit einem Schwarzen nach Hause käme?« antwortete er rasch und spontan: »Ich würde ihn erschießen.«*

Der jüdische Humor registriert die ins Gegenteil gekehrte, abgewehrte Variante: »Was ist ein Philosemit?« »Ein Antisemit, der die Juden mag.«

Auf diese Weise werden ganze Vorurteilssysteme über viele Generationen »gepflegt«, die unbewusst bleiben oder nur in ihrer oberflächlichen Form weiterleben. Dazu gehören auch Vorurteile gegenüber Minderheiten, die sich unter anderem in volkstümlichen Witzen entladen. Dass solche Witze nicht nur lustig, sondern auch gefährlich sein können, insbesondere wenn ein Diktator oder ein diktatorisches System sich dieser latenten Vorurteile bemächtigt und für seine Zwecke instrumentalisiert und mobilisiert, bedarf hier keines weiteren Kommentars; das tragische Beispiel der Nazizeit ist nur eines von vielen. Kriege, Pogrome und auch Mobbing-Dynamiken werden oft systematisch mit der »Belebung« der rassistischen oder nationalistischen Feindbilder vorbereitet (vgl. den eindrucksvollen Film von D. Gansel, »Die Welle«[15]).

Wesentlicher Teil der transgenerationalen Weitergabe von

Mut-Ideologien ist ihre radikale Abwehr von Angst. »Wenn ein Schimpansenbaby sich verletzt«, schreibt Arno Gruen, »wird es sofort von seiner Mutter aufgehoben und umsorgt. Bei uns zivilisierten Menschen ist es nicht ungewöhnlich, dass Vater und Mutter gerade aus diesem Grund wütend werden [...]. Als ein kleines Mädchen auf einer Eisbahn ausrutschte und sich das Gesicht verletzte, reagierten die Eltern wütend und befahlen ihm, zur Strafe nach Hause zu gehen. Eltern schützen ihre Kinder nicht, weil man nicht hilflos sein darf. Ihre Kinder dürfen nicht Opfer sein, weil sie in ihrer eigenen Kindheit selbst einmal eins waren und sich dafür schämen mussten. Eltern geben weiter, was ihnen selbst angetan wurde. Sie bestrafen ihre Kinder für das, was sie lernten, in sich selber abzulehnen und zu hassen, nämlich Verletzlichkeit und Hilflosigkeit.«[16] Angstintoleranz wird so fortgeschrieben und erzeugt Angstintoleranz.

Die Psychoanalytikerin Christa Rohde-Dachser stellt fest: »Borderline-Patienten können nicht trauern, und sie wollen es auch nicht.«[17] Diese »Verweigerung der Trauerarbeit« ist schon bei ihren Eltern und Großeltern zu finden. Die Journalistin Sabine Bode geht in ihrem Buch »German Angst« den Spuren der verweigerten Trauerarbeit in Deutschland nach, in Individuen wie in Politik und Wirtschaft, und stellt tiefe transgenerational tradierte, unbewusste Existenzängste fest, »die aus noch unverarbeiteten Kriegserlebnissen stammen«[18] und auch der »weiterwuchernden Regulierungswut« und »Kontrollsucht«[19] zugrunde liegen. Die Erfahrungen aus zahlreichen Therapien und Gesprächen mit Eltern und Großeltern von Patienten bestätigen, dass tief verankerte, hartnäckige und oft aus der Einzeltherapie nicht ganz »nachvollziehbare« Angststörungen, Schuldgefühle, Scham und Aggression ihre Wurzeln in vergangenen Generationen und ihren unverarbeiteten Konflikten und Gewissensproblemen haben.

Die Verdrängung der Therapeuten ist in der Regel nicht weniger »hartnäckig« als die ihrer Patienten. Der Forderung nach einer Ausdehnung der Patientengeschichte (Anamnese) über die Generation der Eltern hinaus und auf die Frage, was diese in der Kriegszeit erlebt haben, kommen die Mitarbeiter vieler psychotherapeutischer Kliniken bis heute nur widerwillig nach.

Die bindungstheoretische Forschung hat die Annahme der transgenerationalen Weitergabe mit der Feststellung der »Vererbung« von Bindungsverhalten bzw. Bindungsstil durch »ungelöste Verluste oder Traumata« untermauert.[20] Traumatisierte Eltern bzw. Elternteile haben überdurchschnittlich häufig Kinder mit desorganisierter Bindung.[21]

II Die Angst vor der Angst

11 Einige Bewältigungs- und Abwehrstrategien der Angst

> Niemand sieht sich zum Handeln veranlasst
> oder entschließt sich auch nur ein Wort zu
> sprechen, wenn er nicht hofft, durch diese
> Handlung oder durch dieses Wort die Angst
> aus seiner Seele zu verbannen.
> *Ali Ibn Hazm, genannt al-Andalusi*
> *(994 – 1064)*

> Wenn der Wanderer in der Dunkelheit singt,
> verleugnet er seine Ängstlichkeit,
> aber er sieht darum um nichts heller.
> *Sigmund Freud 1926*

Wie die Übergänge und Überlappungen zwischen den Manifestationsformen der Angst sind auch die Übergänge und Überlappungen zwischen ihren Bewältigungs- bzw. Abwehrformen fließend. Hier werden nur einige typische Formen der Angstabwehr geschildert, hinter denen die zugrunde liegende Urangst mehr oder weniger verborgen bleibt. Die »neurotische« Form, deren soziokulturelle Akzeptanz deutlich ist, gilt als mehr oder weniger »normale« Verhaltensweise. Oft ist schwer im Einzelfall zu sagen, ob es sich um verschiedene Gesichter bzw. Manifestationsformen der Angst oder um ihre Abwehrformen handelt.

Sullivan spricht von »Sicherheitsoperationen«, Battegay von »Sicherungssystemen« der Angstabwehr. Sie sind unvollkommen, leiten aber die Urangst in eine überschaubarere Richtung um und werden phänomenologisch als eigene Krankheiten oder Symptome von außen wahrnehmbar. Über die Menschen, die solche Abwehrsysteme benutzen, schreibt Battegay:»Sie bauen sich ein Sicherheitssystem auf, das ihnen scheinbar Ruhe gewährt, in dem sie aber doch leiden müssen und nicht oder nicht voll am Leben teilhaben können.«[1] Wenn auch die Urangst dieselbe Quelle bleibt, hat jeder Mensch seine eigenen, persönlichen Formen der Angst und seinen individuellen Angstabwehr-»Stil«, der meistens zeitlebens bestehen bleibt: z.b. Rivalitätsangst, Bereicherungszwang, Streben nach Macht, Aktionismus bzw. eine individuelle Kombination von diesen. Sie entstehen in der Kindheit als effiziente Mechanismen und setzen sich im Erwachsenenalter entsprechend fort.

Eine ca. 40-jährige Patientin, die unter Schwindel litt und deshalb seit längerer Zeit arbeitsunfähig war (mehrere klinische Untersuchungen konnten keinen organischen Grund für den Schwindel finden), wurde in stationäre psychotherapeutische Behandlung aufgenommen. Die ausführliche Exploration ergab folgende Ausdrucks- bzw. Abwehrformen der Angst, die einen individuellen, durch ihre Lebensgeschichte in jedem Detail nachvollziehbaren Komplex bildeten:
- *Schwindelattacken*
- *Psychosomatische Störungen (Adipositas, arterielle und venöse Störungen)*
- *Panikanfälle*
- *Phobische Symptome, u.a. Agoraphobie*
- *Depression*
- *Zwang (Zwangshandlungen und Rituale)*
- *Hyperaktivität.*

II Die Angst vor der Angst

Die Strategien, die ein Mensch gegen die Angst entwickelt, spielen eine zentrale Rolle – möglicherweise die wichtigste überhaupt – in der Gestaltung der Persönlichkeit. Diese Strategien können zudem auch einen sekundären Gewinn in Form von Sicherheit, Macht oder Lust bieten: Beispiele sind der Lustgewinn des Süchtigen oder das Ordnungs- und Sicherheitsgefühl des Zwanghaften. Dadurch gewinnt die doppelte Kraft von Angstkontrolle und Sicherheit bzw. Lustgewinn eine gestaltende Bedeutung. Die »persönlichen« Abwehrstrategien erscheinen meist schon in der frühen Kindheit. Das Kind macht die Erfahrung, dass sie vor übermäßiger Angst schützen oder die Angst mildern. Winnicott spricht von »Übergangsphänomenen« (analog zu »Übergangsobjekten«, die die Abwesenheit der Mutter abmildern sollen).[2] Ihre angstlindernde Wirkung bleibt auch später im Leben. Winnicott sieht darin die Grundlage des Spiels beim Kind und der Kreativität beim Erwachsenen.

Wie die Manifestationsformen der Angst, so sind auch die Angstabwehr-Strategien kulturellen Einflüssen unterworfen. Man könnte in dieser Hinsicht von traditionell »männlichen« Abwehrformen sprechen (freilich im Sinne der konventionellen geschlechtlichen Rollenbildung), wie z.B. Aggression, Kampf, Rivalität und Aktionismus, und traditionell »weiblichen« Formen, wie Phobien, Rückzug in die Depression oder Erotisieren.

Die Bewältigungsstrategien wirken auf verschiedenen Niveaus, vom »niedrigen« Niveau der Psychosomatik und der Dissoziation über die verschiedenen Stufen der Verdrängung und Flucht bis zu den sozial sanktionierten Bewältigungs- und Abwehrstrategien eines »Gesunden«; manche von ihnen gehören zur Normalität des Alltags und der Gesellschaft. Auch die heutzutage übliche Musiküberflutung in Restaurants, Hotels, Flughäfen etc. dient dem Zweck, den Menschen nie alleine zu lassen mit sich und den anderen, folglich auch nicht mit seiner Angst. Arthur Koestler machte bereits 1969 ironisch auf diese allgegenwärtige Musikberieselung aufmerksam: »Und die ganze Zeit, Tag für Tag auf jede Art, die schlammigen Fluten der Musak [so nennt Koestler die Klangüberflutung im Unterschied zur Musik] gießen sich auf dich herab, hinein berieselt in den Aufzug, die Lobby, die Toilette, Bar, ins Restaurant, Schwimmbad, auf dem Korallenstrand – ein unaufhörlicher, unausweichlicher tonaler Durchfall.«[3] Fast 30 Jahre später beschreibt Ariel Denis in seinem Romanbericht »Stille in Montparnasse« die psychologische Wirkung der ubiquitären Lärmbelästigung in der Großstadt unserer Tage.[4]

Wie im Falle der Angstmanifestationen (vgl. Kap. 7) ist die nachfolgende Einteilung der Abwehr- bzw. Bewältigungsmechanismen der Angst keineswegs spezifisch für irgendein psychisches Krankheitsbild, noch für eine bestimmte psychische Struktur. Sie besitzen aber eine gewisse Qualität, die in Verbindung mit dem Strukturniveau der Persönlichkeit häufiger vorkommt. Beispielsweise kann man die Abwehrform des Rivalisierens ebenso bei »Neurotikern« wie bei Borderline-Kranken oder bei Psychosomatikern finden; der »neurotische« Aktivismus ist lediglich die »mildere«, jedenfalls die sozial akzeptierte Form der »unruhigeren« Hyperaktivität. Konkretismus ist bei allen psychischen Störungen vorhanden, am ausgeprägtesten bei Menschen mit einer psychosomatischen Struktur und bei Psychotikern, er ist aber nicht weniger charakteristisch für die Borderline-Störung und manche »Normale«.

Angstabwehr-Strategien treten selten in Reinform auf. Generell kann man sagen, dass es so viele Manifestations- und Bewältigungsformen der Angst gibt wie Individuen.

II Die Angst vor der Angst

Durch scheinbares Ignorieren gekennzeichnete (»neurotische«) Abwehr- und Bewältigungsformen

Verdrängung

Die Verdrängung war schon Thema weiter oben in Verbindung mit der sog. »normalen« Angst; ihre neurotische Qualität, die impliziert, dass sie eine höher strukturierte, »gesündere« Form der Abwehr darstellt, darf nicht von der Tatsache ablenken, dass ihre Implikationen, besonders auf der globalen Ebene – als Verdrängung der gesamten Menschheit – gefährlich, ja, fatal sein können. Auch Anna Freud vertrat die Ansicht, dass Verdrängung nicht nur der wirksamste, sondern auch der gefährlichste Mechanismus sei, der »durch den Bewusstseinsentzug« die »Abspaltung vom Ich« bewirken könne.[5]

Aktionismus

Aktionismus ist vielleicht die am meisten verbreitete – und auch gesellschaftlich sanktionierte – Art, mit Angst umzugehen. Der stets aktive, »fleißige«, oft auch innovative »Workaholic« täuscht oft darüber hinweg, dass er unter seiner produktiven Unruhe Angst und Leeregefühl verbirgt. Das wird erst dann sichtbar, wenn er seiner Arbeit, seiner vielfältigen Tätigkeiten beraubt wird. Dann wird er ängstlich, aggressiv wie ein Süchtiger, dem der Stoff ausgegangen ist.

Ein gewisser Aktionismus wird in unserer leistungsorientierten Gesellschaft oft als Leistung missverstanden und honoriert. Aktivität und Leistung hängen eng zusammen in unserer heutigen Kultur, die von Unruhe und Wettbewerb auf allen Gebieten bestimmt ist. »Immer besser, immer schneller, immer leistungsfähiger« ist die Devise, die nicht nur das Konsumverhalten, sondern auch das Verhalten im Allgemeinen bestimmt. Schon in der ersten Schulklasse wird Konkurrenzverhalten eingeübt und das Intellektuelle auf Kosten des Emotionalen belohnt. Solidarität zählt nicht mehr zu den erstrebenswerten Verhaltensweisen. Viele Menschen leben in einer ruhelosen Suche nach Aktion und vermeiden jede Form von Stille. Fieberhafter Aktionismus greift um sich, Tausende müssen surfen, gleiten, rennen, fliegen, suchen nach »Fun« und Geschwindigkeit. Die Großstädte werden von Unruhe, Reklame, schnellen, lauten Autos und eilenden Menschen bestimmt. Im Fernsehen verführen früh »Action«-Filme, Krimis, Shows und Wettbewerbe aller Art die Kinder, »bereiten« sie auf den späteren Geschmack vor. Erst wenn Kinder und Jugendliche aufgrund ihrer inneren Unruhe durch Leistungsminderung und »Hyperaktivität« in der Schule auffallen, wird das Krankhafte erkannt.

Menschen werden immer noch in der Regel danach geschätzt, was sie geleistet haben, ohne dass man die Leistung und deren psychologische Grundlage hinterfragt. Dies führt dazu, dass Kinder nicht nur durch die Schule, sondern auch durch ihre Eltern nach Leistungen beurteilt werden und das emotionale Annehmen des Kindes oft von seinen Leistungen abhängt. In Extremfällen, die von zahlreichen Patienten bekannt sind, wurde die Liebe der Eltern mit den Leistungen des Kindes (z.B. mit den Schulnoten) gekoppelt, sodass das Kind gut lernen musste, um geliebt zu werden. Bestrafung durch Liebesentzug im Falle schlechter Leistungen gehörte (und gehört leider noch immer) zu den häufigen Strafen, die im Grunde psychische Misshandlungen sind und zu Traumatisierungen führen, die jedoch in der Gesellschaft – und auch juristisch – nicht als solche gelten.

Menschen, die ihre Angst vor allem durch Aktionismus kompensieren, stehen vor einem wahren Abgrund, wenn sie sich berenten lassen oder arbeitslos werden; oft fängt ein unaufhaltsamer Verfall nicht nur im Geistigen, sondern auch im Körperlichen an, der in die heute modisch gewordene Diagnose »Demenz« mündet.

Die psychodynamische und gruppendynamische Determinierung des Aktionismus als Angstabwehr wird durch folgende Fallgeschichte illustriert:

Ein ca. 30-jähriger Mann kam in die Klinik wegen einer depressiven Symptomatik, die seit der Trennung von einer langjährigen Freundin aufgetreten war. Es war seine erste Therapie. Im Bericht über sein Leben war zuerst alles »normal«; er war geschätzt und erfolgreich im Beruf, hatte mehrere Freunde, trieb Sport. Erst allmählich stellte sich – durch die »Unerträglichkeit« der stark eingeschränkten Aktivität in der Klinik – heraus, dass der Patient gewohnt war, sich exzessiv zu betätigen. Seine sportliche Aktivität erstreckte sich auf mehrere Disziplinen, beruflich war er täglich bis zu 16 Stunden beschäftigt, mit der Freizeit der Wochenenden hatte er erhebliche Schwierigkeiten gehabt und versuchte, diese mit erhöhtem Alkoholkonsum zu überbrücken. Psychodynamisch wurde die extreme Leistungsorientiertheit verständlich nach dem Gespräch mit dem Vater des Patienten: Auch dieser hatte versucht, der Ruhe zu »entfliehen«, indem er sich beruflich überengagierte und es zum »Erfolg« brachte; sein Sohn hatte nur über den Weg der Anerkennung von Leistung (im beruflichen und sportlichen Sinn) zum Vater Kontakt bekommen können. Die »Unauffälligkeit« seines Lebens, die er anfangs nach außen trug und die auch die Therapeuten zunächst »verführte«, war eine genaue Widerspiegelung der »Normalität«, mit der die Familie des Patienten (und die Gesellschaft) solche Aktivität akzeptiert.

Streben nach Macht

Macht ist, neben Besitz und Geld – mit denen sie faktisch und psychologisch eng verwandt ist –, am besten geeignet, innere

Leere, Identitätslosigkeit und Sinnlosigkeit zu füllen; sie ist mit sozialem Prestige verbunden, schafft große materielle und psychologische Vorteile und schart unterwürfige, opportunistische bzw. parasitäre Individuen um den Mächtigen, deren Persönlichkeitsstruktur der seinen ähnlich ist. Diktatoren und Mächtige aller Zeiten liefern Beispiele dafür, wie das Streben nach Macht das »Loch im Ich«[6] füllen kann; vor allem aber dafür, wie sie Angst betäuben kann. Die strenge Hierarchie in der Diktatur ermöglicht das Projizieren der eigenen Angst auf den Despoten, in Form einer Furcht vor ihm, deren Ausmaße der abgewehrten, zugrunde liegenden inneren Angst entsprechen.

Dieselbe innere Angst wird aber auch auf die Opfer der Macht und der Unterdrückung abgewälzt; Menschen mit nicht gespürter, defizitärer Angst »müssen« förmlich andere in Angst halten, Terror verbreiten, damit sie ihre Angst abwehren können.

Die Kenntnis der Kindheitsgeschichten solcher Menschen, mit ihrer Unterdrückung und Anpassung, mit der Mischung von Angst und Aggression, die aus dem chronischen Nichtgeliebt-Sein, Nicht-verstanden-Werden stammt und nach Ausdruck strebt (und in diktatorischen Regimes leicht findet), lässt diese Charakterpathologie nachvollziehbar werden. Arno Gruen hat in »Der Fremde in uns«[7] die Biographien von Hitler, Göring, Frank und anderen unter dem Aspekt der Unterdrückung des »Fremden«, d.h. des nicht zugelassenen eigenen Leides, wozu insbesondere die ungeschützte frühe Angst gehört, ausführlich analysiert.

Göring, der Furchtlose mit der defizitären Angst, dem zahlreiche »Heldentaten« schon im Ersten Weltkrieg zugeschrieben wurden und der in der Nazizeit für seine Grausamkeit und kalte Skrupellosigkeit berüchtigt war, meinte: »Nicht ich lebe,

II *Die Angst vor der Angst*

sondern Hitler lebt in mir«, und vertraute Hjalmar Schacht an:
»Jedesmal, wenn ich ihm [Hitler] gegenüberstehe, fällt mir das
Herz in die Hosen.«[8]

Die »Wirksamkeit« der Macht als Angstabwehr-Strategie wird
deutlich, wenn man die Gesichter von Diktatoren sieht, nachdem sie ihrer Macht beraubt wurden. Man denke an Ceau-
şescu oder Saddam Hussein als Beispiele: elende, verängstigte
Gestalten, blasse Schatten früherer »Größe«. Die Intensität
des Machthungers ist proportional zur Intensität der abgewehrten Angst.

Besitzsucht

Streben nach Besitz gehört in die unmittelbare Nähe des Strebens nach Macht. Früh wurde erkannt, dass ein Aspekt des
Besitzstrebens auch in der Milderung der Angst besteht.[9] Man
betrachte die panikartige Angst vor dem Verlust des Besitzes,
des Geldes bei vielen reichen Menschen, die ihr ganzes Leben
beherrscht. Der Verlust des Besitzes geht mit einer hohen
Suizidrate einher.

Bowlby hat in seinen Untersuchungen von verlassenen,
deprivierten Kindern beschrieben, wie diese Kinder nach
einer »kritischen« Zeit der Verlassenheit durch die Bezugs-
person (meistens die Mutter) »zunehmend egozentrisch werden [und] statt [ihre] Wünsche und Gefühle auf Menschen
zu richten, von materiellen Dingen wie Süßigkeiten, Spiel-
sachen und Nahrung präokkupiert werden [und allmählich]
gierig auf die mitgebrachten Geschenke« reagierten.[10] Es ist
unschwer, in diesen Beobachtungen die Wurzeln der Besitz-
gier, des Besitzes als Ersatz von verlorener Liebe und Zuwendung und später als Ersatz von eigener Identität zu erkennen.

Diese Art der Angstabwehr wird nicht nur sozial gebilligt,
sondern auch stark gefördert, denn sie stellt die Hauptachse

unserer Marktwirtschaft dar, die auf Kaufen, Verkaufen und Profit aufgebaut ist. Darin scheint die Erklärung der Tatsache zu liegen, dass es dem Menschen bisher nie gelungen ist, ein anderes lebensfähiges Wirtschaftssystem zu kreieren.

Urangst wird meist nicht bewusst erkannt, sondern mit der Suche nach Sicherheit kompensiert. Je größer die existenzielle, nicht gespürte Angst, desto größer das Bedürfnis nach Sicherheit. Die moderne Gesellschaft bietet Versicherungen für jede Gefahr; alles kann versichert werden. In früheren Zeiten waren die große Familie, die eigenen Kinder – neben dem Besitz – »Garanten« der Sicherheit für Alter und Krankheit. Diese traditionelle »Sicherheit« wurde von Sozial-, Alters-, Lebens- und Krankheitsversicherungen ersetzt, die die Angst vor der allgegenwärtigen Unsicherheit »betäuben« sollen. Doch die größte »Sicherheit« verspricht der Besitz und das Geld; gleichzeitig aber schwingt die Befürchtung mit, es zu verlieren. Hinzu kommt, wie bei der Macht, die Identitätsersatz-Eigenschaft des Besitzes: »Du bist, was du hast«.

Die Besitzsucht ist meist mit Verarmungsangst gepaart. Während aber Verarmungsangst oft als pathologisch erkannt wird, weil sie sich durch ständige Spannung und spürbare Verlustangst manifestiert, wirkt die Besitzsucht nach außen normal. Oft ist sie mit Geiz in unterschiedlichem Ausmaß gepaart. Sie ist insgesamt sozial und kulturell akzeptiert und bekommt durch das Ideal vom »glücklichen Leben« einen sehr hohen Wert. Diese sekundären Vorteile der Besitzsucht verschleiern weitgehend ihren krankhaften Charakter und die Tatsache, dass diese Sucht tiefe Angst verdeckt und kompensiert. Bei jeder Sucht zeigt sich die Schwere der Pathologie erst dann, wenn das Suchtmittel entzogen wird – so auch bei der Besitzsucht. Menschen, die nach einer Karriere durch Pleite oder sonstiges Unglück »alles« verloren haben (bereits der Ausdruck »alles« ist hier bezeichnend), fühlen sich selbst vernichtet. Selbstmord ist häufig, weil Besitz und Identität, »Haben und Sein« (Fromm) dabei eng miteinander verknüpft sind.

Diese häufige Abwehrform der Angst führt zu einem »Lebensstil«, der den Besitz und seine Vermehrung zum einzigen Sinn und Mittelpunkt macht. Der Mensch ist abhängig geworden von dem von ihm geschaffenen Besitz; Spekulation, Überlistung, oft mit Korruption, bestimmen sein ganzes Leben. Gruen macht auf den gleichen Mechanismus der Besitzergreifung von Dingen *und* Personen aufmerksam.[11] Der Verlust von symbiotisch angeklammerten Personen löst in der Tat ganz ähnliche Symptome der Verlassenheit aus wie der Verlust des Besitzes; beides führt nicht selten zum Suizid, da der Sinn des Lebens oder vielmehr sein Ersatz nicht mehr existiert.

Delumeau beschäftigte sich mit der Panik, die auf Börsenzusammenbrüche folgte – z.B. am so genannten »Schwarzen Freitag«, dem 24. Oktober 1929, in der Wall Street: »In all diesen Fällen brach eine irrationale, sich rasch verbreitende Panik aus, geboren aus der nackten Angst vor dem Nichts […]. Das Spiel der Börse, von dem leider so viele menschliche Schicksale abhängen, kennt letztlich nur eine Regel: den Wechsel zwischen übertriebener Hoffnung und panischer Angst.«[12] Die »nackte Angst vor dem Nichts«, die hinter dem »thrill« (Balint) lauert, ist die existenzielle Angst. Das erklärt den Panik-Charakter solcher Krisen. Auf den angstgebundenen, aber auch »libidinösen« Aspekt des Geldes hat sich der frühe Freud-Schüler Abraham in seiner Schrift »Das Geldausgeben im Angstzustand«[13] beschäftigt. »Das Ausgeben des Geldes ist der Gegenpol zum Anhäufen desselben, beide beruhen jedoch auf dem gleichen angstökonomischen Prinzip.«

Ein ca. 50-jähriger Patient mit krimineller Vergangenheit kam wegen familiärer Konflikte in psychotherapeutische Behandlung. Geld und Besitz waren immer schon sein einziges Interesse gewesen, deshalb schreckte er auch nicht vor Raub zurück, als er von einem »Kumpel« dazu verführt worden sei. Sein Verhältnis zum Geld war eindeutig erotisch. Er litt auch unter Verarmungsängsten. Er war in einer emotional kalten Familie aufgewachsen, hatte eine besitzergreifende Mutter, die ihn noch als Erwachsenen symbiotisch festhielt und ihm Schuldgefühle einflößte. Zu dem sehr distanzierten Vater konnte er als Kind nur Kontakt bekommen, wenn er zu Geld kommen konnte. Seine erste Erinnerung an den Vater war, dass dieser ihn fragte: »Was ist das Wichtigste auf der Welt?« Der kleine Junge antwortete, indem er mit den Fingern das Geldzählen zeigte. Daraufhin lächelte der Vater (»das Einzige, was ihn zum Lächeln brachte«). Im Laufe der Therapie wurde deutlich, dass hinter der Besitzsucht die Sehnsucht nach der Anerkennung durch den Vater, aber auch die Möglichkeit der Autonomie und »Befreiung« von der Mutter standen. Die Angst zu verarmen entsprach der existenziellen Angst des verlassenen Kindes, dem »versprochen« worden war, dass man es erst dann annehmen und lieben würde, wenn es einmal reich werden würde.

Genusssucht

Die Genusssucht ist eine harmlosere, besonders in wohlhabenden Schichten weit verbreitete, wirtschaftlich und kulturell geförderte Variante der Sucht; das Moment der Sucht, der Abhängigkeit, wird dadurch deutlich, dass der »Entzug« eines Genussmittels Angst verursacht – nur wird diese nicht als klinisches Symptom gesehen; der Betreffende findet meistens einen sozial akzeptablen Ersatz.

Die Genusssucht und ihre sozioökonomische Auswirkung, die Konsumeinstellung, sind zum »Lustprinzip« der Indust-

II Die Angst vor der Angst

riegesellschaft avanciert. Die kapitalistische, heute auch globa-
lisierte Weltwirtschaft würde wie ein Kartenhaus zusammen-
brechen, wenn die weltweite Nachfrage nach Genuss plötzlich
abnehmen würde. Sogar ein geringfügiger Rückgang der
Kaufkraft oder -lust der Bevölkerung erzeugt Panik; kein
Wunder also, dass die gesamte Wirtschaft mit Hilfe einer
ganzen Armee von Psychologen damit beschäftigt ist, den
ununterbrochenen Kaufhunger der Massen in Gang zu halten – und, wenn möglich, zu steigern. Eine derartige Wirt-
schaftsstruktur, die auf künstlich erzeugtem Konsumbedarf
basiert, ist in sich pathologisch. Sie hat sich auch im sog. sozi-
alistischen Wirtschaftssystemen nicht grundsätzlich geändert,
weil die Duplizierung der psychologischen und wirtschaftlichen, auf Nachfrage beruhenden Bedürfnisse im Grunde
unverändert geblieben ist.

Faszination der Technik

Der moderne Mensch ist »gebannt durch die Möglichkeiten
der Angstabwehr, die in der Technik begründet liegen […]. In
diesem kommunikationslosen Dasein wird sich seiner aber
erst recht die Angst bemächtigen.«[14] Die Faszination der Technik hat bezüglich der Angst einen Abwehrcharakter.

Das Faszinosum des Technischen ist so alt wie der Mensch.
Der Computer und die Informatik haben jedoch einen besonderen Reiz, sie erfordern eine konkretistische, »linkshirnige«
Art von Intelligenz, die besonders unter Jugendlichen weit
verbreitet ist und suchtförmig wirken kann. Die Orientierungslosigkeit der Jugend in unserer Zeit prädisponiert gerade für diese Art der Faszination. Die Wirtschaft und die
Industrie haben das schier unbegrenzte Konsumpotenzial des
Computers und der Mikroelektronik früh erkannt und produzieren in Schwindel erregendem Tempo immer neuere
Entwicklungen von Spielen, Unterhaltungsapparaturen, Foto-

und akustischen Geräten, Mobiltelefonen und zahlreichen anderen Apparaten, deren ungewöhnliche Leistungen oft unnötig sind, aber für viele faszinierend wirken und den Appetit zum Dauerkonsum erregen und damit eine wirksame Abwehr der Angst, besonders bei der Jugend, ermöglichen.

Übermäßiges Rivalisieren

Betrachten wir einmal eine banale Szene in einer deutschen Großstadt vor einer Ampel, nach der aus der zweispurigen Straße eine einspurige wird: Auf der rechten Spur versammeln sich die »Starken«, die mit hoher Präzision den genauen Augenblick des Grünwerdens der Ampel kalkulieren, um darauf blitzschnell zu reagieren und den Fahrer der linken Spur rechtzeitig von rechts zu überholen. Besonders wenn es sich um Landstraßen oder bestimmte Autobahnstrecken nachts handelt, ist die Gefahr oft groß und man bekommt den Eindruck, als ginge es dem Fahrer um Leben und Tod, als riskierte er sein Leben, um Erster zu sein. »Eile« kann es kaum sein – manche motorisierte Helden dieser Art demonstrieren das, indem sie sofort nach der Überholung verlangsamen und zeigen, dass sie keine Eile haben. Solch rabiates und riskantes Verhalten muss tiefere Gründe haben: Nicht das Eilighaben schafft die Unruhe, sondern die innere Unruhe das Eilighaben. Hier handelt es sich um ein Leeregefühl, das mit Geschwindigkeit, mit Aggression, mit Rivalität und Demonstration der »männlichen« Überlegenheit (Potenz) kompensiert werden *muss*, indem einer drohenden Angst vor Sinnlosigkeit ein kurzlebiger, scheinbarer »Sinn« entgegengesetzt wird: ein Surrogat von Bedeutungsgefühl durch Überlegenheit. Das Beispiel des Autofahrens ist deshalb interessant, weil in ihm deutlich wird, welcher tieferen Logik die Koalition von Wirtschaft (immer leistungsstärkere Autos produzieren) und Psychologie gehorcht.

Auch die häufige Karrieresucht entspricht einer Abwehrform, die diese Manifestation der Angst mit dem Streben nach Macht kombiniert. Solche Menschen müssen sich ununterbrochen mit anderen messen, andere überwinden, die Besten sein, da in ihrer Geschichte nur durch höchste Leistung Zuwendung, Liebe (und dadurch auch Schutz vor der Angst) gewährt wurden.

Rivalität hat mehrere Aspekte, die einander potenzieren können: Spiel, Neid, Eifersucht, Aggression, kämpferischer Kontaktversuch, Erotik, Machthunger spielen darin eine Rolle. Aber es liegt nahe, den Hauptgrund für zwanghaftes, übermäßiges Rivalisieren in der Angstabwehr zu suchen. Abgewehrt wird damit die narzisstische Angst vor Bedeutungslosigkeit, vor mangelndem Sinn im eigenen Leben. Je unkontrollierter, unwiderstehlicher das Rivalisieren ist, umso mehr stellt es eine Abwehrstrategie gegen unbewusste existenzielle Ängste dar. Im symbolischen Akt des Überholens liegt nicht zuletzt das Gefühl des Lebendigseins, das Gegengefühl der Todesangst, verborgen.

Gewohnheiten

Gewohnheiten sind die »gesündeste«, harmloseste Form der Angstabwehr. Sie vermitteln uns Sicherheit. Wir wissen, woran wir sind und wie es weitergeht. Wir pflegen, ohne es zu wissen, Hunderte von Gewohnheiten, die uns den Alltag füllen und regeln, ihre Bedeutung ahnen wir nicht, wenn wir uns mit ihnen nicht beschäftigen. Auch ein »gesunder Mensch« ist auf seine Bewältigungsstrategien gegen die Angst angewiesen. »Harmlos« sind sie so lange, wie sie ihn nicht in ihrer Intensität und Unverrückbarkeit dominieren. Ihre kontaktdosierende Wirkung dient der Stabilität und Geborgenheit durch Regulation von Nähe und Distanz; dazu gehören das gemeinsame Essen, verschiedene sportliche und andere Rituale und Unternehmungen etc. Paul Groussac, ein französischer Schriftsteller, formulierte es 1904 zutreffend: »Ohne Zweifel: Das Heim, die Familie, die bekannten geliebten Gesichter, die Arbeit, die regelmäßige Abfolge gewohnter Tätigkeiten müssen allesamt Marksteine und Anhaltspunkte sein, die den gefährdeten Verstand im Gleichgewicht halten. Sie geleiten ihn durch das Labyrinth der Klippen, an denen er scheitern könnte: nach Art der antiken Schiffahrt, die sich vorsichtig von Kap zu Kap bewegte und sich furchtsam an der stets sichtbaren Küste orientierte.«[15]

Gewohnheiten haben schon für Kinder eine enorme Bedeutung – Kinder gewöhnen sich sehr schnell und intensiv. Auch ihnen vermitteln die Gewohnheiten und vor allem Wiederholungen ein Sicherheitsgefühl in einer noch größtenteils unbekannten, oft bedrohlichen Umwelt. Jedes Detail eines Spiels, eines Märchens, jede Melodie, jeder Rhythmus muss unzählige Male und immer wieder von neuem wiederholt werden; schon kleine Kinder freuen sich auf das Bekannte, das Vertraute, und »korrigieren« uns, wenn wir etwas aus dem üblichen Schema vergessen haben.

Nachfolger der kindlichen Magie der Wiederholung finden wir in der Musik. Wie in der Volksdichtung spielt die Wiederholung bestimmter rhythmisch-melodischer Sequenzen auch in der Volksmusik eine wichtige Rolle. Die europäische Kultur greift das Wiederholungsschema in den einfachen Musikstücken und Arien – das sog. A-B-A-Schema in seiner einfachsten Variante – auf, variiert es im Barock in den musikalischen Formen der Chaconne und des Rondo und entfernt sich allmählich von der einfachen Wiederholung in den »raffinierteren« Gattungen der Variation und schließlich der Sonatenform der Wiener Klassik, bei der die Wiederholung selber keine einfache Wiederholung mehr ist, sondern immer komplexere Abwandlung. Ohne die Rückkehr des Anfangsthemas keine

II Die Angst vor der Angst

klassische Musik – psychologisch ausgedrückt: keine Entspannung, keine Trennung, kein Abschluss.[16]

Interessant ist in diesem Zusammenhang zu beobachten, wie die Unterhaltungsmusik dazu neigt, zum »infantilen« Schema der unvariierten Wiederkehr einer einzigen melodischen Sequenz, meist getragen von derselben rhythmischen Figur, zurückzukehren. Beides bleibt unverändert, außer einer gelegentlichen Anhebung des Grundtons: C → Cis oder D → Dis usw. Dieses in sich geschlossene Wiederholen ohne Variation widerspiegelt die Angst vor Veränderung und vor Trennung in doppelter Hinsicht, denn viele dieser Musikstücke enden eigentlich gar nicht, sondern hören allmählich auf: »fading out«, eine musikalische Nichttrennung. Macht der Gewohnheit und Angst vor Veränderung und Trennung offenbaren sich auch in diesem »Produkt« unserer Zeit und zeigen, dass sie lediglich Variationen eines einzigen Phänomens sind: der existenziellen Angst.

Jeder Erwachsene hat, wie bereits gesagt, eine ganz individuelle Mischung, eine Kombination eigener Bewältigungs- und Abwehrstrategien der Angst, die lebensgeschichtlich determiniert ist und im Verlauf seines Lebens weitgehend konstant bleibt – gleichsam einen eigenen »Angst-Fingerabdruck«. Dazu gehören auch die ganz persönlichen Gewohnheiten. Auch »gesunde« Menschen müssen sich lebenslang mit dem Problem ihrer Urangst auseinander setzen – ja, *gerade* durch diese lebenslange und ernste Auseinandersetzung und durch die Bedeutung, die diese Auseinandersetzung für ihr Leben und Wirken einnimmt, können sie meines Erachtens als »gesund« bezeichnet werden.

Die angstmindernde Wirkung der gemeinsamen Gewohnheiten liegt auch vielen medizinischen und therapeutischen »Ritualen« zugrunde. Die außerordentlich genaue Regelmäßigkeit des Tagesablaufs in einem Krankenhaus dient der

Abwehr von Angst; ebenso vermittelt die feste Routine einer psychotherapeutischen Klinik Sicherheit und reguliert Nähe und Distanz zu den Therapeuten und unter den Patienten. Dies ist vermutlich ein wenig beachteter Wirkfaktor der stationären Therapie.

Durch Ausagieren bestimmte (»borderlinehafte«) Abwehr- und Bewältigungsformen

Hyperaktivität

Hyperaktivität ist eine häufige Abwehrform der Angst bei Kindern und Jugendlichen, die sich als Unruhe, »exzessive Ruhelosigkeit« und »beeinträchtigte Aufmerksamkeit« äußern und zu »Lernschwierigkeiten oder anderen schulischen Problemen« führen kann,[17] wodurch diese Kinder oft erst der Umgebung auffallen. Sie kommt auch bei Erwachsenen oft vor und stellt eine zugespitzte, »pathologische« Variante des Aktionismus dar; hier ist, im Gegensatz zum vielfach täuschenden Aktionismus, die Angst, die Unruhe gleichsam »direkt unter der Oberfläche«. Nach der biologistischen Psychiatrie und ihrer Forschungsrichtung sei diese Form der Angstbewältigung (das Aufmerksamkeitsdefizit- und Hyperaktivitätssyndrom, ADHS) auf eine Störung des dopaminergen Systems zurückzuführen und zeige eine hohe Erblichkeit.[18] Dabei ignoriert sie, dass es sich um Jugendliche handelt, deren Störungen als Unfähigkeit aufzufassen sind, Angst und Aggression in einer nicht verstehenden und unterstützenden Umgebung auszudrücken. Erst durch den »Alarmruf« der Hyperaktivität, die im Gegensatz zur Angst beachtet wird, weil sie die schulischen Leistungen gefährdet, wird die Umgebung auf den Jugendlichen bzw. das Kind aufmerksam. Dass dieser Alarmruf nicht allein als Hyperaktivität zum

II Die Angst vor der Angst

Ausdruck kommt, sondern andere »Störungen des Sozialverhaltens«, Angststörungen, Zwangssymptome, Enuresis (Bettnässen) u.a. aufweist, wird von der Psychiatrie nicht als verschiedene Symptome innerhalb des Manifestationsspektrums
der Angst, sondern als Komorbidität verschiedener Symptome bewertet.[19] Die »hohe Erblichkeit« wird durchaus verständlich, wenn man sich vergegenwärtigt, dass Eltern, die
ihre Ängste auch durch Hyperaktivität ausdrücken,[20] ihre Kinder zu ähnlichem Verhalten anregen: Erstens, weil sie ihre
Angst – wie die eigene – gar nicht verstehen, und zweitens,
weil sie als Identifikationsfiguren dienen. Denkt man an die
enormen weltweiten Absätze der Pharmaindustrie mit ihrem
Produkt Methylphenidat (z.B. Ritalin), so ist das große Interesse der Forschung an einer solchen Theorie nicht schwer zu
verstehen. Weltweit werden schätzungsweise über 10 Millionen Kinder mit Methylphenidat behandelt; allein in Deutschland hat der Verbrauch zwischen 1993 und 2006 um fast
3600%, von 34 auf 1221 kg zugenommen.[21]

Ähnlich werden genetische Einflüsse auch für andere Verhaltensstörungen in der Kindheit und Jugend angenommen,
wie z.B. für das Bettnässen, das einen »autosomal-dominan-
ten Erbgang mit reduzierter Penetranz« aufweise,[22] mit Ano-
malien an den Chromosomen 8, 12 und 13. Untersucht man
hingegen die Jugendlichen und ihre Familien sorgfältig – und
nicht nur, wie in den Anamnesen aus psychiatrischen Kliniken, summarisch in Hinblick auf frühkindliche Entwicklung,
Geburtskomplikationen und Krankheiten in der Familie, wodurch manch eine Familie als »intakt« beurteilt wird, weil sie
nach außen so wirkt –, so entdeckt man Familien mit unter-
drückter Angst und unterdrückenden Eltern, deren Not durch
das unruhige Kind ausgedrückt wird. Gleichzeitig wird dieses
zum Kranken erklärt. In der psychiatrischen Klinik wird seine
Angst ebenso wie in seiner Familie übersehen und eine medi-

kamentöse Therapie eingesetzt. Dass dabei auch gravierende Nebeneffekte und sogar Todesfälle in Kauf genommen werden, hält nicht von ihrem Einsatz ab.

Im gruppendynamischen Verständnis ist immer die Frage zu stellen: Was drückt das Symptom des Kindes für die Familie bzw. Umgebung aus? Welche Bedeutung haben Symptome wie Unruhe, Agitiertheit, Aufmerksamkeitsdefizit, Nichtzuhören in dieser Botschaft (wird dem Kind vielleicht auch nicht richtig zugehört?). Welche Konflikte verbergen sich in der Gruppe oder werden dort tabuisiert – und aus welchen Gründen? Damit wird nicht nur die Verlagerung der Symptomatik des Kindes in die Gruppe erreicht (wo sie hingehört), sondern auch eine entlastende Wirkung für das Kind, die jedem familientherapeutisch oder gruppendynamisch arbeitenden Therapeuten geläufig ist. Das gruppendynamische Prinzip ist auch ein ethisches Prinzip.

Umwandlung in Aggression

Existenzielle Angst kann auch durch andere Gefühle ausgedrückt und gleichzeitig verschleiert werden: Oft wird sie als Aggression maskiert. Die Aggression als Vertreterin der Angst und ihre Bedeutung für die Therapie wird ausführlicher in Kapitel 16 (Angst und Aggression in der Psychotherapie) besprochen.

Erotisieren und Sexualisieren

Chronifizierte Angststörung geht in der Regel mit Depression oder depressiver Entwicklung einher. Zu den Abwehrmechanismen, die existenzielle Angst, aber auch das Gefühl der inneren Leere und Sinnlosigkeit, der chronischen Langeweile, also insgesamt der Depression maskieren und kompensieren, gehört auch die Flucht in sexualisierte Beziehungen und in sexuelle Hyperaktivität. Erotisieren und Sexualisieren haben wenig mit echter, in die Persönlichkeit integrierter Erotik und Sexualität zu tun, sie zeigen vielmehr Abwehrcharakter und hinterlassen ein Gefühl der Leere. Erotisieren heißt der meist unbewusste Vorgang, im Laufe dessen Erotik als Mittel, als »Waffe« eingesetzt wird.

Bereits früh wurde erkannt, dass Verliebtheit auch als Abwehr gegen Angst (und Schuldgefühle) wirksam sei kann: »Angst und Schuldgefühle können indirekt herabgesetzt werden, indem man sich verliebt.«[23] Patienten, die Angst vor der Klinikentlassung, im Grunde Trennungs- und Zukunftsangst haben und diese wenig zu spüren (und auszuhalten) imstande sind bzw. betäuben wollen, neigen dazu, sich intensiv zu »verlieben«. Freilich kommt diese Abwehrstrategie der Angst sehr häufig auch im Alltag vor, besonders vor Angst machenden Identitätsschritten oder Grenzsituationen. Es entstehen dabei Paarbildungen, die nicht zuletzt auf der angstlindernden Wirkung der engen, symbiotischen Beziehung basieren und mit dem realen Kennen des Anderen und der Beziehungsarbeit, die damit verbunden ist, nichts zu tun haben. Die dramatischen Folgen solcher Partnerschaften lassen sich an der hohen Zahl der Trennungen und Scheidungen ablesen, bei denen oft leider auch Kinder die Leidtragenden sind. Es ist meine Überzeugung, dass die beschriebene Dynamik die erste Ursache dieser sozialen Katastrophe ist. Alle damit verbundenen Gefühle und Phantasien – oder ein großer Teil von ihnen – bleiben nämlich unbewusst, Übertragungen oder Projektionen werden nicht erkannt. Angst ist ein eifriger Heiratsvermittler.

Die Schule bietet bis heute in der Vorbereitung der jungen Menschen auf Beziehungsarbeit so gut wie keine Hilfe, sondern ausschließlich die Vermittlung von konkretem Wissen, das im späteren Leben oft kaum eine Rolle spielt. Wenn die jungen Leute außerdem auch in ihrer Familie und ihrer Umgebung kein gutes Beispiel an Beziehungsarbeit erleben, sind sie auf sich selbst angewiesen und den Täuschungen der Verliebtheit mit ihren Folgen ausgeliefert.

Auch sexuelle Promiskuität kann Angst wirksam binden bzw. »betäuben«, sie ist eine häufige Angstabwehr-Strategie, besonders bei Patienten und Patientinnen mit Borderline-Persönlichkeitsstörungen.

Identifikation mit dem Angreifer

Anna Freud hat die unbewusste Identifikation des Opfers mit seinem Täter als Versuch der psychischen Rettung durch Abspaltung einer unerträglichen Traumatisierung in ihrem Buch »Das Ich und die Abwehrmechanismen« bekannt gemacht.[24] Diese Abwehrform stellt einen sehr verbreiteten seelischen Schutzmechanismus dar. Ferenczi hatte sie als Erster 1933 beschrieben: »Dieselbe Angst [vor der Autorität] zwingt [die Kinder] automatisch, sich dem Willen des Angreifers unterzuordnen [...], sich mit dem Angreifer vollauf zu identifizieren.«[25] Arno Gruen sieht in der Identifikation mit dem Angreifer, die unbewusst in uns allen schlummert, uns für den Gehorsam empfänglich macht und die Aggressivität gegenüber dem Angreifer in Bewunderung und Idealisierung verwandelt, einen wesentlichen Faktor in der Entwicklung unserer westlichen Kultur, die »Grundlage unserer Zivilisation«.[26]

Sucht

Sucht ist eine der häufigsten Bewältigungsformen der Angst; Alkohol, Drogen und andere Suchtmittel unterdrücken die Symptome von Angst und innerer Leere bei depressiven, psychotischen und Borderline-Patienten und fungieren für sie als »narzisstische Plombe«[27]. Man gewinnt einen klaren Eindruck von der Angst, die die Sucht »bindet«, wenn man das

Suchtmittel entzieht, wenn man dem Patienten beispielsweise den Alkohol oder die Droge wegnimmt und er in Entzug gerät: Dann steigert sich die Angst zur panikartigen Todesangst, die Körper und Seele erfasst und den Menschen zu einer elenden, abhängigen Gestalt »degradiert«.

> *Ich erinnere mich an einen Arzt, den ich als Patienten in der Zeit meiner Ausbildung in der Psychiatrie erlebt habe: Er war ein würdiger älterer Herr, der beruhigungsmittelabhängig war und aus seiner Praxis kam, um einen Entzug durchzuführen. Am dritten oder vierten Tag seines Aufenthaltes bettelte er buchstäblich auf den Knien, von Panik ergriffen, nach einem Beruhigungsmittel, würdelos, ein elender Mensch, der nur noch aus Angst bestand.*

Art und Schwere der Sucht und der Suchtfehlhaltung sind von biographischen Determinanten bestimmt. Auch Fachleute verkennen die Tatsache, dass Sucht Angst zudeckt, und deuten die Angst umgekehrt, als von der Sucht oder von Drogen provoziert. Man kann Süchte unter soziokulturellen Gesichtspunkten einteilen in solche, die gesellschaftlich akzeptiert werden (Arbeitssucht, Besitzsucht), und andere, die immer als pathologisch gelten (Alkohol, Drogen), deren Mechanismus aber derselbe ist: Sie füllen das »Loch im Ich«[28] und wehren existenzielle Angst ab.

Durch Abgrenzungsschwierigkeiten charakterisierte (»psychotische«) Abwehr- und Bewältigungsstrategien

Zwang

Der Schweizer Psychiater Gion Condrau macht auf die etymologische Verwandtschaft der Wörter Ang-st, Eng-e, Bedr-äng-

nis und Zw-ang aufmerksam.[29] Bei den so genannten Zwangs-
störungen, die nach der Klassifikation psychischer Störungen
ICD-10 in Zwangsgedanken und Zwangshandlungen bzw.
Mischformen beider eingeteilt werden, sind »vegetative Angstsymptome […] häufig vorhanden«;[30] auch würden »gelegentliche Panikattacken oder leichte phobische Symptome nicht
gegen diese Diagnose sprechen«.[31] Die umgekehrte Vorstel-
lung, Zwang sei ein Ausdruck von Angst, findet sich nirgendwo im Manual. Auch in der Fachliteratur begegnen wir diesem
Gedanken sehr selten. Dabei kann immer wieder beobachtet
werden, welche gesteigerte Angst oder Panik beispielsweise
den unter Waschzwang Leidenden befällt, wenn ihm die Möglichkeit, sich zu waschen, entzogen wird. Eine gezielte, zu
rasche Behandlung des Zwangs kann deshalb Panik bis hin
zu einer Psychose auslösen. Zwang wird nicht »häufig« von
Angst begleitet, sondern sie *ist* eine Abwehrform der Angst,
ein Fluchtversuch vor einer unerträglichen Angst, die durch
ihre Verdinglichung bzw. Konkretisierung des Zwangsobjekts
abgewehrt und teilweise erleichtert werden kann. Manche
Autoren stellten fest, dass durch den Zwang die Angst »auf
isolierte Bereiche abgeschoben« wird.[32] Mit anderen Worten,
wird die Angst hier konkretisiert, in Handlungen (Zwangshandlungen) oder Rituale bzw. Zwangsgedanken oder aber
in übermäßige Ordnung und Disziplin umgewandelt. Ein
zwanghafter Mensch strebt Sicherheit auf süchtige Weise an,
er klammert sich an jedes feste Objekt, jedes Detail oder jede
Gewohnheit. Gelingt ihm das nicht, so durchdringt ihn heftig
die ursprüngliche Angst.

*Ein 30-jähriger Mann berichtet, als Kind Angst vor der gerings-
ten Veränderung gehabt zu haben. Darin sei er wie die Mutter
gewesen, die nach einem streng nach Regeln und Gewohnheiten
reglementierten Alltag lebte. Korrektheit, Pünktlichkeit und Ge-*

nauigkeit waren für die Mutter, eine allein erziehende Ärztin,
die wichtigsten Werte. Nur das, was korrekt und fehlerfrei war,
gefiel der Mutter – andernfalls fühlte sich der Sohn in Grund
und Boden abgelehnt. Der Patient wuchs auf zu einem zwang-
haften, perfektionistischen Mann, der vor Beginn seiner Thera-
pie ständig unter enormem Leidensdruck stand und sein Selbst-
wertgefühl von seinen Leistungen abhängig machte. Als Patient
sprach er in einer der therapeutischen Sitzungen davon, dass
er alles strukturieren und regeln müsse, aus Angst, von seinem
inneren Chaos »fortgerissen« zu werden. Dabei fühlte er sich
wie ein Zirkusartist ohne Netz.

Dieser Fall verdeutlicht, wie der Weg von der Verlassenheitsangst über die Identifikation zum Zwang erfolgt und wie die
biographischen Umstände die Manifestations- und Abwehrformen der Urangst prägen. Zwang und Perfektion werden
als Angstabwehr-Strategie identifikatorisch von der Mutter
übernommen und verinnerlicht; damit ist die Zuwendung
der Mutter »gesichert«, die an die Bedingung geknüpft ist:
»Sei genau«, d.h. auch »sei so wie ich«. Die Kehrseite der
Aufforderung »sei wie ich« lautet aber: »Wenn du anders
bist, dann mag ich dich nicht, dann bist du nicht mein
Kind«. Das heißt wiederum, in der eigenen Angst verlassen
zu werden, die Mutter zu verlieren (bei sonst kaum vorhandenen Bindungen in der Primärfamilie). Die Identifikation
geschieht also vor dem Hintergrund der Verlassenheitsangst
und wird zur Rettungsstrategie gegenüber der Vernichtungsangst des Kindes, dem der Verlust der Mutter droht.[33] Das
Beispiel lässt auch den psychischen Prozess deutlich werden,
der je nach biographischen und gruppendynamischen Be-
gebenheiten zu einem individuellen Abwehrstil der Angst
führt.

In diesem Sinn ist auch unser Leben durch die übermäßig

reglementierende und kontrollierende Bürokratie zu verstehen. Viele erkennbar überflüssige oder die Freiheit unnötig einschränkende Reglements dienen der Angstabwehr, indem sie »Unsicherheiten«, d.h. letztlich auch freie Spielräume, Spontaneität und Kreativität, kontrollieren und eindämmen. Die Bestimmungen und Regelungen erreichen auch im medizinischen Alltag ein Ausmaß, das weit über die Grenzen der vertretbaren Ethik hinausreicht. Der Arzt – auch der Psychotherapeut – verbringt immer mehr Zeit mit sinnlosen Formularen und übertriebenen Dokumentationen, die seltenen oder fiktiven juristischen Komplikationen vorbeugen sollten, oder mit Anträgen, die die Entscheidungsbefugnisse des Therapeuten radikal beschränken. Und dies angesichts einer Zeit von ohnehin zunehmender Zeitverknappung für Ärzte und ihre Patienten.[34]

Ein Chirurg braucht in einem deutschen Krankenhaus nach einer Untersuchung des Deutschen Krankenhausinstituts (an der über 1000 Ärzte/Ärztinnen beteiligt waren) im Durchschnitt 2,42 Stunden, ein Internist 3,15 Stunden täglich, d.h. 20% bzw. 25% allein für *administrative* Dokumentation.[35] Nach der gleichen Zeitschrift werden »etwa 2,5 Milliarden Euro für die Dokumentation der neuen Disease-Management-Programme aufgewendet«[36].

Wer bezahlt letztlich diese Summen? Wem nützt die vermehrte Dokumentation, außer denen, die jede Tätigkeit der Ärzte kontrollieren wollen? Wie vielen Menschen aus armen Ländern könnte mit dieser nutzlos ausgegebenen Summe eine humane Gesundheitsversorgung verfügbar gemacht werden? Bewältigungsstrategien der Angst können destruktiv sein und sich verselbständigen. Ohne Zwang und Bürokratie keine Diktatur, keine Unmenschlichkeit. Die »perfekte« Überwachung in totalitären Systemen macht eine Stasi oder einen KGB unverzichtbar, freies Denken wird suspekt. Des-

II Die Angst vor der Angst

halb konnte auch die Psychoanalyse in Nazideutschland und in Stalins Sowjetunion nicht anders existieren als in verwässerter, staatlich geduldeter und reglementierter Form.

Zwang kann auch bösartig, dem Hass nahe sein. »Bösartige« Angstabwehr ist mit extremer Anpassung, mit vorauseilendem Gehorsam verbunden, mit der Bereitschaft, »über Leichen zu gehen«. In der Nazizeit hat solche abgewehrte bösartige Angst zum Massenmord geführt, aus Gehorsam und Zwang. Die Bürokratie ermöglichte immer schon das perfekte Funktionieren jedes unterdrückenden Regimes. Zwanghafte Bürokraten wie Eichmann und viele andere verwalteten auch die Mordmaschinerie der Nazis, ohne erkennbare Spuren von Menschlichkeit.

Der Konkretismus

> Angst kann bewusst »verstanden«
> werden [...]. So z.B., dass Donner und Blitz
> eine Drohung zorniger Götter ist. Obwohl
> diese Behauptung falsch ist, gibt es einen
> sekundären Gewinn durch die Kenntnis
> der Quelle des Schreckens.
> John N. Rosen 1964

Der Konkretismus ist eine Denkstörung, die der Angstabwehr dient. Er ist Teil der meisten psychischen Störungen: der Persönlichkeitsstörungen, der Psychosen und – meist in schwerster Form – der Psychosomatik. Zwanghafte Fixierung am Detail und Unfähigkeit, die emotionalen Implikationen und geistigen oder symbolischen Zusammenhänge wahrzunehmen, wehren nicht nur Gefühle wie Angst ab, sie geben »Halt« und Sicherheit – freilich nur falsche Sicherheit, wie jeder Zwang. Dafür können sie das Leben und ihre spontanen Manifestationen erheblich einengen.

Konkretismus, Haften am Detail und Unverständnis für höhere, konzeptionelle Zusammenhänge, ist der Baustoff, aus dem die Betonwände jeder Bürokratie gebaut sind.

Dissoziation

Dissoziative Symptome wie Bewusstseinsspaltung, Depersonalisation (das Gefühl, nicht man selbst zu sein) und Derealisation (das Gefühl, außerhalb der Realität zu sein) sind häufig nach starker Traumatisierung im Rahmen sog. posttraumatischer Syndrome, aber auch bei Hysterie und psychotischen Erkrankungen, und stellen einen Fluchtmechanismus dar, der als Abwehrform auch bei Persönlichkeitsstörungen häufig vorkommt. Sie entsprechen der Flucht vor der unerträglichen Angst, die mit schweren Traumata verbunden ist.

Bei Opfern oder Zeugen von Folter und sexueller Gewalt ist die Dissoziation lebensrettend, weil sie das Überleben durch Abspaltung des Unerträglichen vom Bewusstsein ermöglicht. An dieser Stelle sind aber vor allem diejenigen Menschen von Interesse, die schon früh meist kumulativen, schleichenden Traumatisierungen hilflos ausgesetzt wurden. Sie litten unter Angst und Panik; spätere erneute Traumatisierungen treffen auf frühere Traumata, auf alte Narben, und reaktivieren diese einschließlich deren Abwehrmechanismen.

Eine 38-jährige Frau, die unter schweren, manchmal tagelang anhaltenden dissoziativen Zuständen litt, berichtete, dass sie im Alter von 19 Jahren vergewaltigt worden war. Danach habe auch die dissoziative Symptomatik begonnen. Im Laufe der stationären Therapie wurde bekannt, dass die Patientin von ihrem eigenen, sehr strengen Vater mit Gewaltandrohung behandelt

und auch sexuell bedrängt wurde. Gefühle, insbesondere Un-
zufriedenheit und Wut, waren in der Familie »verboten«. Die
Mutter war nicht präsent, »mischte sich« in die Erziehung nicht
ein. In der Therapie reagierte sie anfangs mit sofortiger Dis-
soziation, wenn ein »ungeliebtes« Thema in den Gesprächen
aufkam; während dieser Zustände zitterte sie und ballte ihre
Fäuste. Es wurde klar, dass der Dissoziation einerseits die Funk-
tion einer Flucht vor der Angst, andererseits auch der Aus-
drucksmöglichkeit von Wut und Scham zukam. Mit der all-
mählichen Stärkung der Vertrauensbeziehung zum Therapeuten
und der zunehmenden Fähigkeit, in Gruppen Gefühle zu ver-
balisieren, nahmen Frequenz, Dauer und Intensität der disso-
ziativen Zustände deutlich ab.

Heute wird der Begriff der Dissoziation inflationär verwendet
(ausgelöst durch die neue Popularität der Traumatherapie),
dabei handelt es sich um eine lange bekannte, von Pierre Janet
1889 beschriebene[37] häufige Abwehrformation der Angst[38].
Sie wurde in den letzten Jahren – insbesondere in ihrer extremen und spektakulären Form, der Multiplen Persönlichkeit –
von der Psychiatrie aufgegriffen. Der Zusammenhang von
Angst und Dissoziation ist erst neulich thematisiert worden.[39]
Auch dissoziative Phänomene wie die »double« oder »multiple personality« sind auf einer Skala zwischen der sozial
akzeptierten und der »pathologischen« Ausprägung des Borderline-Kranken zu erfassen: »Normal«, oder vielmehr allgemein akzeptiert, ist die doppelte Persönlichkeit des Unteroffi-
ziers oder des Offiziers, der nach oben gehorcht, während er
nach unten seine sadistischen Impulse bis zu einem gewissen
Grad zu befriedigen quasi berufsbedingt berechtigt ist. Der
mittlere Manager in den großen Firmen tut nichts anderes,
und niemand findet sein Verhalten krankhaft. Für die Therapie kann festgestellt werden, dass die konkretistische thera-

peutische Festschreibung jeder Persönlichkeitsspaltung (wie z.b. das getrennte Ansprechen und Behandeln des »inneren Kindes« oder des »Opfers«) der Integration solcher Facetten in die Gesamtpersönlichkeit – letztendliches Ziel der Therapie – zuwiderläuft.

Depression und Manie

Unter anderen haben sich Abraham und Zetzel, in neuerer Zeit Clarkin et al. mit der Verbindung zwischen Angst und Depression beschäftigt.[40] Auch meiner Erfahrung nach gibt es keine Depression, in der nicht die Angst eine wesentliche Rolle spielt; kaum jemals ist mir andererseits eine Angsterkrankung ohne Depression begegnet. Die ICD-Diagnose »Angst und Depression, gemischt« ist schon aus diesem Grund redundant.

Auch manische Patienten drücken Angst durch ihre Symptomatik aus. Selbst wenn ein Maniker sich durch Grenzenlosigkeit, »Witz« und aggressiven Spott o.Ä. bemerkbar macht, ist doch hinter diesen Symptomen die Unruhe und die Angst deutlich spürbar. Die Umgebung reagiert in doppeltem Sinn wie die Familie: erstens durch Ausschluss aus der »normalen« Familiengruppe als Kranker, zweitens durch das Nichtverstehen der Angst (und oft das Lachen über die meist mehr aggressiven als humorvollen Witze).

Ein 55-jähriger Ingenieur, seit 18 Jahren manisch-depressiv erkrankt, überspielte in den manischen Phasen seine Angst, die jedoch deutlich spürbar war, besonders in der Form von Kontakt- und Gruppenangst sowie Veränderungs- und Trennungsangst, indem er unabgegrenzt »kontraphobisch« mit jedem oberflächlichen Kontakt anstrebte, ohne auf die Reaktion des anderen zu achten. Eigentlich war dies jedoch Flucht vor realem Kontakt, denn er entfernte sich rasch, wenn das Gespräch persönlicher bzw. emotionaler wurde. Im Laufe der stationären Behandlung wurde deutlich, dass der Pseudo-Kontakt genau jenem entsprach, der in seiner Familie herrschte. Erst in den depressiven »Phasen« konnte der Patient mehr Direktheit im Kontakt ertragen, dann überwog allerdings die Angst vor Veränderung und Trennung derart stark, dass jede tiefer gehende Therapie auf heftigen Widerstand traf.

Körperliche Abwehr- und Bewältigungsformen

Psychosomatik

Psychosomatische Krankheiten und Symptome wehren Angst auf einer tiefen, archaisch-körperlichen Ebene ab. Gleichzeitig sind sie Teil der charakteristischen körperlich-seelischen Manifestation der Angst – so, wie sie auch andere Gefühle, wie Aggression oder Traurigkeit, ausdrücken und gleichzeitig abwehren können. Die unter der Psychosomatik verborgenen Gefühle bleiben im Körperlichen vom Bewusstsein abgespalten und wirken als interpersonelle Kontaktbarriere; damit spiegeln sie die Kontaktlosigkeit und die Abwehr der Gefühle in ihrer frühen Umgebung wider. Durch Beschäftigung mit dem Symptomaspekt der körperlichen Erkrankung entsteht doch Kontakt zur Umgebung, wenn auch – wie in der Kindheit – nur oberflächlicher und konkretistischer Art.

Besonders Aggression und Angst sind in der Gegenübertragung bei solchen Patienten spürbar; je schwerer die Psychosomatik, desto mehr strahlen sie die Gefühle aus, die darin verpackt sind – bis ein Teufelskreis entsteht: Die Erkrankung wehrt die Angst ab, verursacht aber auch Todesangst, die ihrerseits wiederum durch die Beschäftigung mit der Krankheit abgewehrt wird. Patienten mit schweren Herzkrankheiten, mit Colitis ulcerosa, mit sog. autoaggressiven und rheumatischen Erkrankungen sind Beispiele dafür. Die Verknüpfung von Angst und Aggression in der Psychosomatik führt häufig dazu, dass auch Psychotherapeuten die Bedeutung der Angst hinter der Aggression nicht erkennen.

Die so genannte Normalität

Erich Fromm unterscheidet in seinem Buch »Die Furcht vor der Freiheit«[41] zwei Arten von »Normalität« oder »Gesundheit«: »vom Standpunkt einer funktionierenden Gesellschaft« aus, nämlich bei jemandem, der »imstande ist, die ihm zufallende Rolle in der betreffenden Gesellschaft zu erfüllen«, d.h. zu arbeiten, eine Familie zu gründen etc., wie von ihm erwartet wird; oder »vom Standpunkt des Individuums aus [...] ein Optimum an Wachstum und Glück«. Die soziale Definition der Normalität beinhaltet die Möglichkeit der »Flucht ins Konformistische«; Normalität ist ein Begriff, der durch Anpassung an die gesellschaftlichen Normen einer gegebenen Zeit bestimmt wird, »und zwar völlig unabhängig davon, ob diese Gesellschaft als solche gesund oder verrückt ist«.[42] In unserer Gesellschaft ist Erfolg »der Maßstab, an dem der Mann gemessen wird, nicht seine Fähigkeit zu lachen, zu spielen oder zärtlich zu sein«.[43]

Was ist Normalität in Bezug auf Angst? Bei der Frage, wie pathologisch die eine oder andere Bewältigungsstrategie der Angst ist, sollte man auch die differenzierte Betrachtung der Folgen dieser Bewältigung in die Überlegung mit einbeziehen. Ein »gesunder Mensch« soll nicht ausagieren, sondern bewusst werden; er muss aber auch »gesund verdrängen«, um sich nicht von Angst überfluten zu lassen und handlungsunfähig zu bleiben; die Skala ist fließend. Winnicott meint, es sei gesund, wenn diese Abwehrmechanismen »nicht rigide«

II Die Angst vor der Angst

seien.[44] Aber wozu führen uns Abwehr und Verdrängung in der heutigen Welt? Sind wir nicht als *Gattung* eine Spezies mit gigantischer Verdrängungskapazität? Verdrängen wir nicht seit jeher kollektiv die offensichtlichsten, bedrohlichsten Katastrophen?

Als *Menschheit* sind wir geradezu spezialisiert auf mehr oder weniger subtile Verdrängungs-*Institutionen* und auf Angst verwaltende Bürokratie. Als Beispiele möchte ich hier das Militär und das Krankenhaus erwähnen. Nirgendwo sonst wird die Angst so perfekt maskiert und verdrängt und ist der allgemeine Konsens darüber so vollkommen wie in diesen beiden Institutionen. Zum Leugnungskonsens im Krankenhaus gehören z.B. die unabänderliche Tagesroutine, die angestrebte Perfektion von Biologie und Technik, die Tabuisierung des Leides und des Todes, die vielfältigen bürokratischen Abwicklungen von der Aufnahme bis zur Entlassung, die harmlosen Bilder von Rosenzüchtungen an den Wänden.

Das Militär basiert auf der perfekten Verdrängung der Angst durch Hierarchie, eingeimpften Gehorsam, Militärkodex, Patriotismus und Doppelmoral (den Feind töten, unter »Verschonung« der Zivilisten, als wären uniformierte Soldaten und Offiziere eine andere Gattung, dem Töten freigegeben). Ohne Verdrängung also keine Armee. Denn ein ängstlicher Soldat ist kein guter Soldat, auch wenn Angst menschlich ist. In den Tod geschickte junge Menschen werden nicht erschossen oder aufgeopfert, sondern sind »gefallen«. Wer Angst spürt, gerät in die Gefahr, als Feigling der Schande preisgegeben zu sein oder, noch schlimmer, seine »Ehre« zu verlieren. Wenn er seine Haut retten will, riskiert er, als »Deserteur« von den eigenen Leuten erschossen zu werden. Die durchsichtige Heuchelei derer, die in Sicherheit, meist hinter der Front, ihre »Kriegsspiele« treiben und dafür Verdienstkreuz und Heldenstatus erlangen, während die »einfachen« Soldaten in den Schanzen jedem menschlichen Elend ausgeliefert, als Schachfiguren behandelt und notfalls aufgeopfert werden, wird meist vertuscht.

> *Liddell Hart und Airey Neave schildern sehr genau, wie große Generäle und Strategen, mit Ehren und Ruhm überhäuft, wie Manstein, Rommel, Jodl oder Keitel, die Kriegshandlungen wie ein »spannendes« Spiel betrachteten, das sie – wie narzisstische Kinder – unbedingt gewinnen mussten, ohne Rücksicht auf menschliche Opfer. Mehr noch, sie »ignorierten« in der Mehrzahl auch die Greuel des Naziregimes und blendeten sie aus, als hätten sie mit nichts anderem zu tun als mit Kriegsgefechten. Damit argumentierten sie dann auch, einer alten Tradition folgend, bei den Nürnberger Prozessen.[45]*

Normalität kann eine Täuschung sein, hinter der Angst vor der Begegnung mit sich selbst und mit der eigenen Angst verborgen ist – ein Leben in der Angst vor der Angst. Der Preis ist hoch: Die Normalität, die sich aus Angstvermeidung ergibt, führt zu einem ungelebten Leben und zu Verbitterung und Neid denen gegenüber, die anders sind.

Exkurs: Jüdischer Humor und Angst

Zu den besonderen Eigenschaften, die den klassischen jüdischen Humor unter den verschiedenen Humorarten auszeichnen, gehört eine ausgeprägte Tendenz zur Selbstironie als »heilsamer« Relativierung menschlichen Leides und menschlicher Schwächen,[46] aber auch seine implizite Einstellung zur Angst. Im jüdischen Witz wird der Angst die »patriarchalische« kulturelle Aura genommen, indem er die Ideologie des »männlichen Mutes« verhöhnt. Kriegerische

»Normen«, heuchlerisches Heldentum werden als Dummheit entlarvt und Angst von Feigheit differenziert. Der jüdische Witz verdankt viel von seiner befreienden Wirkung der genuinen Menschlichkeit, mit der seine Antihelden das etablierte Denken in Frage stellen:

Im Ersten Weltkrieg. Soldat Finkelstein gräbt die Schützengraben immer tiefer und tiefer aus. Der Kompaniechef sieht ihn bei der Besichtigung seiner Truppen und ruft aus: »Soldat Finkelstein! So können Sie den Feind ja gar nicht sehen!« Darauf Finkelstein: »Wer sagt Ihnen, Herr Kommandant, dass ich ihn sehen will?«

Der jüdische Soldat versucht, von der Front nach Hause zu gelangen. Ein Offizier sieht ihn und ruft ironisch: »Soldat, die Front ist in der anderen Richtung!« Der Soldat antwortet: »Anlauf nehmen wird man noch dürfen!«

Der Feldwebel prüft in der kaiserlich-österreichischen Armee die Moral der Truppe: »Rekrut Katz, weshalb soll der Soldat für seinen Kaiser sterben?« »Sie haben Recht«, sagt Katz. »Warum soll er?«

Vor der Schlacht feuert der Offizier seine Leute an: »Soldaten, jetzt geht es Mann gegen Mann!« Soldat Ruben fragt: »Herr Offizier, könnten Sie mir nicht meinen Mann zeigen? Vielleicht kann ich mich mit ihm arrangieren.«

Goldfarb kommt frisch zur Front. Es nähert sich gerade eine feindliche Patrouille, der Offizier gibt den Befehl, zu schießen. Goldfarb ruft entsetzt: »Schießt doch nicht! Seht ihr nicht, dass dort Menschen sind?«

Die naive Entrüstung des Soldaten darüber, dass im Krieg auf Menschen geschossen wird, klingt absurd und komisch in der Situation des Krieges. Ist aber nicht eher der Krieg absurd, der es von den Menschen verlangt, aufeinander zu schießen?

Auch im Krieg – ja, besonders im Krieg – gehört Angst zum Menschsein. Der Mensch ist ohne sie unverstellbar; übertriebener Todesmut ist unehrlich. Die Offenheit des jüdischen Witzes in dieser Hinsicht ist charakteristisch: Er macht keinen Halt vor der Angst, so wie er auch wagt, in vielen Witzen den Tod mit der Waffe des Humors zu thematisieren.

Darin besteht nicht zuletzt die Bedeutung des (jüdischen) Humors für die Psychotherapie der sog. »Frühstörungen«, in denen ja die therapeutische Arbeit mit der Angst eine zentrale Rolle spielt. Hier geht es nicht nur um den Lustgewinn, den der Triumph des eigenen Narzissmus beinhaltet;[47] auch nicht nur um die »Anklage gegen die Wirtsvölker« und ihre Verspottung,[48] denn der jüdische Witz verspottet die Juden selbst (und sogar den »großen Rabbi«) mindestens so pointiert, wie er es mit den Nichtjuden tut. Die »Pointe« lässt erkennen, dass Todesangst menschlich ist, und es ist gerade ihre Verkennung oder ihr ideologisch bedingtes Herunterspielen, die künstlich und der menschlichen Natur entgegengesetzt sind. Vordergründig belächelt der jüdische Witz den Juden, der sich im Krieg deplatziert fühlt und seine Angst zeigt, mit seiner typischen Selbstironie.[49] Doch darunter verbirgt sich Tieferes: Er kehrt die konkrete »Realität« der Angstvermeidung um: Der »Feige« verkörpert den »echten« Menschen, der zu seinen Gefühlen steht. Der Angst ins Gesicht schauen, sie nicht verdrängen, ist dem Menschsein näher als das protzig »Heldenhafte«.

Der jüdische Witz kann in der Psychotherapie von Men-

II Die Angst vor der Angst

schen mit Angst eine wertvolle Hilfe leisten, indem sie die
Angst anspricht, offen macht und menschlich sein lässt; er
erlaubt es, die Angst von der in unserer Kultur befürchteten,
moralisierten »Feigheit« zu trennen.

12 Professionelle Angst: Die Angst des Wissenschaftlers, des Arztes und des Psychotherapeuten

> Die Sucht zu objektivieren, von der die
> Neuzeit charakterisiert ist, hat fast vergessen
> lassen, dass die Vermischung von Wahr-
> nehmung und Projektion unausweichlich ist
> und der entscheidende Unterschied lediglich
> in dem Mischungsverhältnis liegt.
> *Erika Krejci 1963*

Hand in Hand mit der Abschwächung der traditionellen kulturellen Angstbewältigungsmöglichkeiten der Religion und der sozialen Strukturen kam eine dritte Möglichkeit auf, nämlich die Flucht in die *Wissenschaft*. Husserl spricht in der »Krisis der europäischen Wissenschaften« von der »Mathematisierung« unserer Lebenswelt als ein »wohlpassendes Ideenkleid [...] der sogenannten objektivwissenschaftlichen Wahrheiten«.[1] Schon sehr früh zeige sich »die Bedenklichkeit der Mathematisierung der Welt, bzw. einer ihr unklar nachgebildeten Rationalisierung [...] in der neuen *naturalistischen Psychologie*«.[2]

Das grundlegende philosophische Postulat der modernen Medizin besteht nach Franz Alexander in der Annahme, dass »der Körper und seine Funktionen in Begriffen der physikalischen Chemie verstanden werden können, dass die lebenden Organismen physikochemische Maschinen seien und dass das Ideal des Arzttums darin bestünde, zu einem Ingenieur des Körpers zu werden«.[3]

Der Unterschied zwischen einem normalen und einem pathologischen Zustand sei der zwischen »freundlicher Chemie und bösartiger Chemie«.[4]

Die »Sucht zum Objektiven«[5] ist in einer Zeit, in der die Wissenschaft – in Technik, Elektronik, Raumfahrt, in der apparativen Medizin – wahre Triumphe feiert, zum Wahrzeichen des Wissenschaftlichen geworden. Der Drang nach Wissenschaftlichkeit hat eine wahre Epidemie der Operationalisierung ausgelöst, die droht, den lebenden Menschen in eine Art Präparat zu verwandeln. Wissenschaft bringt Ansehen, Titel und wirtschaftliche Vorteile und wehrt letztendlich auch Angst ab.

Zu den subtileren Verzerrungen gehören die unbewussten. Nicht nur bewusste Absichten, sondern auch die in der Tiefe des Unbewussten eingegrabenen Vorurteile, Aggressionen und Konflikte beeinflussen alles, was der Mensch schafft – auch seine wissenschaftlichen Versuche und Ergebnisse.[6] »Es wurde nachgewiesen, dass in die Beurteilung menschlicher Persönlichkeiten und Verhaltensweisen ›implizite Persönlichkeitstheorien‹, die dem Beurteiler zumeist unbewusst sind, eingehen. Eine maximale Erfahrungsfähigkeit des Forschers als zentrale Bedingung [würde bedeuten], dass der Forscher sich seiner eigenen Gefühle, Erwartungen, Motive, Einstellungen, seines Erlebens insgesamt und seiner Wirkung auf andere, kurz: seiner eigenen Identität bewusst ist.«[7]

Man kann alles mit allem in Beziehung setzen und statistisch genauestens untersuchen. Bei einem Weltkongress der Psychosomatik in Göteborg wurden auf diese Weise von hochkarätigen Wissenschaftlern z.B. Anzahl der Tränen mit einer psychosomatischen Krankheit bzw. die Zeit des Lächelns des Patienten mit einem gewissen psychosomatischen Symptom in Beziehung gesetzt und genauestens »ausgewertet«. Alexander hat diese Tendenz der Medizin vorausgesehen und vom »Aufkommen des statistischen Menschen« gesprochen.[8] Dabei handelt es sich um eine Vermeidungsreaktion durch Intellektualisierung, um ein Verstehen oder Erklären, das (Mit-) Fühlen vermeidet, um eine Angstabwehr, die in der Medizin und der Psychiatrie häufig zu finden ist. Man kann sie als *wissenschaftliche Angstabwehr* bezeichnen.

Der Ethnologe und Psychoanalytiker Georges Devereux hat die Verbindung zwischen Angst und Forschung bzw. Wissenschaft genauer untersucht. In seinem Buch »Angst und Methode in den Verhaltenswissenschaften«[9] berichtet er auch über seine eigenen Erfahrungen: »Jeder Verhaltenswissenschaftler hat bestimmte Bezugsrahmen, Methoden und Verfahrensweisen zu seiner Verfügung, die – nebenbei – auch die Angst abbauen, die seine Daten erregen, und es ihm folglich ermöglichen, seine Funktion zu erfüllen. [...] Ein beträchtlicher Teil der professionellen Abwehrstrategien sind einfach Variationen der Isolierungsstrategie, die angsterregendes Material ›entgiftet‹, indem sie es verdrängt oder seinen affektiven Inhalt und seine humane wie persönliche Relevanz leugnet.«[10]

Solche Aussagen treffen auch für Wissenschaftler zu, die beispielsweise die Angst psychisch kranker Patienten und »gesunder« Probanden (wie gesund sind sie in dieser Hinsicht?) mit Hilfe von Angst erregenden Bildern in »standardisierten Situationen« untersuchen, um danach die Wirkung verschiedener Angst-Medikamente zu testen. Und wie verhält es sich mit dem Psychiater, der Angstpatienten untersucht und behandelt? Was macht er mit der eigenen Angst, die dabei unvermeidlich angesprochen wird? Wie stark wird die eigene Angst in solchen Situationen verdrängt? Inwieweit wirkt diese mit bei der Beurteilung und Behandlung? Für den

Arzt und Psychiater gilt dasselbe wie für den Wissenschaftler: »Ängste, die durch verhaltenswissenschaftliches Material erregt werden, sind für die Wissenschaftler deshalb relevant, weil sie Abwehrreaktionen mobilisieren, deren Ausprägung und Hierarchie durch die Persönlichkeitsstruktur des Wissenschaftlers bestimmt werden, und diese letztlich die *Art* bestimmt, in der er sein Material verzerrt.«[11]

Ein großer Teil der »objektiven« Wissenschaft, zumindest der Verhaltenswissenschaft, kann unter dieser Perspektive gesehen werden; und es führt kein Weg daran vorbei, auch beim objektivsten Forscher oder Arzt unbewusste Dynamiken in Kauf zu nehmen.

Ausdruck der »Verwissenschaftlichung« der Angst ist die biologistische Theorie der Angst. »Für die Entstehung der Trennungsangst wird eine Wechselwirkung zwischen genetisch oder anderweitig organisch begründeter Angstdisposition und Lebenseinflüssen angenommen«, schreiben Warnke et al.,[12] die den Anteil der Erblichkeit auf bis zu 59% einschätzen.

Viele Wissenschaftler und die Medien nutzen die Wissenschaftsgläubigkeit eines breiten Publikums aus, den uralten Glauben, eine bestimmte Methode, ein neues Medikament könnte Leid und Schmerz aufheben. Die Faszination der neuen Technologie, besonders der sog. bildgebenden Verfahren, der funktionellen Kernspintomographie, der Positronen-Emissions-Tomographie (PET) und ihrer neueren Entwicklungen, ist enorm. Sie erlauben uns, wie es Rüegg ausdrückt, »beim Denken zuzuschauen«.[13] Sie tragen nicht wenig dazu bei, die Illusion einer Lösung für die Angst zu nähren. Auch manche Psychotherapeuten beteiligen sich daran.

Zur Faszination der Wissenschaftler wie des Laienpublikums gehören übrigens auch die diagnostischen Bezeichnungen und »interessanten« Syndrome. Das ADHS-Syndrom, das Asperger-Syndrom, das Tourette-Syndrom und viele andere verdanken ihre Mode und Popularität nicht zuletzt dieser suggestiven Anziehungskraft. Neuerdings wird auch von einer »Orthorexia nervosa« (in Analogie zur »Anorexia nervosa«[14]) gesprochen, die lediglich eine Variante der Zwangskrankheit darstellt (nämlich den Zwang, sich gesund zu ernähren, und die damit verbundenen Eigentümlichkeiten) und die es vielleicht ebenfalls zu einem gewissen Bekanntheitsgrad bringen wird.

Wampold[15] gibt Beispiele dafür, wie die Methodik bei der Durchführung so genannter Meta-Analysen (d.h. Analysen mehrerer, nach wissenschaftlichen Kriterien sortierter Studien zu einem Thema), die heute sehr hoch im Ansehen der Fachleute stehen und entscheidende Wirkung auf Therapienormen ausüben, mit einfachen, aber subtilen Manipulationen über ihre Aussage entscheidet.[16]

Wissenschaft kann nicht von der Person des Wissenschaftlers abgespalten werden;[17] der Forscher ist selbst »Forschungsinstrument«.[18] Präzisiert heißt das:

> »Das Postulat einer lebendigen, standortbeziehenden Wissenschaft vom Menschen, die sich in dialektischer Auseinandersetzung von Theorie und Praxis dem Identitätsprozess entsprechend entwickelt, betrifft auch die Person des Wissenschaftlers und Forschers. [...] Die Trennung von Theorie und Praxis beim Forscher selbst, d.h. die Spaltung von Mensch und Wissenschafter, wie sie lange Zeit über das Wertfreiheits-Postulat und den naturwissenschaftlichen Objektivitätsbegriff wissenschaftstheoretisch gerechtfertigt wurde, wird damit aufgehoben.«[19]

Es gibt also ebenso wenig »objektive« Wissenschaftler, wie es »objektive« Psychiater oder andere Ärzte gibt, besonders wenn es um die Angst geht. Und da diese in der Regel keine

II Die Angst vor der Angst

oder wenig Kenntnis von ihrem Unbewussten haben, liegt es nahe, dass sie Abwehrformen entwickeln, die sie zum Ausagieren der eigenen Angst beim Patienten veranlasst. Vielleicht die häufigste Art solchen Agierens bei Ärzten ist die Delegation der Angst an den Patienten.

> *Eine junge Patientin konsultierte einen bekannten Lungen-Spezialisten, nachdem sie längere Zeit unter Husten gelitten hatte. Dieser sagte ihr nach der Untersuchung: »Es sieht nach Asthma aus, aber es ist noch nicht hundertprozentig sicher«. Die Patientin war danach mehrere Wochen lang alarmiert und beängstigt über die Möglichkeit, an einer schweren, lebenslang anhaltenden Krankheit zu leiden. Später, nach Vorliegen aller Befunde, wurde die Diagnose fallen gelassen.[20]*

> *Der Internist sagte einem älteren Patienten nach der körperlichen Untersuchung: »Es sieht nicht sehr gut aus. Unter anderem kann es auch Krebs sein, auch wenn es nicht sehr wahrscheinlich ist.« Glücklicherweise stellte sich die Erkrankung als gutartig heraus, aber der Patient sagte mir, dass seine Ängste nach dieser Aussage seine Tage in eine Hölle verwandelt haben.[21]*

Auch die Wahl eines schützenden Behandlungskonzeptes erlaubt, eigene Angst durch Biologisieren abzuwehren. Der Autor selber hat es auf Symposien zum Thema Angst des Öfteren erlebt, dass dort der Ton immer sachlich bleibt – was durch das Wissen um die biologischen Vorgänge sehr gut gelingt –, wenn nicht sogar ins Zynische kippt, um die eigene Angst abzuwehren. In diesem Zusammenhang ist die Rede vom »Homo neurobiologicus«, der »die frei entscheidende, selbstreflektierende Person zu einer Illusion erklärt«.[22]

Das »wohlpassende Ideenkleid«, in das Therapie hineingezwängt wird, das »Szientifizieren«, ist *wissenschaftlich sanktio-*

nierte Abwehr eigener Angst. Szientifizieren heißt kategorisieren, teilen, systematisieren, statt in das Wesen des Themas eindringen, es heißt ferner die Kategorien, die in der Psychiatrie geschaffen wurden, zu wissenschaftlichen Fakten erhöhen, um sie miteinander vergleichen und statistisch bearbeiten zu können. Eine solche Wissenschaft ist künstlich. Sie geht von verschiedenen Angstvarianten als eigenen Entitäten aus und ist dann irritiert, wenn Übergänge und Überlappungen die Forschung »komplizieren«.[23]

Freilich sind Auflistung, Kategorisierung und Statistik für die Naturwissenschaft unerlässlich. Ihr Wert muss jedoch in den Humanwissenschaften, und besonders in Psychiatrie und Psychotherapie, stark relativiert werden. Die Kategorisierung durch die verschiedenen diagnostischen Schlüssel in der Psychiatrie lenkt von der Omnipräsenz der Urangst in den psychiatrischen Erkrankungen ab, folglich auch von der Beschäftigung mit ihr. Das Denken in Kategorien ist der mentale weiße Kittel des Arztes.

Bezüglich der Psychoanalytiker schreibt Searles: »Als Psychoanalytiker sollten wir auf der Hut sein, wenn wir mit der vielfältigen Art und Weise konfrontiert werden, in der die Konzepte und die Techniken unserer Wissenschaft dazu benutzt werden können, die Angst vor Veränderung, die uns und unsere Patienten erfüllt, zu verdrängen.«[24]

In der Psychotherapie, einschließlich der Psychoanalyse, spiegelt sich die »Sucht nach dem Objektiven«, nach dem Biologischen in einem immerwährenden Versuch wider, sich den exakteren Naturwissenschaften anzugleichen, insbesondere der Psychiatrie mit ihren genauen Diagnosen und Leitfäden einer korrekten Therapie. Dabei ist die Psychiatrie selber ein Spätkömmling in der Großfamilie der Wissenschaften. Sie versuchte von Anfang an, das akkumulierte Wissen neurobiologisch und physiologisch zu verankern. Griesinger meinte schon 1845: »Geisteskrankheiten sind Erkrankungen des Gehirns« – und damit den »exakteren« Schwestern, der Neurologie und insbesondere der Inneren Medizin, gleichzuziehen. Diese versuchten ihrerseits immer schon, sich im Zuge des Strebens nach Rationalität und Status die »exaktesten«, allein der »objektiven Logik« gehorchenden Elite-Wissenschaften Mathematik und Physik zum Beispiel zu nehmen. Dabei wussten intuitiv denkende Mathematiker wie Gauß oder Russell schon früh, dass die Wissenschaft nicht exakt, sondern subjektiv, den menschlichen Grenzen und den Grenzen seiner Logik unterworfen ist.[25]

Freud träumte seit den Anfängen der Psychoanalyse von einer körperlich und physiologisch begründeten Existenz, einem naturwissenschaftlich »objektivierbaren« Wissen. Seine Worte aus dem Jahre 1910 klingen programmatisch: »Die Psychoanalyse vergisst niemals, dass das Seelische auf dem Organischen ruht, wenngleich ihre Arbeit es nur bis zu dieser Grundlage und nicht darüber hinaus verfolgen kann.«[26]

Ilse Burbiel warnt vor »einer Medizinalisierung und auch zu starker Professionalisierung von Psychotherapie und Psychoanalyse, [die] die Gefahr des Konformismus ohne intellektuelle und seelische Leidenschaft und Reformwillen in sich bergen. Konformismus aber gefährdet die Humanität, da Konformismus die individuelle psychisch-geistige Existenz jedes Einzelnen begrenzt.«[27]

13   Angst und Erziehung

Wenn Pädagogen in allen Epochen und
Kulturbereichen stets von neuem in den
Fehler verfallen, die Angstfolgen bei den
jungen Menschen (Verrohung, Aggressionen, Bandenbildung usw.) nur als
asozial zu betrachten und mit Gewaltmaßnahmen niederzudrücken, so haben sie
nichts getan, was diese Angst mildern
könnte.

Raymond Battegay 1970/1996

In einer sehr schönen Kindergeschichte, »Juli und das Monster«,[1] wird erzählt, wie Juli Angst hat, zur Toilette zu gehen,
weil er dort ein Monster vermutet. Die Mutter (die im Übrigen
dauernd mit Julis kleinen Schwesterchen beschäftigt ist und
nicht merkt, dass Juli unter Eifersucht leidet) versucht Juli mit
Sätzen wie »Es gibt keine Monster« abzuspeisen, die ihm
ebenso wenig helfen wie die pädagogischen Bemühungen der
Erzieherin. Letztere legt weit mehr Wert auf das Einprägen
von Verhaltensregeln (»Zuerst wird hier mal Guten Morgen
gesagt«) und vor allem auf »anständige« Erziehung (»Und du
weißt ganz genau, dass ihr alleine aufs Klo gehen sollt, zusammen ist verboten«) als auf einen Versuch, die Angst des
kleinen Juli zu verstehen. Ganz im Gegenteil: Nachdem das
»Allerschrecklichste« passiert ist (Juli nässt ein – vor Angst),
schützt sie ihn keineswegs vor dem Gelächter der anderen
Kinder, sondern wird vorwurfsvoll (»Du meine Güte! Auch
das noch!«) und strafend. Erst ein kleines Mädchen begreift,

dass es sich um Angst handelt, und findet auch den richtigen Umgang damit.

Schon im Kindergarten, spätestens aber bei Schulbeginn, wird Angst tendenziell verkannt; stattdessen bereitet die Schule auf rücksichtsloses Erfolgsstreben und auf Konkurrenzkampf vor, die in vielen Familien ohnehin bereits vermittelt werden. Und vor dem großen »Sprung« ins Gymnasium wird (in Deutschland) die Grundschule zum Schauplatz eines unerbittlichen Notensystems, das die »Fittesten« für das Gymnasium selektieren soll. Nicht mehr das Wissen oder das Können und schon gar nicht die Kreativität werden hier zum Maßstab, sondern vor allem die Stressresistenz, die gleichzeitig auch ein Verhalten von Angstabwehr bedeutet.

Zu allen Zeiten versuchte die Pädagogik in Verkennung der Angst der Kinder auch deren Ausagieren in Aggression zu unterdrücken. In solchen Fällen verdoppelt die Schule die Unterdrückungsdynamik vieler Familien und kann schon vorhandene psychische Schäden erheblich verstärken. Die Weltliteratur ist reich an Schilderungen erstarrter, sadistischer, Kinder missachtender und einschüchternder Pädagogik und Pädagogen, deren Tradition leicht bis ins Mittelalter zurückverfolgt werden kann (dazu gehören unter vielen anderen solche Lehrergestalten wie Dr. Mantelsack aus den Buddenbrooks von Thomas Mann oder der Rex in Alfred Anderschs »Der Vater eines Mörders«). Heinrich Mann schreibt vom »Untertan«, der alle Ängste eines Kindes durchgestanden hatte: »Nach so vielen Gewalten, denen man unterworfen war, nach den Märchenkröten, dem Vater, dem lieben Gott, dem Burggespenst und der Polizei, nach dem Schornsteinfeger, der einen durch den ganzen Schlot schleifen konnte, bis man ein schwarzer Mann war, und dem Doktor, der einen im Hals pinseln durfte und schütteln, wenn man schrie – nach allen diesen Gewalten geriet nun Diederich unter eine noch furchtbarere, den Menschen auf einmal ganz verschlingende: die Schule. Diederich betrat sie heulend [...].«[2] Heute sind die Schulmethoden freilich humaner, aber auch die Unterdrückungsmittel subtiler geworden. Strafen sind verboten, aber Beängstigung, Einschüchterung als Mittel zur Anpassung, mitunter Bloßstellung und Erniedrigung sind unter dem geforderten unpersönlichen Leistungsdruck weit verbreitet. Das von der Schule »gezüchtete« Menschenbild entspricht dem kognitiv intelligenten, skrupellos konkurrenzfähigen, emotional dürftigen Manager, dessen Kreativität sich in der Lösungsfindung für die Probleme seiner Firma erschöpft.

Ein Kind konnte seine Hausaufgaben trotz Hilfe der Eltern nicht lösen, weil diese von der Lehrerin ungenügend erklärt und von den Eltern auf dem Niveau des Kindes nicht zu lösen waren. Die Mutter schrieb der Lehrerin einen Brief, in dem sie bat, dem Kind die Hausaufgaben noch einmal zu erklären. Daraufhin holte die Lehrerin das Kind an die Tafel und gab ihm, nachdem es auch diesmal die Aufgaben nicht lösen konnte, die Note 6. Das Kind fühlte sich beschämt und bat die Eltern, in der Schule nicht zu intervenieren oder sich zu beschweren, aus Angst vor weiteren »Racheakten« oder Erniedrigungen.

Die große Chance der Menschheit bleibt die Erziehung, und besonders die Schule; eine Chance, die bisher verpasst wird. Die Schule trägt wenig, wenn überhaupt, zur Vermenschlichung bei, sie bleibt im Wesentlichen ein Instrument der konservativen Politik und der Macht, deren Hauptziel ist, bestehende Verhältnisse zu zementieren und fortzusetzen. Hauptmittel dazu bleibt das Vermitteln von kognitivem Wissen auf Kosten von ganzheitlichem, kreativem Denken, von Individualismus und Konkurrenzdenken auf Kosten von Solidarität und Gruppenbezug, von nach traditionellen »bür-

II Die Angst vor der Angst

gerlichen« Maßstäben gemessenem Erfolg auf Kosten von menschlichem Glück. Zentraler Teil einer solchen Erziehung ist die Unterdrückung der Gefühle – vor allem der Angst.

14 Angst und Identität

Identität hat in einem tieferen Sinn mit Bewusstmachung und Konfrontation der Angst zu tun. Schriftsteller haben das intuitiv erkannt. So wird es dem Leser von Stefan Zweigs Novelle »Angst« deutlich, dass die Heldin Irene, die immer wieder von heftiger Panik geplagt wird, nicht unter einer »einfachen«, paranoisch gefärbten Angst leidet; sie sucht sich einen Geliebten nicht nur aus Langeweile. Sie leidet unter der Leere ihrer sinnlosen, ziellosen Existenz, die mit extremer Angst verbunden ist. Sie ist ein Anhängsel ihres Mannes, sie hat keine eigene Identität.

Ammon schreibt bezüglich der Angst bei Borderline-Patienten: »Meines Erachtens manifestiert sich in der vielfältig schillernden Borderline-Pathologie [...] eine archaische Identitätsangst, die als Ausdruck einer frühen Schädigung der Ich-Entwicklung verstanden und behandelt werden kann. Die zersplitterten Identitäten, die der Borderline-Patient auch in seiner Symptomatik präsentiert, dienen der Abwehr einer unbewussten Identitätsdiffusion und der damit verbundenen existenziellen Ängste.«[1] Deshalb setzen Borderline-Patienten »ständig Widerstände zur Vermeidung von Angst« ein.[2]

Zu solchen Patienten, die innerlich verfangen sind und unter der inneren Leere als Angstäquivalent leiden, zählen auch die so genannten »Unerreichten«, weil sie sich in der Tiefe ihrer existenziellen Angst emotional nicht »erreichen« lassen; in manchen Fällen kann dies an einer existenziellen Grenze oder mit nonverbalen therapeutischen Mitteln geschehen. Die »Unerreichten« stellen ein erhebliches therapeutisches Problem dar. Der Kern der Identitätslosigkeit ist »ihre tiefe Verlassenheits- oder Urangst«.[3] In ihrer Kindheit und Jugend blieben ihnen Wärme, Fürsorge und das Verständnis für ihre Angst – die sie später deshalb wie eine Wunde abwehrten – verwehrt.

Beim Borderline-Patienten, so Ammon, dienen »Pseudo-Identitäten […] der Abwehr von existenzieller Angst, die aus der defizitären Identität resultiert […]. Der Borderline-Patient ist von pathologisch-destruktiver Angst beherrscht, d.h. von der Verlassenheitsangst, vor möglichem Heraustreten aus der Symbiose, vor Abgrenzung, vor dem Nein-sagen-Können. Dies ist die Angst vor Identität«; und er fügt hinzu: »Jeder Schritt aus der Symbiose hin zur eigenen Identität ist immer mit Angst verbunden.«[4] In diesem Verständnis stellt Identität einen lebenslangen Entwicklungsprozess dar, der beziehungs- und gruppenabhängig ist und eine Ich-Funktion im Rahmen der Persönlichkeitsstruktur darstellt. So genannte Frühstörungen können demnach als Identitätsstörungen verstanden werden, als Störungen, die »mit der Abwehr von existenzieller Angst« einhergehen.[5] Ihre Therapie kann als Identitätstherapie bezeichnet werden, mit dem umfassenden Ziel der Identitätsentwicklung jenseits der Symptombehandlung der Psychiatrie.

Dieser Prozess ist ohne Angst nicht vorstellbar. Da Identitätsfindung ein lebenslanger Prozess ist, der Grenzsituationen beinhaltet, muss der Mensch gerade dann Angst konfrontieren, wenn er sich menschlich entwickeln, vertiefen, geistig und emotional reifen will. Angstvermeidung ist demzufolge Identitätsvermeidung – und umgekehrt.

15 Die Angst vor der Angst

> Sie benutzte ihre Angst als eine charakter-
> liche Abwehr. Sie berichtete allmählich,
> dass ihre Angst [...] sie schützte vor einer
> anderen, grundlegenden, fundamentalen,
> verheerenden Angst.
>
> *Peter Giovacchini 1993*[1]

In der Regel wird unter Angst vor der Angst lediglich die anti-
zipatorische Angst vor Angstattacken verstanden. Ich verwen-
de den Begriff hier in einem gänzlich anderen Sinn. Gemeint
ist die Angst vor der Begegnung des Menschen mit seiner
eigenen Urangst, die auch die Begegnung mit der Tiefe des
eigenen Seins bedeutet. Die meisten Menschen leben, ohne
ihrer tieferen Angst bewusst zu werden, sie vermeiden diese
aus einer Angst, die größer ist als die verschiedenen bekannten Angstformen (Kap. 7). Dadurch entgeht ihnen aber jede
Möglichkeit des inneren Wachstums, der Entfaltung ihrer
eigenen Identität, ihres Menschseins. Ohne Begegnung mit
der eigenen Urangst gibt es keine wirkliche menschliche Entwicklung. Der hohe Preis der Angst vor der Angst ist die fla-
che, sinnlose Existenz. Beispielhaft ist das der Fall bei Borderline-Patienten, die nicht nur wegen ihrer oft quälenden
Beschwerden zu uns kommen, sondern auch, weil sie spüren,
dass ihnen das Gefühl der wahren Existenz fehlt. »Wesentlich
beim Borderline-Syndrom«, so Ammon, »ist die Angst vor der
Angst und das Weglaufen vor der Angst, die Hinwendung zur
Lust und zum Amusement«.[2]

Die Menschen unterscheiden sich grundsätzlich weniger

durch ihre Ängste als dadurch, wie sie diese spüren und vor allem, wie sie mit ihnen – d.h. mit ihrer Angst vor der Angst – umgehen.

> *Von Napoleon wird erzählt, dass er als junger Soldat in den Schutzgräben von Toulon saß, das von den Engländern vom Meer heftig bombardiert wurde, und vor Angst am ganzen Körper zitterte. Nicht weit von ihm schauten zwei kräftige Kerle spöttisch zu; der eine sagte laut zum anderen, auf den jungen Bonaparte deutend: »Schau dir diesen Jungen an, er bebt vor Angst am ganzen Leib.« Daraufhin erwiderte Napoleon: »Ja, es stimmt, ich habe schreckliche Angst. Wenn ihr eine solche Angst hättet, wäret ihr schon längst geflüchtet. Ich aber bleibe.«*

Warum scheuen die meisten Menschen diese Begegnung, warum haben sie so große Angst vor der Angst? Warum lassen sie sich von der Angst vor der Angst regieren?

Angst vor der Angst ist Flucht vor sich selbst, vor seinen Ängsten, Flucht in die »Normalität«. Wir alle neigen dazu, der Urangst, der Angst vor dem Tod, die uns an unsere Vergänglichkeit erinnert, auszuweichen. Unsere heutige Kultur unterstützt uns darin, sie unterdrückt die Angst – vermehrt seit dem Ende des Mittelalters – und ist besonders kreativ im Erfinden neuer Strategien, um ihr nicht ins Gesicht sehen zu müssen. Die Angst vor der Angst hat uns deshalb fest im Griff. Alle Bewältigungs- und Abwehrformen der Angst können als Strategien verstanden werden, die uns die Angst vor der Angst, die Begegnung mit unserem inneren Kern, ersparen sollten. Sie »schützt« den Menschen letzten Endes auch vor der Auseinandersetzung mit der Endlichkeit seiner Lebenszeit, mit dem Tod, mit der Einmaligkeit seiner Existenz. Sie ist *nicht* die Angst vor dem Tod, sondern die Angst, die uns davor abhält, dieser Angst ins Auge zu schauen. Sie ist auch *nicht* die Angst vor der Einmaligkeit unseres Lebens, sondern die Angst davor, diese Tatsache als solche – mit der dazugehörigen Angst – anzuerkennen und daraus Konsequenzen zu ziehen, die unser Leben anders gestalten können.

Die Angst vor der Angst ist wahrscheinlich der mächtigste Faktor des Widerstandes in der Psychotherapie und der häufigste Grund für ihren Abbruch. Für die Patienten stellt sich immer wieder die Frage, ob sie weitere Angst riskieren können und wollen, ob das Vertrauen in die Tragfähigkeit des Therapeuten (oder der Gruppe) ausreicht, um ihre Angst vor der Begegnung mit sich und vor der damit verbundenen Angst zu tragen. Psychotherapie – und insbesondere die Behandlung der Angststörungen – muss, wenn sie sich nicht mit der Bekämpfung des störenden Symptoms begnügt, die Angst vor der Angst des Patienten im Visier haben.

Der Therapeut muss auch die Angst vor der Angst bei sich selbst kennen und sie immer wieder unter ihren verschiedenen Masken identifizieren und bewusst machen. Darin – und nicht in der Andersartigkeit seiner Angst – ist er ein Vorbild für seine Patienten. Ohne die Auseinandersetzung mit der Angst vor der Angst wird der Therapeut formal, unauthentisch und kann nicht das Gefühl vermitteln, dass er die Angst des Patienten (was letzten Endes zum Vertrauen führen soll) mitträgt, noch diesem in seinem Kampf gegen die Angst zu einer Identifikationsfigur werden.

16 Angst und Aggression in der Psychotherapie

> Jeder Wut liegt eine Form von Angst
> zugrunde. Die Aggressivsten haben die
> größte Angst. Die Geschichte wäre sicherlich
> anders verlaufen, wenn die Aggressivsten
> öfter gefragt hätten: Was ist das in mir, vor
> dem ich die Augen verschließe?
> *Kay Pollak 2007*

> Die wichtigste Quelle für Feindseligkeit in
> der Welt ist nicht die im Menschen wirkende
> angeblich böse Natur, wie man heute immer
> wieder behauptet, sondern die Tatsache,
> dass die meisten Menschen sich ängstigen.
> *Erich Fromm 1991*

Analog zur Angst kann man auch bei der Aggression zwischen einer situativ bedingten »Realaggression« und einer tieferen Aggression unterscheiden, die existenzielle Wurzeln hat. Letztere stammt aus nicht verstandener, nicht ausgedrückter, gleichsam chronifizierter Wut, die zu einem Teil der Persönlichkeit wurde. Menschen, die eine solche Aggression in sich tragen, brauchen nur wenig, um die Kontrolle über sich zu verlieren: Sie können leicht zum Mörder werden, wenn beispielsweise ein freier Parkplatz vor ihrer Nase von jemand anderem weggenommen wird. Diese Art von Aggression ist in aller Regel Ausdruck einer abgewehrten unerträglichen Angst – eine Auffassung, die in der Literatur des Öfteren bestätigt wird. Zulliger beschreibt den Mechanismus der »Flucht nach vorn« als »Symptomverschiebung« im Krieg wie im Alltag.[1]

Sogar die physiologischen Mechanismen, denen die Angst und die Wut unterliegen, sind ähnlich.[2] Moderne bildgebende Verfahren scheinen zu bestätigen, dass die Amygdala sowohl für die Vermittlung von Angst als auch von aggressivem Verhalten bei Tieren und Menschen »zuständig« sei.[3] Nach Rachman stammen die Wörter für Angst und Ärger (im Englischen anguish und anger) aus derselben Wurzel.[4]

Ellenberger berichtet in seinem Buch »Die Entdeckung des Unbewussten« über eine zeremonielle Heilung bei den Pomo-Indianern in Kalifornien: »Der Medizinmann vermutete, er [der Patient] habe an einer Quelle ein Wasserungeheuer gesehen. Er machte ein Abbild einer großen Schlange mit mehreren Gelenken [...]. Als der Patient die schreckenerregende Erscheinung erblickte, wurde er von so großer Angst gepackt, dass er anfing die Menschen rundrum anzugreifen. Man brauchte 6 Personen um ihn niederzuhalten.«[5]

Trotz der Akzeptanz der Aggression als Ausdrucks- und Abwehrform der existenziellen Angst in der Fachliteratur wird die Aggression in Therapien viel zu oft konkret und als primär verstanden und die Angst, die ihr zugrunde liegt, übersehen oder verkannt. Bei Borderline-Patienten gehören Wut, Aggression und Hass zu den charakteristischen Symptomen der Erkrankung. Kernberg hält sie für zentral in der Genese der Störung und postuliert eine »angeborene Disposition zur Aggressionsaktivierung«, die zu einem »strukturell aggressiven Verhalten bei Kleinkindern« führt.[6] Für Kernberg wie für Melanie Klein ist also die Angst Folge der angeborenen (und durch Traumatisierungen in der Kindheit verstärkten) Aggression. »Aggression erhöht die Angst vor dem Objekt, auf das die Aggression projiziert wurde.«[7]

II *Die Angst vor der Angst*

Dulz hält die Aggression hingegen für eine der sekundären Abwehrformen der Angst, »die im Sinne einer Externalisierung der eigenen Entängstigung und Entlastung dient«, und folgert, Angst sei die Basis von Wut, Hass und Aggression.[8] Dies entspricht auch meiner Erfahrung mit Borderline-Patienten, die erst nach dem empathischen Verstehen ihrer oft unerträglichen Angst in einen therapeutischen Kontakt zu bekommen sind.

Ein junger Mann berichtete, dass in seiner Kindheit Angst »kein Thema« war. Der Patient wusste selber nicht, ob er sie nicht spürte oder ob sie von seiner Umgebung einfach nicht bemerkt oder ignoriert wurde. Stattdessen wurde auf jede aggressive Äußerung mit heftiger Ablehnung reagiert, denn Aggression hätte die Meinung der Nachbarn über den »Hausfrieden« der Familie negativ beeinflusst. Der Patient hatte gelernt, dass Aggression zwar missbilligt, aber – im Gegensatz zur Angst – immerhin bemerkt wurde, und drückte von nun an seine Ängste ausschließlich durch Wut aus. Freilich diente die Wut auch dem (unbewussten) Ausdruck des Protestes über seine Unterdrückung; darüber hinaus erkaufte er sich, als ein »Kind ohne Angst«, auch eine gewisse Achtung des Vaters. Aber die primäre Funktion der Aggression war, als Angstäquivalent zu fungieren. Nicht selten finden wir in der klinischen Arbeit derartige, mehrfach determinierte Abwehrformationen der Angst.

Die Gegenübertragung (d.h., die Gefühle, die solche Menschen in uns wecken, besonders in der Therapie), die uns sozusagen in die Irre führt, indem sie uns bei Borderline-Patienten Wut statt Angst spüren (und oft ebenso reagieren) lässt, die ihre Angst mit Wut abwehren, entspricht nach meiner Einschätzung der Einstellung der früheren Umgebung des

Patienten, die auf dessen Angst mit Unverständnis oder mit Wut und Unterdrückung reagierte.

Die Bedeutung der Verbindung zwischen Aggression und Angst für das menschliche Verhalten kann nicht hoch genug eingeschätzt werden. Sie spielt auch für das Verständnis von Gewalt und Kriminalität eine wichtige Rolle. Der Volksmund spricht von »Angstbeißern«. So z.B. bei Borderline-Persönlichkeitsstörungen, deren »destruktive Angst, im eigentlichen Sinne Vernichtungsangst, [...] nach außen agiert wird und sich in Formen destruktiver Wut äußert. Diese Form der Angst ist eine der Ursachen der so genannten Borderline-Kriminalität.«[9] Aber auch bei sonst unauffälligen Jugendlichen oder Erwachsenen, die plötzlich, ohne Vorwarnung, zu Amokläufern oder Mördern werden, handelt es sich um den gleichen Mechanismus des Kippens von akkumulierter Angst in (plötzliche) Aggression. Auslöser ist oft eine Situation, die Angst provoziert – besonders durch Reaktivierung alter Verlassenheitserfahrungen – und den schon vorhandenen hohen Angstpegel zum »Kippen« bringt; die Angst schlägt dann »plötzlich« in Hass um, aus dem bis dahin »unauffälligen« jungen Mann wird ein »Angst-Krimineller« bzw. ein Amokläufer. Thomä weist darauf hin, dass sich »ein solcher Wechsel [...] oft durch ganz feine Anzeichen verrät«.[10] Aggression hebt die oft schwer erträgliche Hilflosigkeit der Angst auf, die »ein Basisgefühl der Borderline-Patienten« ist.[11] Battegay schreibt: »Auch mittels massiver Aggression versucht der Mensch, sich seiner Lebensangst zu entledigen [...] Greift er die Umgebenden an, braucht er seine Lebensangst nicht auszuhalten.«[12]

Die Tatsache, dass sich hinter der Aggression oft tiefe, unerträgliche Angst verbirgt, bedeutet freilich nicht, dass in der Psychotherapie die Arbeit an der Aggression vernachlässigt werden soll. Im Gegenteil, sie stellt einen unverzicht-

　　　　　　　　　　II Die Angst vor der Angst

Angst

Abbildung 3a und b:
Zwei Bilder einer
Patientin, die den
Übergang von Wut
in Angst im Laufe
einer Therapie
illustrieren.

baren Teil jeder Therapie dar. Aber der Therapeut muss wissen, dass sich hinter der Aggression auch ein anderes, grundlegendes Gefühl verbirgt und dessen Erkennung, Benennung und empathische Bearbeitung unerlässliche Teile der Therapie sind. Es kann als Fortschritt der Therapie betrachtet werden, wenn die anfängliche – oft ausschließliche – Wut der Angst Platz macht; es bedeutet, dass seitens des Patienten genug Vertrauen vorhanden ist, um es riskieren zu können, die »Schwäche« seiner Angst dem Therapeuten zu zeigen.

Ein Borderline-Patient delegiert die nicht bewältigte frei flottierende Angst an den Therapeuten oder an die Gruppe, wenn ihm keine anderen Möglichkeiten, vor allem die »Umwandlung« von Angst in Aggression, zur Verfügung stehen.

In der Psychotherapie ist es oft nützlich, die Angst nicht zu deuten (der Patient, der sie nicht spürt, nimmt uns diese Deutung übel); es ist eher nützlich, sie dort zu *erkennen*, wo sie als Aggression maskiert auftritt. Die Deutung der Angst ist erst dann angemessen, wenn der Patient mit dieser Erkenntnis umgehen, d.h. selber bereits die Angst spüren kann. Wie eine Therapie stagnieren kann, wenn die Aggression nur konkret und nicht als Ausdruck der Angst verstanden wird, kann man in einem Beispiel von Gaetano Benedetti nachlesen:

»*Eine Borderline-Patientin litt unter anderem an einer weltfremden Aggressivität, die sich praktisch auf sämtliche Partner ihres Lebens richtete [...]. Dabei hatte die Patientin den Quasi-Wahn entwickelt, dass alle Menschen sie ablehnten und dass die eigenen Aggressionen nur eine Antwort auf die Böswilligkeit der Mitmenschen waren [...]. Auch in der Analyse entwickelte diese Patientin eine hartnäckige, mehrere Jahre dauernde negative Übertragung. Alle Deutungen ihrer Therapeutin waren falsch,*

II Die Angst vor der Angst

waren der Ausdruck ihrer Unfähigkeit, sie zu verstehen [...].
Die Penetranz der Aggressivität dieser Patientin war so groß,
dass die Therapeutin ihr schließlich sagte, sie müsse sie tatsäch-
lich ablehnen, d.h. sie müsse die Therapie für zwei Monate un-
terbrechen [...]. Nach zwei Monaten wurde die Therapie wieder
aufgenommen und die Patientin brachte folgenden Traum: Die
Therapeutin war die Patientin. Sie lag nun auf der Couch und
sie war verrückt [...].«[13]

Hätte die Therapeutin nicht so hartnäckig auf der Bearbeitung
der Aggression bestanden, sondern versucht zu verstehen,
dass »von allen Menschen abgelehnt« zu werden gleichbedeu-
tend ist mit Alleingelassenwerden und folglich (in der frühen
Kindheit) mit Todesangst, dann hätte sie nicht – als Ausdruck
ihrer Gegenübertragung – mitagiert und die Patientin »tatsächlich ablehnen« müssen. Die Patientin hatte sicherlich
Recht, als sie alle Deutungen der Therapeutin für falsch hielt.
Es war tatsächlich »verrückt« von der Therapeutin, diese Patientin auf der Couch zu behandeln und sie mit ihrer Angst
abzulehnen.

Bei Patienten mit schizophrenen Psychosen kann die Überschreitung ihrer schwachen Ich-Grenzen nach außen zum
»Kippen« der Todesangst in ebenso heftige Aggression zur
Folge haben. »Schizophrene kommen, wenn eine gewisse soziale und räumliche, eine kritische Distanz zu ihnen überschritten wird, häufig in eine schwere Todesangst. Sie fühlen
sich dem sich Nähernden wehrlos und vollkommen ausgeliefert [...] dabei können sie etwa so aggressiv werden, dass sie
nicht nur sich selbst noch mehr isolieren, sondern auch andere gefährden können.«[14]

Ein junger psychotischer Patient sagte: »Ich weiß nicht warum,
aber es fällt mir viel leichter, aggressiv zu sein, als Angst zu-

zulassen.« Beim ersten Klinikaufenthalt war er wochenlang wütend, wobei die dahinter liegende Angst kaum erkannt wurde. Später, während seine Therapeutin in der Klinik in Urlaub war, besuchte er seine Freundin. Als er das Gefühl hatte, bei ihr nicht genügend Zuwendung zu erfahren, kam er zurück und demolierte aus Wut einen Raum in der Klinik.

Prof. Mundt aus Göttingen (2007) berichtet, er habe als junger Arzt einen schizophrenen Patienten in die Klinik aufgenommen, der unter starker Angst litt. Er sprach lange Zeit mit dem Patienten, versuchte ihn empathisch zu verstehen und es entwickelte sich zwischen den beiden ein Kontakt. Anschließend sah er sich jedoch auf Grund der Tatsache, dass der Patient nicht bereit war, Medikamente einzunehmen, gezwungen, ihn in eine andere Klinik mit einer geschlossenen Abteilung zu verlegen. Als der Patient dort ankam, wurde er von einem Pfleger begrüßt, der sich ihm (bedrohlich?) näherte. Daraufhin zog der Patient eine Pistole aus seiner Tasche und erschoss den Pfleger.

Hier treffen meines Erachtens psychodynamische und gruppendynamische Momente zusammen – das Verlassensein von der als Schutz gewährend erlebten Person (bzw. Elternteil), die als bedrohlich erlebte Überschreitung der Grenze durch den Pfleger; möglicherweise handelt es sich um Aspekte der gleichen Person in der Vergangenheit im Sinne einer Doublebind-Dynamik. Schibalski schildert eindrucksvoll, wie Gewalt unerträgliche Angst bei einem psychotischen Patienten abwehrt:

Ein mehrfacher Mörder, der in dem Wahn lebte, dass Natur, Menschen und Tiere von extrastellaren Robotern geschaffen seien, um ihn zu quälen und auszuspionieren, geriet im Tagtraum in einen schweren aggressiven Zustand, in dem er be-

II Die Angst vor der Angst

gann, die gesamte Einrichtung zu zertrümmern. Wegen der enormen Körperkräfte des Patienten und seiner massiven Erscheinung war die Station binnen kurzem wie leergefegt. Als ich, von dem Lärm alarmiert, den langen Stationsgang betrat, war er gerade dabei, am anderen Ende des ca. 30 m langen Ganges Fensterscheiben zu zertrümmern. Dabei schrie er immer wieder: »Ihr Schweine, ihr Schweine, ihr bringt ihn um.« Ich forderte ihn auf, zu mir zu kommen, und sprach seine große Angst an, dass er jemanden umbringen könnte oder umgebracht werden könnte. Er kam dann langsam wie ein gequältes Tier, immer wieder eine Fensterscheibe zerschlagend, näher, wobei ich einerseits stellvertretend für ihn seine Angst verbalisierte und ihm gleichzeitig versicherte, dass ihm nichts passieren könne. Ich führte ihn dann in mein Arbeitszimmer und begann mit ihm Schach zu spielen, da ich wusste, dass er ein ausgezeichneter Schachspieler war. In kurzer Zeit nahm er mir alle meine Figuren, drängte mich mit der massiven Front seiner Offiziere in die Ecke und setzte mich schachmatt.

In seinem durch das Schachspiel vermittelten Gefühl der Überlegenheit konnte er seine Angst bewältigen und konnte darüber sprechen, wie er in diesen Zustand geraten war.[15]

Man kann sich leicht vorstellen, wie der Patient in einer anderen Situation, in der seine Angst als Aggression verkannt worden wäre, reagiert hätte: beispielsweise, wenn man ihn übermannt, fixiert oder bedroht hätte. Psychotische Patienten können Angst durchaus spüren und sind – im Gegensatz zu vielen Borderline-Patienten – oft dankbar, wenn der Therapeut sie erkennt und benennt.

Macht über andere Menschen ist am besten geeignet, das Gefühl zu erzeugen, man habe keine Angst, indem man anderen Angst macht. In Fenichels Worten: »Kann man andere aktiv bedrohen, so braucht man sich nicht der Angst auszusetzen, selbst bedroht zu werden.«[16] Darin liegt möglicherweise auch der tiefere Sinn des Satzes »Angriff ist die beste Verteidigung«; denn wer angreift, verteidigt seine Angst am besten, indem er sie vor dem Angriff anderer schützt. Macht ist das wirksamste Betäubungsmittel der Angst. Schriftsteller, Filmregisseure und Künstler, oft scharfe – und durch keine Vorurteile gebundene – Beobachter von Menschen, begreifen es intuitiv. In Kay Pollaks Film »Wie im Himmel«[17] sind wir Zeugen eines grausamen Haustyrannen, der seine Frau sadistisch behandelt und fast umbringt; erst nach seiner Verhaftung durch die Polizei entpuppt er sich in seiner wahren Natur als ängstliches, abhängiges Kind: ein Kind, dass versucht, die Verlustangst der Trennung durch Terrorisierung zu vermeiden, seine Frau durch Gewalt und Einschüchterung zu zwingen, bei ihm zu bleiben. Eugène Ionescos Dramafigur des Königs aus »Der König stirbt«[18] erhebt den Despoten zur prototypischen Figur jedes Diktators, dessen wahre Angst durch Grausamkeit abgewehrt wird und sich erst unmittelbar vor dem Tod als solche in all ihrer Intensität zeigt. Die Beispiele von Hermann Göring und anderen Naziführern wurden schon in diesem Zusammenhang erwähnt.

Winnicott und Bowlby haben früh auf den Zusammenhang zwischen Angst, Aggression und Delinquenz und ihre frühkindliche Bedingtheit durch die Lebensgeschichte hingewiesen. In einem Brief an das British Medical Journal berichten sie von einer Studie über evakuierte Kinder, die »ergab, dass ein wichtiger äußerer Faktor bei der Entwicklung einer hartnäckigen Delinquenz eine längere Trennung des kleinen Kindes von seiner Mutter ist«. Und sie warnen, dass solche Trennungen, die durch die Evakuierung der Kleinkinder ohne ihre Mütter verursacht werden, »zum Beispiel ein drastisches Ansteigen der Jugendkriminalität im nächsten Jahrzehnt« zur Folge haben könnten.[19]

II *Die Angst vor der Angst*

Zu allen Zeiten versuchte die Pädagogik in Verkennung der Angst der Kinder auch deren Ausagieren in Aggression zu unterdrücken. Heute sind es nach Battegay die »Gewaltszenen an der Television und im Film«, die diesen Prozess fördern, ebenso auch verschiedene Spiele an Automaten oder mit Plastikwaffen, die mit den echten Waffen identisch sind und »so zum angstbesetzten Faszinosum« werden.[20]

Der Aggression als Maske der Angst begegnen wir nicht selten auch in der Politik.[21] Angst und Aggression hängen auch mit Terror bzw. Terrorismus zusammen. Terror heißt Schreckensherrschaft, eine Politik mit den Mitteln von Angst, Drohung und Gewalt. Sie wird vom lateinischen Wort für Schrecken, also Angst abgeleitet, eigentlich die Angst, die ein Mensch oder ein Regime durch Unterdrückung und Drohung auslöst. Aber dahinter verbirgt sich die nicht gespürte Angst dessen, der sie verbreitet.

Wie kann die Häufigkeit erklärt werden, in der Menschen ihre Angst durch Aggression ausdrücken?

1. Aggression ist leichter zu ertragen als diffuse Angst; in der Wut »spürt« man sich, im Gegensatz zur diffusen Angst;
2. Aggression kann gerichtet sein (z.B. gegen den Therapeuten), diffuse Angst nicht;
3. Aggression ist in unserer patriarchalischen Tradition kulturell und sozial meist akzeptabler als Angst; sie wird immer noch mit Männlichkeit, Mut und Tapferkeit assoziiert;
4. Angst macht ohnmächtig; Aggression hingegen kann gegen etwas oder jemanden gerichtet werden (in der Realität und der Übertragung) und damit das Gefühl von Ohnmacht aufheben (freilich gibt es auch ohnmächtige Wut, aber auch diese ist gegen jemanden, etwa einen überlegenen Feind, gerichtet);

5. in der Gegenübertragung ruft Aggression Wut hervor, wird infolgedessen von den Eltern bzw. der Primärgruppe mehr beachtet; Angst hingegen ruft oft Hilflosigkeit hervor (die ihrerseits beispielsweise die Eltern wütend machen kann).

Wie die Familie kann sich auch der Therapeut ohnmächtig und ratlos fühlen vor der tiefen existenziellen Angst – nicht aber vor seiner Wut! Wie ist es zu erklären, dass Therapeuten so oft mit ihrer Gegenübertragung auf die Wut des Patienten reagieren, wenn diese lediglich eine Abwehrstrategie der tiefer liegenden Angst darstellt? Liegt diese Gegenübertragung auch der vermehrten Beschäftigung mit der Aggression bei Borderline-Patienten in Therapie und Forschung zugrunde (vgl. Kernberg)? Die Gegenübertragung, die uns sozusagen in die Irre führt, indem sie uns Wut (z. B. bei Borderline-Patienten, die ihre Angst mit Wut abwehren) statt Angst spüren lässt, entspricht der Einstellung der früheren Umgebung des Patienten, die auf dessen Angst mit Wut und Ablehnung reagierte.[22]

Als Therapeut muss man sich der existenziellen Angst immer bewusst sein, auch während man an der Aggression arbeitet. Ohne Zweifel ist die Bearbeitung von Wut und Hass, besonders in der Therapie von Borderline-Patienten, von großer Bedeutung.[23]

Ein 50-jähriger Patient reinszenierte ein Leben lang die Ursituation, in der er von der Mutter im Alter von ca. 4 Jahren weggegeben wurde. Die Mutter holte ihn 4 Jahre später zurück, ließ ihn aber deutlich spüren, dass er nur bleiben könnte, wenn er sich stets »brav verhalten« würde. Anpassung, Wut und Schuldgefühle begleiteten jeden zaghaften Trennungsschritt im Leben des Patienten. Erst durch dass Bewusstwerden der damaligen Verlassenheitsangst, der existenziellen Urangst, die in der Tiefe

die gleiche geblieben war, und der Tatsache, dass die aktuellen
Schritte in sich nicht oder nur unwesentlich mit Angst verbun-
den waren, gelang es ihm, sich allmählich von seiner Ambiva-
lenz in Trennungssituationen zu lösen. Dieser Prozess ging mit
dem Gefühl einer großen inneren Befreiung einher.

Der Therapeut kann aber die Angst hinter der Wut des Patienten nur dann erkennen, wenn er seine eigene Urangst kennt
und selbst erfahren hat, wie Aggression imstande ist, diese
Angst erfolgreich zu maskieren. Erst dadurch kann tieferes
Vertrauen und ein Bündnis entstehen.

Es besteht ganz allgemein bei Menschen die Tendenz,
Angst durch Aggression auszudrücken oder, besser gesagt,
abzuwehren – sie wird durch kulturelle Faktoren verstärkt.
»Betrachten wir […] den so genannten ›Normalen‹ und nehmen wir an, er habe Angst, also eine sehr unlustvolle Empfin-
dung, die seinen Kontakt mit anderen Menschen stört. Da
er in einer Gesellschaft und einer Kultur lebt, in welcher er
sein Gesicht und seine Selbstachtung verliert oder zu verlieren glaubt, wenn er Furcht oder Angst eingesteht«, schreibt
Fromm-Reichmann, »so versucht er, sein Angstgefühl in
Ärger zu verwandeln«.[24]

Auch das Gefühl von Lebendigkeit, das Angst macht, kann
beim Menschen Wut provozieren: »Unsere eigene Lebendigkeit und die des Anderen machen uns Angst. Bricht diese Lebendigkeit doch einmal durch, so steigt Wut auf, und wir selber wenden uns gegen unsere eigene Freiheit. Es ist die
Lebendigkeit selbst, gegen die wir uns stellen.«[25] Angst und
Aggression gehören zusammen in einer »dynamischen Einheit«, die Ammon als »archimedischen Punkt von Krankheits-
prozessen« bezeichnet.[26]

Die Aggression ist die große »Maske« der Emotionen:
Nicht nur für Angst – auch für Schuldgefühle, Scham, Ver-

letztheit, Entäuschungen, für übermäßige Sensibilität und Grenzoffenheit kann sie sehr willkommenen Schutz und Abwehr bieten.

Auch für die Aggression in all ihren Formen, und insbesondere als Abwehrform der Angst, ist Gruppentherapie die Therapie der Wahl. Angst wie auch die sekundäre Aggression »verteilen« sich in einer gruppendynamisch gut geführten Gruppe und polarisieren sich nicht zwischen Patienten und Therapeuten, wie im Zweier-Setting der Einzeltherapie. Ein weiterer Vorteil der Gruppe liegt darin, dass die häufige Befürchtung vieler Patienten, durch Wut oder »Undankbarkeit« den Therapeuten zu verlieren (entsprechend solchen Familiendynamiken, in denen Drohungen dieser Art benutzt worden sind), weitgehend aufgehoben wird. In Gruppen entstehen immer verschiedene »Fraktionen«, von denen in der Regel zumindest eine zur Verbündung und Unterstützung bereit ist. Die Identifikation mit der Aggression anderer Teilnehmer der Gruppe, selbst für Patienten, die eigene Aggression (noch) nicht spüren können, ist ein weiterer therapeutisch wirksamer Aspekt der Gruppentherapie. Die gelegentliche Verbündung der gesamten Gruppe gegen den Leiter ist gruppendynamisch kein ödipaler »Mordversuch« im Freudschen Sinne, sondern vielmehr ein wichtiger »Test«, der, wenn er vom Leiter (bzw. den Leitern) »bestanden« wird, die Gruppe schließt und erheblich zu deren Stabilität und Arbeitsfähigkeit beiträgt, ja, unerlässlich für sie ist.[27]

»In der Gruppe werden Angst und Aggression zu sozialen Bindemitteln«, schreibt Battegay.[28] »Die Gruppe entspricht einem Versuch, die Angst zu überwinden.« Die Gruppe bedeutet für viele, die unter Angst leiden, eine Art »archaischer Lösung«. Die Tragfähigkeit von Gruppen ist viel größer als die von Einzelnen. Wenn es dem Patienten gelingt, sie zu verinnerlichen, kann er aus seiner Einsamkeit allmählich heraustreten. Gruppentherapie gewinnt damit die anthropologische Dimension der Rückkehr zur Gruppe und zum Gefühl der menschlichen Solidarität.

Angst, Hass und Suizidalität

Hass ist eine gesteigerte Form der Aggression, die auf eine Person gerichtet ist und extreme Ausmaße annehmen bzw. als Identitätsersatz, der dem Leben einen (destruktiven) »Sinn« gibt, fungieren kann.[29] Kernberg spricht von einem »komplexen, strukturierten Abkömmling von Wut […], der die vereinten Wünsche widerspiegelt, ein schlechtes Objekt zu zerstören, es leiden zu lassen und es mit Hilfe des wütenden Selbst zu kontrollieren«.[30]

Eine Wut, die die Ausmaße eines intensiven Hasses annimmt, kann psychodynamisch immer auf Verlassenheit und die damit verbundene Ohnmacht, Scham und Erniedrigung zurückgeführt werden. Der Mörder aus Hass »ermordet« dann den »Nachfolger« des ursprünglichen Verlassenden, der die alte Wunde aufreißt und Angst, Schmerz und Scham bis zur Unerträglichkeit steigert. In diesem Sinn kann Hass als Versuch verstanden werden, die innere Angst, den inneren Schmerz, den »Fremden in uns«,[31] nach außen zu projizieren. Unter den führenden Nazis findet man viele Beispiele fehlender Identität, die sich in Hass gegen alles Lebendige, alles Menschliche gerichtet hat. Hass projiziert die eigene Angst, indem sie durch Terror anderen Angst macht. Identitätslose, schwache Persönlichkeiten können leicht manipuliert und instrumentalisiert werden, um ihre Urangst und die »Sinnlosigkeit« ihres Lebens als Hass und religiösen Fanatismus zu kanalisieren und daraus lebende Kanonenkugeln gegen Kinder und alte Menschen zu erzeugen, die an den empfindlichsten Punkten der Bevölkerung eingesetzt werden.

Gibt es eine »maligne« Form der Angst? Wenn chronische, unverstandene Angst unterdrückt und manipuliert und durch Aggression ausgedrückt wird, kann sich die Aggression im Laufe der Zeit von ihrer Funktion als Angstabwehr ablösen und zu einer »selbständigen« Eigenschaft werden.[32] Die identitätsersetzende Funktion des Hasses sowie opportunistische, religiöse oder politische Manipulation können diesen Prozess intensivieren und aus abhängigen Persönlichkeiten gefährliche Terroristen erzeugen.

Das Gefühl, ohnmächtig etwas ausgeliefert zu sein, kann (besonders bei Borderline-Kranken) Wut auslösen; damit ist auch die Gefahr der Suizidalität verbunden. Die Explosivität der als Wut und Hass abgewehrten Angst tritt akut zutage in Trennungssituationen. Das Verlassenwerden vom Partner ist wahrscheinlich die häufigste Ursache des Suizids bei Borderline-Kranken. In dieser Konstellation wird die durch Verlassenheit erzeugte Urangst als Aggression gegen sich selbst gewendet; die scheinbare Selbstaggression ist aber eigentlich die Rache an denen, die die Verlassenheit verursacht haben – vertreten etwa durch Partner, die eine abhängige Beziehung (meist plötzlich) abbrechen. »Selbstmord ist oft ein Racheakt, dass heißt eine Aggression oder ein partieller Mord, gerichtet gegen die, welche zurückbleiben«, schreibt Karl Menninger.[33] Götze zitiert einen suizidalen Borderline-Patienten, der sagt: »Immer fürchtete ich, verlassen und dadurch vernichtet zu werden.«[34]

Wenn von Angst und Suizid die Rede ist, handelt es sich scheinbar um einen Widerspruch: Kann Todes*angst* zum gewollten, geplanten Tod führen? Hier bedeutet aber Todesangst auch Angst vor einem Leben, das von Angst und Leere beherrscht wird. »Wiederholt haben wir mit Patienten sprechen

II Die Angst vor der Angst

können, die ihren Suizidversuch deshalb ausgeführt hatten, weil sie ihre Todesangst nicht mehr aushalten konnten«, erklärt Battegay. »Es ist oft eher diese Lebensangst als die Sterbensnot, die sie zum Selbstmord verleitet.«[35]

17 Therapie der Angststörungen

Die Psychiater, zu deren Beobachtung sich
doch die ungewöhnlichsten und verwunder-
lichsten seelischen Phänomene drängten,
zeigten keine Neigung, Details zu beachten
und ihren Zusammenhängen nachzuspüren.
Sie begnügten sich damit, die Buntheit der
Krankheitserscheinungen zu klassifizieren
und sie, wo immer es nur anging, auf
somatische, anatomische oder chemische
Störungsursachen zurückzuführen. In dieser
materialistischen oder besser: mechanistischen Periode hat die Medizin großartige
Fortschritte gemacht, aber auch das vor-
nehmste und schwierigste unter den Problemen des Lebens in kurzsichtiger Weise
verkannt.
Sigmund Freud 1925

Wenn man bereit ist zuzustimmen, dass Angst einen wesentlichen Teil jeder psychischen Krankheit oder Störung bildet,
dann ist Psychotherapie im weiteren Sinne Angsttherapie.
Dies mag ein Grund sein, weshalb uns unsere Borderline-
Patienten immer wieder durch ihr Agieren, ihre Abbruchdro-
hungen, ihre Aggression testen, indem sie uns entwerten oder
versuchen, uns zum »Aggressor« zu machen. Sie stellen uns
damit die Frage: »Werden Sie auch so sein wie die anderen,
die mich in meiner existenziellen Angst nicht verstanden, die
mich gedemütigt, bestraft, verlassen und mein Vertrauen
missbraucht haben?«

II Die Angst vor der Angst

Andere Patienten, die Beziehungstraumata erlebt haben, in deren Geschichte Vertrauen, Nähe und Schutz in ihr Gegenteil umgeschlagen sind oder die diese nie erleben durften, werden verständlicherweise misstrauisch reagieren, öfters abbrechen wollen, um sich keiner Retraumatisierung auszusetzen. Für viele Patienten, deren Geschichte früh von Verlassenheit und Vernachlässigung gekennzeichnet war, ist schon der Urlaub des Therapeuten traumatisch. »Warum sollte ich ihm vertrauen?«, denken sie, »er ist ja sowieso bald ganz weg«.

Patienten stellen uns implizit auch andere wichtige Fragen: »Verstehen Sie überhaupt meine Angst? Kennen Sie sie eigentlich auch (denn man versteht nur das richtig, was man selber auch kennt)?« Und die Hauptfrage: »Sind Sie wirklich bereit, meine Angst mitzutragen?« Die innere Bejahung dieser Frage von Seiten des Therapeuten kann zur tieferen Grundlage der therapeutischen Beziehung werden.

Angst ist ein Teil des menschlichen Schicksals – ein wesentlicher Teil, der aus keiner menschlichen Beziehung, Betätigung oder Errungenschaft wegzudenken ist. Die Therapie kann Angst lindern, in Beziehung binden, erträglich machen; sie kann aus Angst kreativierende Kräfte erzeugen. Sie kann aber Angst nicht »heilen«. Sie stellt eine »nie loszuwerdende, auch psychotherapeutisch nicht zu beseitigende Mitgift unseres Daseins« dar.[1] Bücher mit Titeln wie »Angst bewältigen«,[2] »Angstfrei leben«,[3] »Frei von Angst und Panik«[4] sind heute weit verbreitet. In Letzterem empfehlen die Autoren die »Befreiung von Angst« in sieben Schritten (mit »praktischen Tipps«), wovon der erste Schritt den Untertitel trägt: »Weg von der Angst – hin zum Glücklichsein«. Solche Bücher sind irreführend und trügerisch, weil sie die Illusion einer Befreiung von Angst, eines Lebens ohne Angst erzeugen. Sie suggerieren darüber hinaus, dass der Therapeut ein (glücklicherweise) angstfreier Mensch ist oder seine Angst bereits überwunden hat. »Es zeigt sich immer deutlicher«, schreibt Borens im Vorwort zu Guido Meyers »Konzepte der Angst in der Psychoanalyse«, »dass diese Verfahren, abgesehen von einer gewissen, leider oft nicht ungefährlichen Oberflächen-kosmetik, keine bleibenden Besserungen erzielen können. Immer mehr Leute, die diesen Prozeduren unterzogen wur-den, kommen in die psychotherapeutische (psychoanalyti-sche) Praxis und berichten darüber, dass ihre Ängste sich zwar unter der Behandlung modifiziert haben, dass aber gerade da-durch umso drängendere Fragen und Probleme aufgetaucht sind, denen ihre Therapeuten ratlos oder gar abweisend ge-genüberstehen.«[5]

Es gilt, in der Therapie die Angst bewusst zu machen, zu verstehen, mitzutragen, durch Kontakt die Einsamkeit des Patienten zu verringern und damit auch seine Angst erträg-licher zu machen. Deshalb kommt es in der Behandlung der Angstpatienten nicht in erster Linie auf die Methodik an, son-dern auf die Person des Therapeuten, wie ich weiter unten ausführlicher schildern werde. Nur derjenige Therapeut ist authentisch, der selber die Angst und ihre »Spielarten« kennt, sie konfrontiert und gelernt hat, sich in seiner Angst mit anderen Menschen zu verbünden.

Angst »macht den Menschen zum Menschen«[6] in dem Sinn, dass der Mensch durch das *Bewusstsein* seiner existen-ziellen Angst geistige Tiefe erlangt. Angst ist auch einer der tiefen Gründe zum menschlichen Kontakt und zur Solidari-tät. Angst liegt auch unserer Sehnsucht nach dem Unvergäng-lichen zugrunde – und dem Schönen in Kunst, Musik und Literatur. Sie macht uns empfänglich für das Geistige. Im Folgenden werde ich, von diesen allgemeinen Ansätzen aus-gehend, auf einige Therapiemethoden eingehen, um ihren Stellenwert für die gesamte Behandlung der Angststörungen zu beleuchten.

II Die Angst vor der Angst

Unter dem Aspekt der Angst, der hier Thema ist, ist die Frage einer scharfen diagnostischen Trennung von lediglich theoretischem Interesse. Die Übergänge zwischen Borderline-Störungen und Schizophrenie bzw. zwischen den Psychosen sind fließend und berechtigen für die klinische Arbeit keine scharfe Trennung. Die Unterschiede zwischen den einzelnen Patienten mit Borderline-Störung untereinander sind größer, wie auch diejenigen zwischen den schizophrenen Individuen, als zwischen den diagnostischen Kategorien.

Weit wichtiger als die diagnostische Kategorisierung ist für den Therapeuten das Verständnis für die individuelle psychodynamische und gruppendynamische Geschichte der Angst des Patienten, seine Manifestationen und Abwehrstrategien, sein Bewusstwerden dieser Varianten und schließlich seine Bereitschaft, sich mit dem/den Therapeuten gegen die Angst vor der Angst zu verbünden. Erst dann kann der »Sinn« der Angststörung für den individuellen Patienten richtig verstanden und der Weg zur Heilung eingeschlagen werden.

Medikamentöse Therapie

Die medikamentöse Behandlung der Angst wird hier nur kurz behandelt; sie ist nicht Hauptanliegen dieser Arbeit. Die Anzahl der ausführlichen Texte und Monographien zum Thema ist groß.[7]

Es wäre vermessen und inhuman, einem Menschen mit Zahnschmerzen ein schmerzlinderndes Mittel zu verweigern; mit der gleichen Begründung sind Medikamente gegen Angst, sog. Anxiolytika, notwendig. Aus der medikamentösen Therapie soll aber niemals eine Behandlung für sich erwachsen oder gar eine Alternative zur Psychotherapie, da die Gründe der Angsterkrankung mit dem Medikament nicht zu beeinflussen sind. Menschen, die unter Angst leiden, sind allein und verzweifelt; sie brauchen mindestens *einen* anderen Menschen, der diese Angst versteht und mitträgt. Das Medikament ersetzt den Mitmenschen nicht; im Gegenteil: Die alleinige Gabe eines Mittels wiederholt die Verlassenheitssituation in der Kindheit des Patienten. Medikamentöse Therapie ist als Unterstützung der Psychotherapie zu verstehen.[8]

Zu den wirksamen Anxiolytika gehören nach heutiger Erfahrung vier Klassen von Substanzen:

- Trizyklische Antidepressiva (TZA)
- Serotonin-Wiederaufnahmehemmer (SSRI)
- Beruhigungsmittel (z. B. Benzodiazepine)
- Sonstige (z. B. Azapiron)

Was die Wirkung dieser Mittel anbelangt, verweise ich auf die in Anmerkung 7 genannte Literatur. Wie bereits bemerkt, ist die wissenschaftliche Forschung auf eine »saubere« Trennung der verschiedenen Formen der Angst angewiesen; der gesamten Forschung liegt eine solche Trennung zugrunde und sie wird in der Regel ohne jegliche Kritik akzeptiert; ansonsten wäre ein großer Teil der Aussagen dieser Forschung zweifelhaft. Diese Trennung ist jedoch nicht möglich, wie ich bereits betont habe, ohne das Wesen der Angst zu verkennen; diagnostische Kategorien bleiben artifiziell.

Von einem Teil der Pharmaindustrie und der Forscher wird suggeriert, dass eines Tages die Menschen nicht mehr unter Angst werden leiden müssen. Es wird um *das* Mittel gegen die Angst geforscht, wie früher um *das* Mittel gegen Malaria oder Syphilis, auf das alle, die unter Angst leiden, warten und hoffen. Dann werde Psychotherapie, insbesondere die tiefenpsychologische Psychotherapie, bestenfalls eine fakultative Stütze der medikamentösen Behandlung. Wenn auch mit einem halben Lächeln, so spricht Bandelows Satz diese Hoffnung doch klar aus, wenn er, angeregt durch die Entdeckung der Vomeropherine (Substanzen, die sich an Rezeptoren des vomeronasalen Organs, eines Organs, das in der Nase zu finden ist, binden), meint: »In der nahen Zukunft werden sicherlich klinische Studien zur Behandlung von Angstpatienten mit Vomeropherinen durchgeführt werden – und es wird vielleicht ein Nasenspray gegen Angst entwickelt werden.«[9]

Der Stellenwert der anxiolytischen medikamentösen Behandlung ist unzweifelhaft: Wie im Falle der Psychosen, der Depression, der Zwangserkrankungen und anderer Krankheiten können die Symptome der Krankheit eine tiefergehende psychotherapeutische Aufdeckung und Bearbeitung vereiteln. Ein Patient, der unter erheblicher Angst – z.B. in Form der Kontaktangst – leidet, ist auf dringende symptomatische Hilfe angewiesen. Damit wird die tiefenpsychologische Therapie oft erst richtig beginnen können (oder fortgesetzt werden). Ein wirksames Anxiolytikum wird zur Wohltat für den Menschen, genauso wie ein wirksames Schmerzmittel. Diese Tatsache ist aber nicht mit der *Therapie der Angst* zu verwechseln. Und umgekehrt können Anxiolytika den Angstpegel auch zu weit unterdrücken, so dass Angst nicht mehr spürbar und damit tiefer gehende Psychotherapie nicht mehr möglich wird.

Verhaltenstherapie

Die Verhaltenstherapie wird in den »offiziellen« Praxisleitlinien zur Behandlung der Angststörungen als erste Alternative für die Therapie von Phobien, Panikstörungen und Generalisierten Angststörungen empfohlen.[10] Sie geht auf die Theorie vom Lernen und Konditionieren zurück und betrachtet das Symptom Angst als konditioniertes bzw. gelerntes Verhalten, das ursprünglich von einem Reizstimulus ausgeht. Nach Eysenck unterscheiden sich die Menschen untereinander durch ihre »Angstbereitschaft«[11] – manche sind leichter konditionierbar als andere. »Personen mit Angststörungen werden bereits durch sehr gering aktivierende oder belastende Reize stärker als Personen der Kontrollgruppe aktiviert.«[12] Nach diesem Konzept ist die Angstbereitschaft eine biologische Konstante des Individuums. Die Beziehung zwischen Reiz und Angstbereitschaft sei operationalisierbar und damit »wissenschaftlich« behandelbar. Die Qualität der Emotion »Angst« und die psychodynamischen Komplexitäten der eigenen Geschichte des Patienten sind dabei von keinem wesentlichen Interesse, sofern sie nicht das Lernen bzw. Konditionieren des Angstverhaltens betreffen.

Verhaltenstherapeutische Elemente sind im Übrigen auch der Psychoanalyse nicht fremd; sogar Freud mischte Verhaltensratschläge in seine Therapien und gab sie an seine Schüler weiter. In Bezug auf die Angst erwähnt Hoffmann, dass Freud als erster 1919 die »typisch verhaltenstherapeutische« Methode der Symptomkonfrontation bei Phobien beschrieben hat.[13]

Das Konzept des Lernens durch Identifikation stellt einen wichtigen Schnittpunkt zwischen Psychoanalyse und Verhaltenstherapie dar. Wir wissen heute, dass der Identifikation, vor allem mit wichtigen Bindungspersonen, eine zentrale Rolle im Erlernen von Verhaltensweisen zukommt. So kann auch »Ängstlichkeit« etwa von einer ängstlichen Mutter »erlernt« werden: Das Kind spürt, wenn die Mutter bei dem Anblick eines Hundes zusammenzuckt, und übernimmt durch Identifikation die Furcht vor dem Hund, ohne jemals eine eigene schlechte Erfahrung mit einem Hund gemacht zu haben.[14] Auf ähnliche Weise werden nicht nur Furcht vor Tieren, vor Fremden – mit den dazugehörigen rationalisierenden

II Die Angst vor der Angst

Vorurteilen bis hin zu Fremdenhass oder Rassismus –, sondern auch generell »ängstliche« Einstellungen und Verarbeitungsweisen wichtiger Identifikationspersonen übernommen. Wie bereits in den Kapiteln 7 und 11 erläutert, werden dabei die individuellen Ausdrucks- und Abwehrformen der Angst beeinflusst – nicht die Angst selbst.

Als symptomatische Therapie wird die kognitive Verhaltenstherapie zu Recht auch von Psychoanalytikern empfohlen.[15] Sie kommt zweifelsohne in Frage, um auslösende Momente von Panik, Angst oder phobische Symptome so weit unter Kontrolle zu bringen, dass eine tiefenpsychologische Psychotherapie möglich wird; damit wird ihre Bedeutung für die Angstbehandlung analog zur Bedeutung der medikamentösen Therapie. Wie diese kann die Verhaltenstherapie wirksam Symptome lindern, so z. B. einem agoraphobischen Patienten ermöglichen, sein Haus zu verlassen und in die Therapie zu gehen. Als symptomatische Behandlung hat sie ihren festen Stellenwert. Sie kann jedoch die tiefenpsychologische Therapie niemals ersetzen. Medikamentöse und Verhaltenstherapie liefern einen wichtigen Beitrag als Zusatztherapien zur analytischen Vertiefung der Behandlung.

Die Verhaltenstherapie wurde seit ihren Anfängen von Effizienzstudien begleitet; sie eignet sich gut zur Operationalisierung, weshalb sie vor allem von der Psychiatrie als »nachvollziehbar« angesehen wird. Der Hauptgrund, weshalb die Psychoanalyse es mit der Psychiatrie wesentlich schwerer hatte (und hat), liegt nicht, wie oft behauptet, in der Tatsache, dass Erstere weniger auf wissenschaftliche Nachweise ihrer therapeutischen Wirkung zurückblicken kann, sondern vielmehr darin, dass die Psychiatrie ihre Grundthese von biologischer Ableitbarkeit psychischer Krankheiten für die Verhaltenstherapie nicht, wohl aber für die Psychoanalyse revidieren müsste. Schon die Grundannahme der Psychoanalyse, der

Mensch werde maßgeblich von seiner unbewussten Psychodynamik bestimmt, die auf wichtige frühkindliche Erlebnisse zurückgeht, ist einer biologischen Wissenschaft konträr, deren Methodik auf Objektivierung und Messbarkeit basiert. Der psychoanalytische Ansatz stellt nicht nur die psychiatrische Denkweise in Frage, er müsste die Psychiater auch dazu bewegen, ihre Einstellung *zu sich selber* kritisch zu überdenken; sie könnten nicht mehr »außerhalb« der Krankheiten bleiben, sondern müssten sich mit sich und ihren eigenen Ängsten konfrontieren. Verhaltenstherapie macht dem Therapeuten deshalb grundsätzlich weniger Angst, weil er aus dem therapeutischen Prozess »draußen bleibt«. Es nimmt also kein Wunder, wenn behauptet wird, Verhaltenstherapie sei bei Angsterkrankungen der therapeutische Ansatz der Wahl.

Die »Praxisleitlinien für Angsterkrankungen« empfehlen eine psychodynamische (tiefenpsychologische) Behandlung als Therapie »zweiter Wahl«, erst nach einer unwirksamen kognitiven Verhaltenstherapie, die nach den Kriterien der APA (American Psychiatric Association) aufgrund von wissenschaftlichen Studien als effektiver eingestuft wurde.[16]

Mit einer bestimmten Methode ist wenig über die Qualität einer Therapie ausgesagt, da diese in höchstem Maße von der Person des Therapeuten und seinen therapeutischen Fähigkeiten, seiner Empathie, seiner Gesamtpersönlichkeit, neben der Methode, die er benützt, abhängig ist (der Begriff »Psychodynamische Verfahren« kann im Grunde sehr unterschiedliche Methoden und Qualitäten bezeichnen).

Die Verhaltenstherapie ist für den Laien leicht verständlich und einleuchtend, erfordert keine Einsicht in das Unbewusste und ist daher auch medienwirksam; sie ist nicht auf Fachbegriffe wie Unbewusstes, Übertragung, Traumdeutung etc. angewiesen, die dem Laien nicht ohne Weiteres verständlich

II Die Angst vor der Angst

und schon deshalb angstbesetzt sind. Sie ist, wie gesagt, leicht operationalisierbar und kann sich auf »nachgewiesene Wissenschaftlichkeit« berufen.

Positiv anzumerken ist beim Ansatz der Verhaltenstherapie die Tatsache, dass sie dazu motiviert, die Angst nicht zu verdrängen oder abzuwehren, sondern ihr gewissermaßen »ins Auge zu schauen«, sie zu konfrontieren. Die Verhaltenstherapie macht den unter Angst Leidenden voll auf seine Angst aufmerksam; sie sucht nicht weiter in der Tiefe nach den Gründen dieser Angst. Die Tendenz zur Standardisierung und Manualisierung ist gerade in der Verhaltenstherapie sehr stark, ebenso wie das Ausklammern der Bedeutung des Therapeuten als Mensch; folglich wird der »austauschbare« Therapeut am ehesten auf die Beschäftigung mit der »erlernbaren« Methodik konzentriert. In diesem Zusammenhang sind auch manche Exzesse der Verhaltenstherapie zu sehen, beispielsweise die »internetgestützte Therapie«.[17] Kritische Stimmen aus den eigenen Reihen sind deshalb zu beachten: »Die zum Zwecke besserer Beforschung standardisierte Therapie ist dann im Durchschnitt *besser untersucht*, aber nicht notwendig deshalb auch die *bessere Therapie*!«[18] Allerdings kann in den letzten Jahren auch im Bereich der kognitiven Verhaltenstherapie eine »zunehmende Betonung des Therapiebündnisses« beobachtet werden.[19]

Die Verhaltenstherapie ist die »Methode der Wahl« auch bei Patienten, die eine tiefenpsychologische Therapie ablehnen – aus Angst, Misstrauen und anderen Gründen – oder zu wenig Reflexions- und Introspektionsfähigkeit besitzen. Dazu gehören auch Patienten mit eingeschränkten kognitiven Fähigkeiten oder geminderter Intelligenz. Die Hauptindikation für die Verhaltenstherapie der Angst ist dann gegeben, wenn die Angst vor der Angst zu groß bzw. größer ist als das Leid selbst. In solchen Fällen soll man mit einer Verhaltenstherapie als symptomzentrierter Behandlung beginnen, um später, bei evtl. verbesserter Einsichtsfähigkeit, mit einer tiefenpsychologischen Psychoterapie die Behandlung fortzuführen. Deren Domäne ist die existenzielle Angst.

Psychoanalyse und tiefenpsychologisch fundierte Psychotherapie

> Gesund wäre somit nicht der Angstfreie, sondern der, der seine Ängste kennt, mit ihnen umgehen kann und weiß, dass Angst zuerst und vor allem ein Teil der »condition humaine« ist. Dies einem Patienten zu vermitteln, kann bereits die eine Hälfte der Therapie darstellen.
>
> *Sven Olaf Hoffmann 1994*

Unter tiefenpsychologisch fundierter Psychotherapie verstehen wir im deutschsprachigen Raum eine modifizierte, im Sitzen stattfindende Therapie auf psychoanalytischer Basis.[20] Beide, die psychotherapeutische und die psychoanalytische Therapie, zählen zu den »psychodynamischen« Verfahren.

Freud sah als Ziel einer Psychoanalyse an, ein starkes Ich zu bilden, das »möglichst frei von Angst ist«.[21] Die klassische Psychoanalyse richtet sich an Patienten, die ein höheres »Strukturniveau« haben und Angst besser tolerieren; bei Patienten mit Angsterkrankungen im Rahmen einer Borderline-Störung oder einer »psychotischen Struktur« wäre die klassische Couchanalyse ein »grober Kunstfehler«.[22] In diesem Zusammenhang meinte Fenichel:[23] »Ein verängstigtes Kind braucht zunächst vor allem äußere Zuwendung [...], um weniger hilflos und der Allmacht näher zu sein. Es braucht den Kontakt mit der Mutter, d. h. die Berührung von etwas ›Gutem‹, um die ›böse‹ Angst in ihm […] zu bekämpfen.«

Angsttherapie kann am besten mit den Begriffen »Neubeginn« (Balint), »Containment« (Bion) und »Holding« (Winnicott) beschrieben werden. Winnicott hat als Erster die volle Bedeutung der Angst als zentrales Symptom psychischer Erkrankungen erkannt. Sie ist nach seiner Auffassung auf die Unfähigkeit der Mutter zurückzuführen, mit dem Baby und seinen Ängsten umzugehen. Im Erwachsenenalter manifestiert sich diese Angst dann als Angsterkrankung. *Die tiefenpsychologische Therapie ist implizit immer Angsttherapie,* indem sie Vertrauen und Beziehung aufbaut, Einsamkeit bewusst macht und verringert, Empathie und tragende Unterstützung spürbar macht. Der Patient kann erfahren, dass seine Einsamkeit das Resultat frühkindlicher Fehlentwicklung ist, Folge von mangelnder Empathie, von Traumatisierungen oder Vernachlässigung, und dass sie durch den therapeutischen Prozess veränderbar ist.

Aufgabe der Therapie von Angststörungen ist nach meiner Auffassung nicht, die Psychodynamik der Angst zu erforschen und zu deuten, sondern die (unbewusste) Dynamik ihrer Manifestationsformen auf die im Laufe der eigenen Geschichte verinnerlichte Psychodynamik und Gruppendynamik zurückzuführen. Der Therapeut muss zusammen mit dem Patienten dem *individuellen Schicksal* der Angst in seiner Geschichte nachgehen. Nur so wird verständlich, warum und in welcher Form Angst von *diesem* Menschen ausgedrückt oder abgewehrt wird. Damit entstehen ein Verständnis und eine *empathische Annahme* der Angst, die in der Kindheit (und meistens auch danach) fehlten bzw. verweigert wurden. Wenn sie verstanden und angenommen wird, verringert sich die Angst vor der Angst.

Die spezifischen Konstellationen der Angst vor der Angst bewusst werden zu lassen und psychotherapeutisch zu bearbeiten, ist der Kern der Angsttherapie. Sie verlangt vom Therapeuten neben wichtigen persönlichen Eigenschaften, Erfahrung und besonderer Empathiefähigkeit, ein hohes Maß an Einsicht in die eigenen Abwehrkonstellationen; erst dann kann er die Angst des anderen mittragen. Für einen Borderline-Patienten heißt das: »Diese Angst muss während des ganzen [therapeutischen Prozesses] immer wieder berücksichtigt werden [...]. Borderline-Patienten laufen ständig vor der Angst davon, haben Angst vor der Angst, also Identitätsangst [...]. Der Schutzraum der therapeutischen Beziehung wird dem Borderline-Patienten zunächst ermöglichen, schrittweise mehr Angst zu tolerieren.«[24]

Zur Dauer der tiefenpsychologischen Angsttherapie können nach meiner Erfahrung *a priori* keine Angaben gemacht werden. Wie jede tiefenpsychologische Therapie kann auch die Angsttherapie erst dann beendet werden, wenn der Patient strukturell so weit »gewachsen« ist, dass er imstande ist, seine Abwehrmechanismen zu erkennen und sich mit seiner existenziellen Angst in Beziehung zu setzen und vor allem sich durch menschlichen Kontakt zu helfen. Die Dauer der Therapie muss demnach individuell bestimmt sein und kann sich nicht nach einem Schema richten; sie hängt von verschiedenen Faktoren ab, zu denen vor allem die Einsichtsfähigkeit und die Motivation gehören – wobei Letztere die Bereitschaft beinhaltet, Vertrauen zum Therapeuten zu bilden und mit ihm die Angst vor der Angst »anzugehen«. Bei Patienten mit defizitärer Angst ist ein Wendepunkt der Therapie erreicht, wenn sie anfangen ihre Angst zu spüren. Zu viel oder zu wenig Angst sind zwei Seiten der gleichen Medaille, die sich nur auf der Symptomebene voneinander unterscheiden. Auch in ihrer Therapie besteht kein Unterschied.

Es ist für den Patienten wichtig zu begreifen, dass Angst nicht nur ein Übel ist, das von Therapeuten »geheilt« werden soll. Sie ist auch zentraler Teil jener Grenzsituationen, die im Leben eine große Rolle spielen, indem sie den Menschen verändern, ihm Einsicht und Tiefe verleihen können, ihn seinem inneren Wesen näher führen können. »Den Menschen [erwachsen] in Grenzsituationen auch Gefühle und Erkenntnisse, die ihnen zumindest bis zu einem gewissen Grade gemeinsam sind. Ich denke hier an die beim Anstoßen an eine Grenze in jedem Menschen reaktiv aufkommende Angst, die nicht selten aber auch fasziniert, weil derjenige, der an die Grenze des menschlichen Daseins stößt, gleichzeitig, vielleicht erstmals, sein inneres Wesen zu erahnen vermag. So wird dem Menschen die Grenzerfahrung etwa zum sinngebenden Ereignis, um dessen Verständnis er sich strebend bemüht.«[25] Battegay betont, dass viele Menschen solche Situationen unbewusst suchen. Dies gilt besonders für einsame Menschen, also für solche, die nicht selten therapeutische Hilfe suchen. Ammon betont, dass solche Grenzsituationen besonders im Rahmen der Therapie von Borderline-Patienten herbeigeführt werden sollen, um den Patienten strukturelles Wachstum zu ermöglichen. Bei Borderline-Patienten spricht Ammon von »Identitätsangst«; die Therapie muss also eine *Identitätstherapie* sein, die sich im Kontext der Kontaktarbeit im Rahmen der therapeutischen Beziehung abspielt und in Gruppen fortgesetzt wird.

Der interpersonelle Ansatz der Psychoanalyse ist verwandt mit der Philosophie der »Begegnung« (mit Namen wie Buber, Husserl und Lévinas); diese Philosophie ist besonders in der jüdischen Denktradition und Ethik verankert. Lévinas führt jede Ethik auf die zwischenmenschliche Begegnung zurück: »Die Begegnung mit dem anderen Menschen bietet uns den ursprünglichen Sinn überhaupt, und in seiner Verlängerung findet man allen weiteren Sinn.«²⁶ Deshalb ist besonders in der Therapie von Angstpatienten jede »manualisierte« oder jedes sonst methodisch festgeschriebene Verfahren abwegig, denn mehr als in jeder anderen Krankheitsmanifestation kommt es in der Angst auf die *Beziehung mit dem anderen* an, auf das zusammen gewonnene Vertrauen, auf die Tragfähigkeit der Beziehung.

Man kann nicht jeden Patienten, der unter Angst leidet, emotional »erreichen« und damit auch nicht jede Angst lindern. Wenn wir aber daran denken, dass Angst immer auch ein interpersonelles Geschehen ist und dass nicht jeder Mensch offen ist für die Erfahrung des tieferen Kontakts mit anderen Menschen – oder denjenigen noch nicht gefunden hat, dem er sich öffnen will –, dann wundern wir uns nicht mehr über diese klinische Erfahrung.

Der Angstpatient kommt zwar wegen seiner Angst in die Therapie, aber Therapie macht auch Angst. Ein großer Teil dieser Angst ist die Angst vor dem Neuen, die bei jedem Patienten vor und in der Therapiesituation auftritt. Der Psychoanalytiker Pietro Castelnuovo-Tedesco macht darauf aufmerksam, wie wenig sich die Therapeuten mit dieser Angst beschäftigen; er erkennt in der Angst vor dem Neuen einen der wesentlichen Widerstände der Psychotherapie. Die Angst vor der Therapie ist mit der Angst vor dem Neuen zwar eng verbunden, hat jedoch auch andere wichtige Aspekte. Man kann sagen, dass alle Gesichter der Angst uns in der Psychotherapie begegnen. Damit wird jede Therapie zu einem Balanceakt für den Patienten, der zwischen dem großen Leid der Angst und der Angst vor der Angst hin und her schwankt. Diese »Ambivalenz« ist besonders bei Patienten mit sog. Frühstörungen sehr groß und kann paranoische Formen annehmen: »Angst, manipuliert, benutzt, verletzt, entwertet oder entlassen zu werden, [...] unterjocht und des eigenen

freien Willen und der eigenen Autonomie beraubt zu werden.«[27] Kein Patient ist frei von solchen Ängsten.

Analytische Gruppentherapie

> Das Eingebettetsein in eine Gemeinschaft
> setzt das allgemeine Angstniveau herab.
> *Hans Zulliger 1966*

Therapiegruppen können Angst tragen und Angst lindern, besonders wenn sie gut strukturiert sind; umgekehrt vermehren
Gruppen, besonders solche mit unscharfen Grenzen und un-
klarer Führung, die Angst ihrer Mitglieder. Damit kommt der
Gruppe eine doppelte Eigenschaft zu: als tragender, mütter-
licher »Körper«, der Vertrauen und Wärme gibt, und als bedrohliche »Mutter«, die festhält und die Individualität des Einzelnen aufzulösen droht. Diese paranoische Auflösungs- oder
Verschmelzungsangst kann als Variante und Steigerung der
Kontaktangst bzw. der Angst vor der Nähe verstanden werden,
während die »heilsame« Wirkung der Gruppe auf einer tieferen Ebene stattfindet. Der Mensch ist ein Gruppenwesen (Ammon, Battegay); er hat immer schon in Gruppen – in Horden,
Clans, Stämmen, Dorfgemeinschaften – gelebt und lebt so bis
heute, sofern die ursprünglichen sozialen Strukturen nicht
von der westlichen Zivilisation in Frage gestellt und allmählich aufgelöst werden. Erst ab der so genannten Industriellen
Revolution um 1850 änderte sich seine Lebensform zunehmend und beschleunigte sich der Prozess des Zerfalls von
Großgruppe und Großfamilie.

Wenn wir die etwa 3 Millionen Jahre der Entwicklung des
heutigen Menschen auf die 24 Stunden eines Tages projizie-

ren, dann hat die Veränderung seiner sozialen Lebensstrukturen erst in den letzten weniger als 5 Sekunden stattgefunden. In seinem Inneren ist der Mensch also ein Gruppenwesen geblieben, auch wenn er sich dessen nicht immer bewusst ist. Seine Isolation und Entfremdung, besonders in den Großstädten, fordert einen hohen Preis: Seine Ängste nehmen zu mit seiner Einsamkeit. Die Gruppe – z.B. in der Form der gruppendynamisch gesteuerten Therapiegruppe – bedeutet also im tieferen Sinn eine »Rückkehr« zum Ursprung menschlichen Daseins.

In einer gruppentherapeutischen Sitzung spricht Herr A. darüber, dass er unter diffuser Angst leide, deren Gründe er nicht kenne.

Frau B.: Ich kenne auch solche Ängste.

Therapeut: Wer kennt sie noch in dieser Gruppe?

Herr C. berichtet über seine Angst in der neuen Arbeitsstelle.

Herr D.: Hast Du vielleicht auch Angst vor dem Neuen?

Herr A. (nach einigen Minuten): Ich war vorhin sehr erleichtert, als Einige hier gesagt haben, dass sie auch Angst kennen.

In derselben Gruppe tauchen in einer anderen Sitzung nacheinander die Themen Wut, Schuldgefühle, Angst auf. Wut und Aggression machen Schuldgefühle, werden aber auch durch Schuldgefühle hervorgerufen. Das Gespräch mündet in das Thema Angst, die beiden, der Wut und den Schuldgefühlen, zugrunde liegt. Erst nach dieser Erkenntnis kann sich die Gruppe schließen, kommt das Gefühl von Verbündung und Solidarität auf.

Die paranoide Angst vor dem Verschlungenwerden findet mitunter vehementen Ausdruck in Therapiegruppen; viele Teilnehmer befürchten, »in einem anonymen Kollektiv zu versinken«.[28] Möglicherweise ist diese Angst aus historischen

II Die Angst vor der Angst

Gründen besonders in Deutschland sehr groß, wenn man bedenkt, dass noch in der Generation der Eltern und Großeltern Gruppenzwang herrschte und der Versuch, das Individuelle in Gruppen auszuschalten, realen Charakter hatte.

Die Kontaktangst ist als eine Variante der Fusionsangst anzusehen, der Angst zu verschmelzen, die eigenen Grenzen zu verlieren; daher überrascht es nicht, dass gerade die Gruppenangst bei Borderline-Patienten in aller Regel groß ist und paranoische Formen annimmt: In Gruppen vervielfacht sich die Kontaktangst. Aber auch das Gegenteil kommt in Gruppen, wenn auch seltener, vor: Manche Menschen haben weniger Angst in Gruppen als im Einzelkontakt, weil Gruppen ihnen das Gefühl von mehr Sicherheit geben; in ihrer Biographie finden wir gute Erfahrungen in Gruppen wie Kindergarten und Schule, oft im Gegensatz zu den Erfahrungen in ihren Familien.

In der Gruppentherapie kommt das Dilemma der Ambivalenz oft »gespalten«, d.h., durch verschiedene Mitglieder der Gruppe, zum Vorschein, was zur inneren Auseinandersetzung innerhalb der Gruppe im Sinne des Beziehungsgeschehens führen kann.

In einer Gruppensitzung wurden beide Varianten der Angst von zwei verschiedenen Borderline-Patienten nacheinander geäußert: a) »Ich habe Angst vor dem Verlust des Kontaktes zu Ihnen [dem Leiter]«, und b) »Ich habe im Gegenteil Angst, wenn Sie sich mir nähern«.

Insgesamt lässt sich die Ambivalenz von Borderline-Patienten in der Gruppentherapie deshalb besser behandeln, weil dort die Abhängigkeitsängste, bezogen auf den Therapeuten, unter den Mitgliedern der Gruppe »geteilt« und dadurch das Dilemma der Abhängigkeit vom Therapeuten vermindert werden kann. Die Angst vor Gruppen ist gleichzeitig die Angst vor der Begegnung mit sich, die Angst vor eigenen Identitätsschritten. »Gruppenangst ist immer Identitätsangst.«[29]

Man kann sagen, dass Gruppentherapie – wenn nötig kombiniert mit Einzeltherapie – die Therapie der Wahl bei Angststörungen darstellt, weil in ihr die Einsamkeit, *der behandelbare Teil der Angst*, am besten verändert werden kann. Menschen, die Angst alleine ertragen mussten, spüren bald nach Beginn der Gruppentherapie die »Wohltat« des Teilens der Angst und der Verbündung darüber mit anderen.

Menninger drückt es in »Das Leben als Balance« fast poetisch aus: »Geteiltes Leid ist halbes Leid: Der Leidende liebt Gesellschaft, weil innere Not stets das kindliche Bedürfnis wachruft, Hilfe von Menschen zu erhalten. Liebe geben bedeutet Liebe zu empfangen [...]. Die Beruhigung des beunruhigten Kindes findet ihr Gegenstück in zahlreichen subtileren zwischenmenschlichen Gesten im Leben der Erwachsenen, darunter verschiedenartigen Gruppenzugehörigkeiten und anderen Formen von Gesellung.«[30]

Für die Therapie ist die Gruppe die Ausdehnung der interpersonellen Situation: Vom Ich und Du der Zweiersituation in der Therapie wird ein Ich und Wir. Ammon betrachtet den Menschen als ein Wesen, das in Gruppen krank oder gesund wird, deshalb ist die Gruppentherapie die wesentliche Therapie für sog. frühgestörte Menschen, die in ihrem Leben wenig Zuwendung, Liebe und Verständnis in ihren frühen Gruppen erfahren haben.[31] »Zu seiner Selbstverwirklichung ist der Mensch auf andere, mit ihm Wirkende und an ihm Beteiligte angewiesen. Martin Buber (1936) führte an, dass der Mensch »am Du zum Ich« werde. Im Licht der menschlichen Gruppenbezogenheit können wir sagen, dass der Mensch am ›Wir zum Ich‹ wird.«[32] Die Mitglieder der Therapiegruppe werden zu »Alliierten des Ichs« des Angstpatienten.[33]

II Die Angst vor der Angst

Eine junge Frau, die vor einer wichtigen beruflichen Verände-
rung stand, die ihr Angst verursachte, malte sich alle möglichen
»Katastrophen« aus, die einträten, wenn sie den neuen Schritt
wagen würde; sie verglich die neue Aufgabe mit einem zusätz-
lichen Ball beim Jonglieren. Sie wuchs als Einzelkind mit einer
streng kontrollierenden, narzisstischen, das Kind fast nur über
Leistungsforderung bindenden Mutter auf, die sie mit Liebesent-
zug bestrafte, wenn ihre eigenen Ansprüche nicht von der Toch-
ter befriedigt wurden. Gegen die Angst, Liebe und Unterstüt-
zung der Mutter zu verlieren, hatte sie keinen Verbündeten.

Neben der Einzeltherapie nahm sie an der Tanztherapie teil;
dies war ihre erste therapeutische Erfahrung mit Gruppen. Sie
träumte, dass der Therapeut in einer Gruppe von Bekannten die
Räume verteilte und ihr auch einen angemessenen Raum zu-
wies. Im zweiten Teil des Traumes entschied die Tanzgruppe, die
Fensterjalousien zu öffnen, so dass helles und freundliches Licht
durch die Glasveranda hineinkam. Sie assoziierte damit den
Wunsch, der Therapeut, der die »Lebensräume« verteilt, möge
sie vor der neuen »Mutter« schützen, wie sie es damals vom Va-
ter vergeblich gewünscht hätte. Den Therapeuten – und durch
diesen die Gruppe von »neuen Geschwistern« – wollte sie als
Verbündete gegen die eigene existenzielle Angst gewinnen, um
diese in ihrem neuen Identitätsschritt zu überwinden – damit
»helles und freundliches Licht« hineinkommen mag. Der Traum
illustriert auch den Weg vom Vater/Therapeuten als Schutz zur
Gruppe der »Geschwister«, der der Weg der Gruppentherapie
und gleichzeitig der Weg aus der Einsamkeit der Angst ist.

Körperorientierte Therapien

Angesichts der Tatsache, dass die Angst ein eminent körperliches Geschehen ist, ja, sich oft hauptsächlich oder aus-

schließlich körperlich manifestiert (s. Kap. 9, »Angst und Körper«), ist es erstaunlich, wie wenig – wenn überhaupt – die Diskussion über einen körpertherapeutischen Zugang zur Angststörung in die psychotherapeutische Fachliteratur Eingang gefunden hat. In aller Regel führt das Thema Körpertherapie immer noch eine Randexistenz. Die Gründe, die im Allgemeinen die Integration des Körpers in die Psychoanalyse immer schon erschwert haben, dürften auch bezüglich der Körpertherapie der Angststörungen gelten. Peter Kutter bringt die Problematik auf den Punkt: »Mit Phantasien und Affekten haben Psychoanalytiker in der Regel keine Probleme. Sie sind deren ureigenster Gegenstand. Die körperliche Ebene dagegen ist definitionsgemäß während des psychoanalytischen Prozesses ausgeschlossen. Außerdem gilt das Gebot der Neutralität. Körperliche Berührung beschränkt sich auf die konventionelle rituelle Begrüßung und Verabschiedung.«[34] Umgekehrt ist es aber auch erstaunlich, dass die Angst in vielen der Körpertherapie gewidmeten Werken nicht oder nur am Rand erwähnt wird.[35]

Mittlerweile gibt es eine große Anzahl von verschiedenen Körpertherapien, deren Effizienz nicht anerkannt wird – oder nur von den diese praktizierenden Therapeuten. Es wird auch in der Regel nicht überzeugend dargestellt, wann die eine und wann die andere Methode eingesetzt werden soll; es bleibt weitgehend offen, welche Körpertherapie für wen (auch, was die Angststörungen angeht) geeignet ist und wie die Problematik der Körpergrenzen zwischen Therapeut und Patient (besonders bei früh traumatisierten Menschen) zu behandeln ist. Die Frage der Integration körperlicher und verbaler Therapiemethoden ist im Wesentlichen ungelöst; es wird kontrovers diskutiert, ob die verbale und die körperliche Psychotherapie vom gleichen oder von unterschiedlichen Therapeuten durchgeführt werden sollten und wie, wenn

II Die Angst vor der Angst

Letzteres gilt, die Zusammenarbeit zwischen ihnen gestaltet sein muss.

Eine Körperpsychotherapie, die vorgibt, »diagnosespezifisch« ein differenziertes Instrumentarium für Angstkrankheiten, Depression, Schizophrenie u.a. einzusetzen, und unter den »störungsspezifischen Interventionen« bei Angsterkrankungen verschiedene Übungen verschreibt,[36] ist sehr fragwürdig. Dass es besonders im Falle der Angst um die Person des Therapeuten geht, liegt auf der Hand.

Nicht selten werden die Grenzen der Patienten bei manchen körperlichen Methoden und Praktiken rasch überschritten, gerade wenn man bedenkt, dass viele Patienten, die uns als »Angstpatienten« aufsuchen, im Grunde (auch) körperlich missbrauchte und misshandelte sind. Nicht zuletzt aus diesem Grund hält Thea Bauriedl die Konzepte der Psychoanalyse und der Körpertherapien für »unvereinbar«: »Diese Patienten, schreibt sie, »haben gelernt, den Körperkontakt mit Nähe, und Sexualität mit Zuneigung zu verwechseln, und erleben es deshalb als aggressiv und zynisch, wenn der Analytiker ›nur spricht‹«.[37] Viel Erfahrung und ein gekonnter Umgang mit Gegenübertragungsgefühlen sind in der Behandlung solcher Patienten unerlässlich, können aber häufig nicht vorausgesetzt werden.

Der Therapeut muss sehr geschult sein, um zu spüren, wie weit er in den körperlichen Kontakt mit dem Patienten treten kann, wie viel oder wie wenig Körperkontakt er dem Patienten ermöglichen muss. Dazu muss er *sich*, sein Körpergefühl, seine Abgrenzungsfähigkeit, neben seinen unbewussten Phantasien, seinen Gegenübertragungsgefühlen gut kennen und bearbeiten. Die Gefahren, die zu wenig Selbstkenntnis und Introspektion (bzw. zu viel Wagnis und Enthusiasmus, häufig bei manchen militanten Therapeuten) seitens des Therapeuten mit sich bringen, sind vielfältig und mitunter gravierend. Ist der Therapeut imstande, den erwähnten Anforderungen zu entsprechen, und hat er auch die nötige therapeutische und Lebenserfahrung, ist es ratsam, in der Therapie spärlich und kritisch von Körperkontakt Gebrauch zu machen: So zum Beispiel kann die Berührung der Schulter des Patienten heilsam wirken, wenn er ängstlich oder traurig ist, oder ein symbolischer Händedruck in Momenten von besonderer Nähe Vertrauen signalisieren.

Nähe und Distanz bzw. Körperkontakt sind in der Therapiegruppe leichter zu regulieren, die Möglichkeiten des Körperkontaktes sind dort vielfältiger, wenn auch die Frage der klaren Grenzen nicht weniger kritisch ist. Entspricht der Körperkontakt zwischen Therapeut und Patient in der Einzeltherapie dem Körperkontakt zwischen Eltern und Kind (mit den daraus folgenden Gefahren der Erotisierung bzw. Sexualisierung dieses Kontaktes), so handelt es sich in der Gruppe um den Körperkontakt zwischen »Geschwistern«, der in der eigenen Geschichte in der Regel (aber nicht immer!) weniger belastet ist.

Von besonderer Bedeutung können körperliche Therapiemethoden in der Behandlung von Patienten mit defizitärer Angst sein, die meist auch psychosomatische Züge zeigen.[38] Mit dem Medium des Körperausdrucks (Tanz) oder des Kontaktes zum Tier über körperliches »Getragenwerden« (Reittherapie) werden solche Patienten oft in der Gruppe emotional »erreicht«. An Erfahrungen in dieser Richtung mangelt es nicht, vor allem in der Tanz- und Reittherapie;[39] sie können einen Wendepunkt in der Therapie einleiten.

»Eine ständige Schweigerin, die von den Eltern wegen grober Verwahrlosung, Lern- und Berufsunfähigkeit und Depression zu uns in Behandlung kam, schwieg über 2 Jahre in den for-

malen Therapien und träumte auch während der meisten
milieutherapeutischen Aktivitäten. Erst nach Einführung der
Tanztherapie konnte sie durch ihren Körper sich innig und ein-
dringlich als orientalische Sklavin, die gefesselt war, ausdrücken.
[Durch die Erfahrung des therapeutischen Tanzes] wurde sie
spürbar für sich selbst, die Gruppe und die Therapeuten. Von da
an begann eine Entwicklung, die vergleichbar war mit der Ent-
wicklung eines Kindes in einem gütigen und annehmenden
Elternhaus.«[40]

An dieser Stelle kann die Problematik der Körpertherapien
nur kurz skizziert werden. Insgesamt ist der Stellenwert der
Körpertherapien in der Behandlung der Angststörungen noch
nicht gesichert, da es an Erfahrungen besonders in der Art,
der Dosierung, der Abstinenz und Abgrenzung und in der
Kooperation zwischen dem verbalen und dem Körperthera-
peuten weitgehend fehlt; der Diskurs ist meist – wie so oft in
der Geschichte der Psychoanalyse – durch ideologische Über-
zeugungen, missionarischen Eifer und unbewusste Machtkämpfe belastet.[41] Berücksichtigt man das am Anfang dieses
Kapitels Gesagte, dass Angst ein eminent körperliches Phänomen ist, dann ist zu erwarten, dass die Bedeutung der Körpertherapien besonders auf diesem Gebiet zunehmen wird
und dass in Zukunft die integrierte Kombination verbaler und
körperlicher Psychotherapiemethoden zur Therapie der Wahl
für die Angststörungen avancieren wird.

Nonverbale Therapien

Zu den nonverbalen (oder expressiven) Therapien gehören
die Kunsttherapie, die Theatertherapie und die Musiktherapie; sie werden heute in den meisten psychosomatischen

oder psychotherapeutischen Kliniken in Deutschland praktiziert.[42] In der Regel werden sie als Gruppentherapien angeboten, die oft weniger Angst machen als die verbalen Gruppentherapien, da sie sich für den Kontakt des spezifischen
Mediums der jeweiligen Therapie bedienen. Insofern können
sie eine Zwischenstellung zwischen Einzeltherapie und (verbaler) Gruppentherapie bei Patienten einnehmen, die unter
starken Gruppenängsten leiden. Darüber hinaus werden in
jeder dieser Therapieformen die gesunden, konstruktiven
Aspekte – die sog. »Ressourcen« – der Patienten zentral benutzt und der Kontakt kann auf tiefer, nonverbaler und damit
auf einer existenziellen Ebene zustande kommen. Die Tanz-
und Reittherapie gehören auch zu den nonverbalen Therapien, nehmen aber als Körpertherapien eine Sonderstellung
ein.

Die therapeutische Wirkung der Musik-, Mal-, Tanz- und
Theatertherapie, die für Kliniker, die sie verwenden, oft bei
den unterschiedlichsten Patienten beeindruckend sein kann,
rührt nicht zuletzt vom archaischen Charakter dieser Medien
her: Sie stellen alte, in Menschengruppen seit dem Beginn der
Menschheit religiös und rituell verankerte Ausdrucksmöglich-
keiten für die tiefsten individuellen und kollektiven menschlichen Empfindungen dar.

Es ist gerade bei Borderline-Patienten – jedoch nicht
nur bei ihnen – extrem wichtig, die einzelnen nonverbalen Therapien mit den verbalen zu integrieren, um den Spal-
tungstendenzen in der Angstabwehr entgegenzuwirken. Ein
eklektisches »Nebeneinander« verschiedener therapeutischen
Methoden ohne die Integration durch ein umfassendes Konzept und durch den Kontakt der Therapeuten untereinander
ist besonders bei Borderline-Patienten kontraindiziert.[43]

Durch das erfahrungsgemäß in der frühen Entwicklung
selten belastete Medium der Musik, des Malens oder des The-

aterspiels können Patienten ihre Angst in all ihren Formen auf allgemeingültige Weise ausdrücken oder auf die Bühne bringen und »inszenieren«. Damit ist nicht nur der Ausdruck des verbal oft wenig Fassbaren mit den Mitteln der Bildsprache oder der Musik nuancenreicher möglich, sondern auch die Beteiligung der Zuschauer und Zuhörer in der Gruppe. Die Gruppendynamik, die sich mit dem Medium der Musik, des Theaters oder der Tanztherapie gleichsam räumlich, »dreidimensional« darstellen lässt,[44] erlaubt einen Blick in die Genese der aktuellen Manifestations- und Abwehrformen der Angst.

Die Maltherapie bietet dem Angstpatienten Sicherheit für das »Durchleben [seiner] archaischen Ängste«.[45] Sie ermöglicht auch die Entfaltung kreativer Prozesse in Gruppen und zeigt eine tiefe Wirkung bei traumatisierten Patienten.[46] Ammon hat ihre Bedeutung für die Schizophrenie-Therapie mit seiner ausführlichen Darstellung der Patientin »Juanita« klinisch illustriert.[47]

Die Musiktherapie ist besonders für Patienten geeignet, die unter Angst, vor allem unter Kontaktangst leiden; sie wurde deshalb schon in ihren Anfängen in der Behandlung autistischer Kinder erfolgreich eingesetzt; das Medium der Musik erlaubt es, Kontakt – und damit auch Kontaktangst – zu »dosieren«.[48]

Neben den erwähnten Wirkungen bietet die Theathertherapie auch die besonders bei Borderline-Patienten wichtige Möglichkeit des konstruktiven Ausagierens von aggressiven Phantasien, feindlichen Gefühlen, aber auch die Auseinandersetzung mit der Rollenfindung und -darstellung hat oft tief gehende Grenzerfahrungen zur Folge.[49] Zudem bietet die Wahl der Rolle und der Wechsel nicht mehr aktueller, »überholter« Rollen gleichsam einen Gradmesser der therapeutischen Entwicklung.

Abbildungen 4 a
und b: Zwei Bilder
einer Patientin über
Angst und Einsam-
keit

II Die Angst vor der Angst

Auch hier gilt der Grundsatz, dass die verschiedenen non-verbalen Therapien nur dann im vollen Umfang thera-peutisch wirksam sind, wenn sie mit verbalen Therapien kombiniert und vor allem, wenn sie nicht eklektisch »neben-einander«, sondern auf der konzeptionellen Ebene und auf der Ebene der Therapeuten integriert werden.[50]

Der Therapeut

> Der Therapeut muss einen Weg beschreiten, der dazu führt, dass der Patient das Ver-trauen zumindest zu einem Menschen wie-der gewinnt. Er muss zunächst eine Aus-nahme für den Patienten sein [...], jemand, der bereit ist, mit dem Patienten alle Ängste und Befürchtungen zu teilen, die dieser hat [...] und vor allem der ihm hilft, seine Angst abzubauen, und ihn mit hoffnungsvoller Erwartung gegenüber der Zukunft erfüllt.
> *Silvano Arieti 1979*

Die Anforderungen an den Therapeuten, der Patienten mit Angststörungen behandelt, sind vielfältig. Gerade für »Angst-patienten« – unter denen sich im Grunde genommen alle Patienten mit Persönlichkeitsstörungen und Psychosen, De-pression, Zwang, Sucht und Psychosomatik befinden – sind die Eigenschaften des Therapeuten, weit mehr als die Me-thode, die er anwendet, von hervorragender Bedeutung. Hier ist die Person des Therapeuten mit seiner Fähigkeit, nicht nur die Angst des Patienten zu begreifen, zu teilen und zu tragen, sondern implizit immer auch mit seiner eigenen existenziellen Angst zu ringen, diese zu erkennen und zu akzeptieren, sehr wichtig.

Es wundert nicht, dass – wenn man die sog. Frühstörungen als eigentliche Angstkrankheiten betrachtet – immer deutlicher wird, dass die persönlichen Eigenschaften des Therapeuten den ersten und wichtigsten Wirkfaktor in der Psychotherapie im Allgemeinen darstellen.[51]

Von einem Borderline-Therapeuten fordert Wurmser »emotionale Gegenwart und Spontaneität, Echtheit und Menschlichkeit«, außerdem soll er taktvoll und geduldig sein.[52] Ammon geht noch weiter: Nach ihm soll der Therapeut »verspielt sein, playfulness besitzen, frei sein von moralischem Denken, frei von psychiatrischem Kategoriendenken; er muss fähig sein, frei und ganzheitlich konzeptionell zu denken und auch danach leben, einen eigenen Lebensstil besitzen«.[53] Für den Therapeuten eines Patienten, der unter Angststörung leidet, sind dies wichtige Eigenschaften, sie reichen jedoch nicht aus. Die Unsicherheit oder vielmehr die nicht bearbeitete eigene Angst des Therapeuten (im Sinne der Einsicht in die eigenen Mechanismen der Angst und ihrer Abwehrformen) kann negative Folgen für die Therapie haben. Frieda Fromm-Reichmann hat sich damit beschäftigt: »Der unsichere Psychotherapeut fürchtet sich vor den Ängsten seiner Patienten. Er möchte nichts über ihre Angst und ihre Angst verursachenden Erlebnisse hören. So vereitelt er etwa die Absicht des Patienten, diese seine Erlebnisse psychotherapeutisch zu betrachten; er glaubt, den Patienten beruhigen zu müssen, während in Wirklichkeit er selber Beruhigung nötig hat. Dadurch hindert er den Patienten daran, wichtiges affektives Material in Worte zu kleiden und durchzuarbeiten.«[54] Dabei muss der Therapeut wissen, dass er für den Patienten ein doppeltes Gesicht hat: Er wird zwar als elterliche, Angst tragende Instanz ersehnt, aber gleichzeitig auch – je nach Übertragungssituation und besonders bei Borderline-Patienten – mit mehr oder minder bedrohlichen Aspekten einer potenziell strafenden bzw. mit Macht ausgestatteten Autoritätsfigur erlebt.

Welche menschlichen und beruflichen Eigenschaften werden von Therapeuten von »Angstpatienten« also erwartet? Vor allem die Fähigkeit, haltende, tragende Funktion (Containment) zu gewähren, ferner Empathiefähigkeit, flexible Abgrenzung, geistige Tiefe, Verspieltheit, eigene Authentizität, Kreativität und Identität. Viel Lebenserfahrung ist von Vorteil. Er muss eine vertiefte Kenntnis seiner eigenen Angst besitzen und nachreflektieren können, welche Manifestations- und Abwehrformen er selber benutzt, um mit der eigenen existenziellen Angst fertig zu werden, d.h. nicht seine Angst, wohl aber seine *Angst vor der Angst überwunden* haben. Erst dann ist er imstande, die vielfältigen Angstvarianten im Patienten wieder erkennen und bearbeiten zu können. Vor allem muss der Therapeut mit der eigenen Person zeigen, dass Angst Teil des menschlichen Schicksals und nicht nur des Schicksals des Patienten ist und dass auch er, der Therapeut selbst, Wege gefunden hat, mit dieser Angst zu leben, ja, durch sie zu wachsen und menschliche Tiefe zu bekommen. Sein Lebensstil als gruppenfähiger Mensch kann dem Patienten verdeutlichen, dass auch er die anderen braucht, um aus seiner Einsamkeit herauszufinden und seine Angst mit ihnen zu teilen. Der Therapeut, der Angst- und Furchtlosigkeit vortäuscht, wird bei sog. Angstpatienten keinen Erfolg haben, denn sie durchschauen, dass es sich lediglich um Fassade handelt. Technisches Know-how, Geschick, Erfahrung helfen nur dann, wenn sie von einer entsprechenden Persönlichkeit getragen werden.

Patienten, die unter vermehrter Angst leiden, sind traumatisierte, verlassene oder missbrauchte Menschen, deren Misstrauen groß ist und die aufgrund gerade dieses Misstrauens einsam sind auch angesichts ihrer Angst. Der Verlust an Vertrauen und Selbstsicherheit *muss* zu chronischen Ängsten führen. Der therapeutische Prozess des Angstpatienten ist ein Vertrauensbildungsprozess eines grundsätzlich enttäuschten und misstrauischen Menschen. Der Therapeut wird deshalb vom Patienten – in der Einzel- wie in der Gruppentherapie – »getestet«, weil ihm das Vertrauen zukommen soll, dem Patienten beim »Meistern« seiner Ängste zu helfen. »Besteht [der Therapeut] die Prüfung, so verringert sich die Angst.«[55]

Es muss hier nochmals betont werden, dass die in unserer Zeit sehr verbreitete Manualisierung von Therapien die Illusion nährt, dass Therapie nach einem Schema erlernbar ist, quasi unabhängig von der Person des Therapeuten. Sogar die Behandlung von Panik, bei der es besonders auf die menschliche Empathie, die Tragfähigkeit und das Mitgefühl dem angstgeplagten Menschen gegenüber ankommt, wird manualisiert.[56] Allein die erlernte Technik verfehlt die tiefe Angst des Patienten.

Übermäßige, unkontrollierbare Angst kann immer auf die Einsamkeit des verlassenen, vernachlässigten, missbrauchten und misshandelten oder in seinem Menschsein nicht beachteten und manipulierten Kindes zurückgeführt werden. Deshalb ist Angsttherapie Kontakttherapie. Mit dem Therapeuten und später – oder parallel – den »Gruppengeschwistern« kann der Patient die wieder gutmachende und heilende *Erfahrung* machen, dass der Weg aus dem Leid der Angst mit dem Weg aus der Einsamkeit identisch ist.

Allgemeine Grundsätze der Angsttherapie.
Angst und Einsamkeit

> Sie brauchte ein paar Stunden Rast von
> sich selber, von dieser selbstmörderischen
> Einsamkeit der Angst.
> *Stefan Zweig 1912*

Für die Therapie von Angststörungen sind eine Reihe von Prinzipien wesentlich: Es ist eine Illusion, die existenzielle Angst behandeln zu wollen. Was wir behandeln können, ist die Angst vor der Angst. Wichtiger als das Eruieren der Konflikt- und Auslösersituation, die zur Angstattacke, zur Panik oder zu einer sonstigen klinischen Manifestation der Angst geführt hat, ist die Entwicklung eines empathischen Verständnisses für das persönliche Angstschicksal des Patienten – d.h. eines Einblicks, unter welchen psychodynamischen und gruppendynamischen Bedingungen die individuelle Konstellation der Angst-Manifestationen und der Angstabwehr-Strategien entstanden ist und welche Funktionen diese für die Homöostase der Persönlichkeit, ja, für das Überleben des Individuums erfüllten. Wir müssen bei unseren Patienten ihre tiefere, lähmende Angst, die sie am Leben hindert, deutlich machen auch dort, wo sie sie verdrängen, abwehren oder gar nicht spüren und mit anderen Gefühlen und Verhaltensweisen ausagieren. Der Weg dahin führt jedoch über das Bewusstwerden der Angst, nicht über ihre Vermeidung.

Einsamkeit ist die siamesische Zwillingsschwester der Urangst. »Dass der Mensch von heute sich derart ängstigt«, schreibt Fromm, »hat mit der Tatsache zu tun, dass er entfremdet ist, dass es keinen gesellschaftlichen Zusammenhang mehr gibt«.[57] Gegen diese Einsamkeit muss die eigentliche Therapie gerichtet sein. Riemann weist auf die Verbindung zwischen Angst und Einsamkeit (wenn auch in einem anderen Zusammenhang) hin: »Mit dem Individuationsprozess [...] fallen wir aus der Geborgenheit des Dazugehörens, des »Auch-wie-die-anderen-Seins« heraus, und erleben die Einsamkeit des Individuums mit Angst.«[58]

Die Therapie der Angstkrankheiten besteht nicht darin, die Angst zu nehmen, sondern, im Gegenteil, die Quelle der Angst als Urangst erst richtig bewusst zu machen, um dann nach Wegen der Verbündung, Wegen aus der Einsamkeit der Angst gemeinsam mit dem Therapeuten – oder mit der Gruppe – zu suchen.

Aggression sollen wir jederzeit *auch* als Äquivalent der Angst verstehen. Das heißt keineswegs, Aggression nur »zu verstehen« und nicht auf sie zu reagieren, sondern bedeutet die Bereitschaft, auch den anderen Aspekt der Aggression, als ein Ventil für oft unerträgliche Angst, zu verstehen und anzunehmen – und, wenn nötig, zu interpretieren.

Für den angstgeplagten Menschen gilt: Jedes empathische Zuhören, jedes Zeichen der Verbündung, das dem Patienten signalisiert, dass er mit seiner Angst nicht allein ist, ist bereits *Therapie*. Battegay gibt davon ein rührendes Beispiel in seiner Arbeit mit Holocaust-Überlebenden: »Als Therapeuten können wir nur immer wieder zeigen, dass wir bereit sind, als unzerstörbare Helfer bedingungslos mit ihnen jene Strecken der Panik durchzugehen, die sie immer wieder zu durchschreiten haben.«[59] Jede künstliche oder vorgeschriebene Begrenzung der Therapie ist im Falle der Angststörung unangemessen, ja, unethisch.

Therapie ist der Ort, an dem der Patient jemanden findet, der im Rahmen einer tragenden und empathischen Beziehung seine Angst versteht und bereit ist, mit zu tragen – wenn

II *Die Angst vor der Angst*

auch nur für eine begrenzte Zeit. Die Erfahrung, dass dies möglich ist, d.h. dass die Einsamkeit kein Schicksal ist und bleiben muss, ist wichtig, weil der Patient sie auch nach der Therapie wiederholen und aktiv mitgestalten kann.

Zusammenfassend sind folgende Aspekte vom Therapeuten in der Behandlung von Angstpatienten zu beachten:

1. Verstehen und dem Patienten begreiflich machen, welche Manifestations- und Abwehrformen der Angst ihm durch die eigene Geschichte entstanden sind.

2. Zurückführen der Angst- und Abwehrformen auf die ursprüngliche, die existenzielle Urangst. Erst nach deren Spüren kann der Mensch tiefere Bindung erfahren und an Tiefe gewinnen. An diesem Punkt kann die eigentliche Therapie der Angstkrankheiten, der destruktiven oder der defizitären Angst, beginnen. Das heißt so viel wie das »Memento mori« des Mittelalters wieder herstellen. Aufgabe der Therapie ist, die Angst vor der Angst zusammen zu bekämpfen.

3. Der Therapeut soll zu jeder Zeit Angst in seiner interpersonellen Dimension verstehen. Die implizite Frage des Angstpatienten ist immer: »Können Sie meine Angst verstehen, tragen, teilen? Sind Sie bereit, sich mit mir in meiner Einsamkeit zu verbünden?

4. Das Gefühl von Bindung und Veränderung kann im Patienten oft erst durch die Zweiersituation der Einzeltherapie entstehen, dann (oder parallel) durch die Gruppentherapie; oft sind nonverbale und Körpertherapien von großer Wirkung. Tiefer Sinn der Gruppentherapie ist, die archaische Erfahrung (wieder) herzustellen, dass man Angst teilen kann – und dieses Teilen heilsam ist – und dass durch das Zugehörigkeitsgefühl in der Gruppe die Angst nicht nur erträglich, sondern auch zum Motor des Kontaktes mit

anderen Menschen und der eigenen Entwicklung werden kann.

Eine Therapie ist dann erfolgreich, wenn der Mensch weniger Angst vor seiner Angst hat, seine Grundängste begriffen hat und bereit ist, sie anzunehmen und an ihnen zu wachsen; mit anderen Worten, wenn er bereit ist, sich über seine Ängste mit anderen Menschen zu verbünden, das Gemeinsame gerade durch die Angst aufzuspüren.

18 Ausblick: Angst und menschliche Entwicklung

> Der Stier, wenn er existiert, existiert schon
> als Stier. Für den Menschen hingegen ist
> Existieren nicht ohne Weiteres sein wie er
> eben ist, sondern lediglich die Möglichkeit,
> Mensch zu werden, und die dahinführende
> Bemühung.
>
> *José Ortega y Gasset 1939*

Es ist nicht Ziel dieser Arbeit, alles Lebendige und Kreative reduktionistisch auf die Angst zurückzuführen. Freilich ist der Mensch nicht nur ein Ängstlicher, sondern auch ein Schaffender, ein Spielender, ein Liebender, ein Abenteurer, ein sich Entwerfender. Aber ohne die Erkenntnis der Angst und den immer wieder erneuten Kampf mit ihr bleibt er unvollständig, weil er von seiner Angst »gelebt« wird.

Angst ist allgegenwärtig im menschlichen Leben, in Gesundheit und Krankheit. Doch der Mensch leidet heute unter der Tendenz, die Urangst – oder die existenzielle Angst, die Todesangst – als Grund und Quelle seiner vielfältigen Ängste, durch zahlreiche Abwehrstrategien zu verdrängen. Der Kranke, der unter Angst leidet, verdrängt, wehrt ab und leugnet; oft ist er außerstande, das Gefühl der Angst überhaupt wahrzunehmen. Der Mensch, der keine Angst spürt oder seine Angst vollkommen abwehrt, wirkt nicht nur als Mitmensch unecht, oberflächlich, identitätslos. Ihm fehlt der Kontakt zu sich und folglich zu den anderen. Er wird zu einer potenziellen Gefahr für die Mitmenschen, denn er ist leicht manipulierbar und er wird sich selber und andere manipulieren. Defizitäre Angst und seine kollektive Form, das Nichtspüren der Gefahren, denen die Menschheit heute ausgesetzt ist, kann uns unaufhaltsam zur Katastrophe führen.

Aber Angst *muss* auch verdrängt werden, wenn der Einzelne nicht von ihr beherrscht werden will; gerade heute bombardieren uns die Medien unerbittlich mit Meldungen, die Angst oder Panik auslösen und die uns auch Schuldgefühle machen, denn wir können nicht immer adäquat auf sie reagieren. Der »gesunde« Mensch neigt auch zur Verdrängung, zur Rationalisierung seiner eigenen existenziellen Angst. Er fühlt sich, vielleicht mehr als jemals in seiner Geschichte, mit ihr allein gelassen. Die Religion steht ihm nicht mehr – oder immer weniger – als Trost zur Verfügung. Die Macht der Technologie, des raschen Gewinns, das Verschwinden lang gepflegter ethnischer Traditionen und ethischer Normen, der Verlust der Großfamilienstrukturen tun ein Übriges dazu. Die neuen Ersatzreligionen, das Kultivieren des Konsums, des Genusses, die Faszination der Technologie, bieten nur vorübergehende Erleichterung; sie können die darunter liegende Angst nur kurz betäuben. Trotz seiner vielfältigen Abwehrstrategien wird der moderne Mensch von seiner *Angst vor der Angst* regiert.

Dieselbe Angst vor der Angst stellt in ihren verschiedenen Formen und Varianten den größten Widerstand im Rahmen der Psychotherapie dar. Erst wenn diese Angst bewusst gemacht werden kann, gewinnen Genuss, Freude, ein kreatives Leben und das Streben nach Glück eine tiefere Dimension. Ohne der Urangst immer wieder ins Gesicht zu schauen – »In die Sonne schauen«, wie Yalom es nennt[1] – gibt es keine menschliche Entwicklung.

Angst ist lebenswichtig – und nicht nur im banalen Sinne der Real- oder Signalangst, die uns davor bewahrt, im Wald auf eine Schlange zu treten. Sie gehört zum Leben in einem tieferen Sinne, sie ermöglicht uns, die Potenziale des Menschseins auszuloten, das Menschwerden zu erleben. Sie kann die Zuwendung zum Leben, die Bewusstheit des eigenen Seins fördern oder erst entstehen lassen. Irene, die bereits erwähnte Heldin der Erzählung »Angst« von Stefan Zweig,[2] »entdeckt« am Schluss der Novelle die Grundlage ihrer Angst und damit die wahre Beziehung zu ihrem Mann, zu ihren Kindern, zum eigenen Leben; nachdem sie immer schon unter dem Joch der unbestimmten Angst dahinlebte, fängt sie nun an, nach der – zunächst verheerenden – Grenzerfahrung mit der Panik, sich den Sinn des Lebens bewusst zu machen. Erst nachdem sie aufgehört hat, vor der furchtbaren Angst zu flüchten – bis zum Suizidversuch –, wird sie gewahr, dass diese Erfahrung ihr das Leben verändert, ihr Bewusstheit gebracht hat. Nicht nur Irene: Auch ihr Mann ändert sich durch Irenes Grenzerfahrung der Angst. Die Urangst war ja die ganze Zeit da, wie Zweig durch die Beschreibung der Leere ihres Lebens erkennen lässt; jetzt wird sie aber *bewusst*. Erst dadurch kann sie allmählich ihre befreiende Wirkung entfalten. Manche Menschen erlangen diese Bewusstheit erst viel zu spät, an der Grenze, die eine ernsthafte Erkrankung mit sich bringt, oder erst am Rande des Todes.

So quälend sie auch oft sein mag, so viel Leid, Zweifel und Verzweiflung sie auch erzeugt: In der Frage, ob und wie wir die Angst, statt sie auf hunderte von Arten zu verschleiern, wirklich kennenlernen, begreifen, wahrnehmen und zur Verbündung mit anderen Menschen nutzen können, steckt eine große Chance – die Chance des Auswegs aus der Einsamkeit und die Chance, innerlich zu reifen. Ohne die Fähigkeit, Angst zu spüren und zu kommunizieren, gibt es keinen tiefer gehenden menschlichen Kontakt. Zum Menschwerden gehört vor allem das Kennenlernen, das Erkennen der eigenen existenziellen Angst, das Lernen, mit ihr zu leben, und die Verbündung mit den Mitmenschen, die diese Erkenntnis beinhaltet.

In seinem Hauptwerk, »Die Interpersonale Theorie der Psychiatrie«, deren Mittelpunkt sein Konzept der Angst bildet,[3] schreibt Harry Stack Sullivan: »Sicher ist, dass kein Mensch, ob reif oder entsetzlich krank, gegen jegliche Möglichkeit von Angst oder Furcht oder gegen irgendeines der Bedürfnisse gefeit ist, die das Leben kennzeichnen. Aber je größer der Grad der Reife, die man erlangt, um so weniger wird Angst störend in das Leben eingreifen und um so weniger wird man infolgedessen sich selbst und anderen Menschen zur Last fallen.«[4]

Die Angst vor der Angst zu erkennen und zu bearbeiten ist wesentlicher Teil der Therapie der Angststörungen. Nicht die Angst kann durch Therapie überwunden werden, sondern die Angst vor der Angst. Therapie der Angst heißt Therapie der Einsamkeit. Battegay[5] bezeichnet die Angst als »Movens der Reifung«, das uns »dazu bestimmen [soll], nach Weggenossen Ausschau zu halten«.[6] Sie ist auch ein wichtiger »Reiz für Entwicklung, Differenzierung und Aufbau psychischer Strukturen«.[7] Die Therapie der Angststörung, die allein auf die Bekämpfung der Angst abzielt, kann nicht mehr als eine kurzfristig entlastende Wirkung haben. Die Therapie muss den Menschen, der unter seinen Ängsten leidet, in der Tiefe, in seinem inneren Kern erreichen, zur Identitätstherapie (Ammon) werden. Damit kann sie dem Patienten menschliche Tiefe, Kontaktfähigkeit, Kreativität und einen höheren Grad an Freiheit ermöglichen. Schon Kierkegaard sagte, dass der Mensch »die Möglichkeit der Freiheit [...] in der Angst erfährt«.[8]

Letztendlich kann der Therapeut seinem Patienten die Angst nicht nehmen; schon die Illusion selbst ist gefähr-

II Die Angst vor der Angst

lich. Er kann den ängstlichen, aber auch den *defizitär ängst-lichen* oder agierenden Menschen durch seine eigene Erfahrung mit der Urangst zum Wagnis der Begegnung mit seiner eigenen Angst verhelfen. Und er kann ihn aus seiner Einsamkeit heraus begleiten, seine Angst mittragen und ihn zur Gruppe, zu den anderen Menschen führen. »Die Gruppe entspricht einem Versuch, die Angst zu überwinden«;[9] sie kann eine Art »archaischen Wegs« des unter Entfremdung und Einsamkeit leidenden Menschen bedeuten.

Was uns auch immer die religiösen Mystiker oder die alten Stoiker lehren mögen: Für unsere Patienten ist es nicht erreichbar, die Todesangst zu überwinden. Geht es uns selber da anders? Solche Versuche beinhalten, zumindest in unserer Kultur, immer die Gefahr der intellektualisierenden Abwehr und der Selbsttäuschung.

Auch die Gefahr einer biologistischen Banalisierung der Angst ist heute groß. Hüther warnt »aus neurobiologischer Perspektive [vor der] Unterdrückung von Gefühlen, [der] Trennung zwischen Denken und Fühlen und [der] Abspaltung des Körpers vom Gehirn« und fragt sich, »welchen Sinn […] all diese Trennungen […] für den Zusammenhalt von und für das *Überleben* des *Einzelnen* in einer *menschlichen Gemeinschaft* machen. In einer von Leistungsdruck und Konkurrenzdenken geprägten Gesellschaft, in der man bereits als Kind dazu angehalten oder zumindest ermutigt wird, sein »Ich« durch die Abwertung und auf Kosten anderer zu stärken, sind solche Abgrenzungs- und Abspaltungsprozesse unvermeidlich. Für Menschen, die in eine solche, von Effizienzdenken, von Machbarkeitswahn und vom Egoismus geprägte Gemeinschaft hineinwachsen, macht weder Achtsamkeit noch Behutsamkeit irgendeinen Sinn.«[10] Und er fährt fort: »Das menschliche Gehirn ist auf Offenheit und Verbindungen knüpfen, auf ›Konnektivität‹ angelegt, und alles, was die Beziehungsfähigkeit von Menschen – zu sich selbst, zwischen ihrem Denken und Fühlen, zwischen Gehirn und Körper, aber auch zu anderen Menschen, zur eigenen Geschichte, zur Kultur und zur Natur – verbessert und stärkt, führt zwangsläufig zur Ausbildung einer größeren Konnektivität.«[11] Dazu gehört auch das Spüren von Angst, das Bewusstwerden der Angst als einer Hauptemotion des Menschen und ihrer Bedeutung für das Schicksal und die menschliche Existenz. Wenn man seine Angst nicht spürt, gibt es keine »Konnektivität«, keine Beziehungsfähigkeit zu sich und zu den anderen.

Der in diesem Buch geäußerte Gedanke, dass der Mensch ein Sozialwesen ist, der seine Interpersonalität und seine Verbindungen zur Gruppe der Mitmenschen weitgehend eingebüßt hat, aber diese *wieder finden kann*, geht von der Prämisse aus, dass dem Menschen die Möglichkeit der Solidarisierung mit dem und den anderen latent *innewohnt* und dass er darauf in seiner Angst zurückgreifen kann. Angst und Einsamkeit bedingen sich gegenseitig. Der »archaische Weg« für den angstgeplagten Menschen bedeutet den Austritt aus seiner gruppendynamisch und kulturell bedingten Einsamkeit und den Schritt zur Solidarisierung. Dies kann jedoch nur dann geschehen, wenn das Individuum und seine Umgebung ihre Urangst zu spüren lernen und diese zum Anlass der Verbündung nehmen. In einer Gesellschaft, die durch die materielle Angstabwehr geblendet ist und in der der Mensch die defizitäre Angst schon als Kind durch Identifikation »erlernt«, sind einer solchen Verbündung rasch Grenzen gesetzt.

Als Menschheit haben wir möglicherweise den Höhepunkt der kollektiven Verdrängung der Angst erreicht. Haben wir eine Katastrophe nötig, um uns davon zu überzeugen, dass wir keinen anderen Ausweg aus der Bedrohung unserer Zivilisation haben als die Verbündung in der gemeinsamen menschlichen Angst? Ich hoffe, dass eine Einsicht auch ohne eine globale Katastrophe sich durchsetzten wird, dass ein Lernprozess in Ansätzen bereits im Gang ist, der aber noch längere Zeit brauchen wird; ein Lernprozess, der das Wahrnehmen von Gefahren und ein Reagieren darauf außerhalb unserer persönlichen Tragweite beinhaltet und der unsere bereits vorhandenen biologischen Fähigkeiten zur Verbündung und Solidarität schärfen wird.

Die Menschheit ist viel langsamer lernfähig als der Einzelne, sonst würde sie, spätestens nach den letzten zwei verheerenden Weltkriegen und nach den Warnungen des Club of Rome, nach den bedrohlichen Ausmaßen, die die weltweite ökologische Krise unserer Erde schon seit Jahrzehnten erkennbar zeigt, schneller den Kurs wechseln. Die Widerstände sind enorm: neben der eigenen, individuellen Angst vor der Angst auch der der gesamten Menschheit als Spezies. Die Chance, von unseren Kindern zu lernen, haben wir, als Menschheit, bisher verpasst.

Die meisten derjenigen, die unser Schicksal mit ihren Entscheidungen bestimmen, Staatsmänner, Politiker, Leiter der großen Banken und Konzerne, Militärs, haben kein Interesse, ihr Macht- und Profitstreben hintanzustellen. Und dieser Zustand hat sich dermaßen als gewöhnliche »Normalität« etabliert, dass er von der Bevölkerung ohne großen Protest – zumindest ohne einen weltweiten Protest, der daran etwas ändern könnte – toleriert wird. Wir haben uns an die »Normalität« der »Sachzwänge«, schon längst gewöhnt, obwohl wir im Grunde wissen, dass sie meist von den Interessen der Macht und des Geschäfts diktiert sind; auch an die Politiker, die außer ihren eigenen und den Parteiinteressen selten moralische und menschliche Größe zeigen.

Deshalb ist die Hoffnung noch nicht stark genug. Sie wird wachsen, wenn wir uns wieder besinnen werden, dass wir Gruppenwesen sind und nur zusammen als Gruppe, in Solidarität, überleben und das Leben lebenswert gestalten können.

Es ist kein Zufall, dass Beethoven gegen Ende seines Lebens in seiner 9. Sinfonie dem Gedanken nach menschlicher Verbrüderung, und noch einmal, gleichsam als Vermächtnis, in seiner *Missa Solemnis,* die erhabenste Melodie findet für die Worte des *Benedictus,* den Segen des Mitmenschen. Die Hoffnung auf die Begegnung mit dem anderen hat niemand schöner, erhabener ausgedrückt.

Anmerkungen

Einleitung: Angst und der heutige Mensch

1 S. Zweig 2002, S. 8.
2 Ebenda, S. 9–10.
3 Ebenda, S. 15–16.
4 F. Alexander 1960, S. VII.
5 H. Keupp 1994, S. 336.
6 F. Alexander 1960.
7 E. Fabian 2007.
8 R. Battegay 1970/1996, S. 6.
9 G. Condrau 1976, S. 7.
10 W.H. Auden 1948.
11 A. Gruen 1984, S. 119.
12 Süddeutsche Zeitung vom 17. August 2007.
13 B. Bandelow, *psychoneuro* 3/2005, S. 115.

1 Was heißt Angst? Was ist eine Angststörung?

1 H. Hellner 1969, S. 8.
2 G. Rudolf 2004, S. 25.
3 H. Schmitz 2000, zitiert bei Rudolf 2004, S. 25.
4 H. Hellner 1969, S. 8.
5 Ebenda, S. 81.
6 S. Freud 1917, S. 408 (kursiv E. F.).
7 So fasst es Guido Meyer zusammen (2005, S. 20–21).
8 Ebenda, S. 86–87 (kursiv im Original).
9 P. Gay 1989, S. 45.
10 A. Gruen 1997, S. 187.
11 E.R. Kandel 1998, S. 458 (Übers. E. F.).
12 Ebenda, S. 467.
13 R. Jacoby 1990, S. 14.
14 B. Milrod et al. 2007; S.O. Hoffmann 2008. Auch innerhalb der

Psychoanalyse gibt es immer noch Machtkämpfe, trotz vordergründigem Zusammenschluss; auch hier geht es um Macht, Prestige und nicht zuletzt auch um wirtschaftliche Interessen in unserem bürokratisch immer vollständiger kontrollierten Gesundheitswesen.

15 F. Riemann 1961, S. 7.
16 R.C. Kessler et al. 2005.
17 A. Warnke et al. in: F.J. Freisleder et al. 2001.
18 E. Fabian 2004a.
19 H. Ellenberger 1985, S. 303.
20 H. Hellner 1969, S. 20.
21 R. Battegay 1970/1996.
22 K. Kerényi, 1992, Band I, S. 138.
23 A. Warnke et al. in: F.J. Freisleder et al. 2001.
24 A. Freud 1965, S. 161.
25 S. Freud 1895, S. 322.
26 S. Freud 1917.
27 S. Freud 1926.
28 A. Freud 1964.
29 H.B. Flöttmann 2005, S. 92.
30 H. Thomä 1995.

2 Angst – Begleiter des Menschen

1 H. Hellner 1969, S. 81.
2 E. Ionesco 1972, S. 98.
3 W.R.D. Fairbairn 2000, S. 275.
4 L. Schacht 2003, S. 223.
5 D.W. Winnicott 1948, zitiert bei L. Schacht 2003.
6 G. Ammon 1980, S. 57.
7 E. Fromm 1941, S. 21.
8 D. Morris 1967.
9 S. Zweig 2005, S. 45.
10 H. Hellner 1969, S. 69.
11 R. Graves 1975, Band 2, S. 92 (Übersetzung E. F.).
12 I. Trencsényi-Waldapfel 1989, S. 198.
13 Kalevala 1979, S. 180.
14 Egil's Saga 1976, S. 9.
15 J. Delumeau 1989, S. 11.

16 G. Delpierre 1974, S. 7.
17 Vergil, Äneis, 4. Gesang, 13.
18 A. Gruen 1997, S. 124.
19 E. Fabian 2005b.
20 G. Hüther 2007, S. 227.
21 J.E. Meyer 1982, S. 2.
22 R. Battegay 1970/1996, S. 101.

3 Wie Philosophen über Angst denken

 1 M. de Montaigne 2006, S. 49.
 2 Ebenda, S. 63.
 3 M. Albom 1997/2002, S. 99.
 4 Marc Aurel 1977, S. 159.
 5 Ebenda, S. 188.
 6 W. Weischedel 1966/1987, S. 64.
 7 Platon 1973, S. 80.
 8 Ebenda, S. 91.
 9 Ebenda, S. 79–80.
10 Ebenda, S. 81.
11 Ebenda, S. 11.
12 U. Neumann 2001, S. 38.
13 J. Delumeau 1989, S. 22–23.
14 Aristoteles 1953/1982, S. 94.
15 Ebenda, S. 129.
16 Ebenda, S. 128; kursiv E. F.
17 B. de Spinoza 1927, S. 229.
18 S. Kierkegaard 1844, S. 57.
19 Zitiert bei T. v. Uexküll 2003, S. 798.
20 C. Baudelaire 1861/1973, S. 275.
21 J. Skácel 1991, S. 93.
22 I. Bachmann 1966, S. 186.
23 H.J. Störig 1993, S. 600.
24 W. Weischedel 1966/1987, S. 271.
25 K. Jaspers 1974, S. 159.
26 H. Hellner 1969, S. 8.
27 W. Weischedel 1975, S. 277.
28 Ebenda, S. 280.
29 J. Rattner, G. Danzer 1997, S. 50.

4 Angst und Religion

1　E. Fromm 1991, S. 37.
2　E. Becker 1976, S. 281.
3　Aus der Sammlung »Des Knaben Wunderhorn« von A. v. Arnim und C. Brentano 1808, S. 734.
4　L. Marinoff 2005, S. 253.
5　S.O. Hoffmann 1994, S. 25.
6　Zitiert bei J.E. Meyer 1982, S. 18.
7　G. Meyer 2007, Bd. 2, S. 340 (kursiv im Original).
8　O. Pfister 1975, S. 30 und S. 449.
9　S. Freud 1923, S. 265.
10　J. Delumeau 1989, S. 39–40.
11　Ebenda, S. 43.
12　Ebenda, S. 40.
13　W. Weischedel 1966/1987, S. 244.
14　R. Battegay 1970/1996, S. 88.
15　A. Gruen 1989, S. 34.

5 Angst in der Psychoanalyse

1　S. Freud 1917, Kap. 25 (Die Angst).
2　S. Freud 1895, S. 335–336.
3　S. Freud 1898, S. 497–498.
4　S. Freud 1895, S. 318–319.
5　Ebenda, S. 319.
6　S. Freud 1926.
7　S. Freud 1917, S. 411.
8　S. Freud 1900, S. 591.
9　S. Freud 1909.
10　H. Ellenberger 1985; G. Meyer 2005.
11　S. Freud in »Hemmung, Symptom und Angst« von 1926.
12　S. Freud 1926, S. 167 (kursiv E. F.).
13　S. Freud 1900, S. 258.
14　Ein Beispiel ist der Bericht der Analytikerin Melitta Sperling (1952) über das Mädchen Linda, das mit 7 Jahren unter extremen Herzrasen-Attacken litt. Sauberkeitstraining wurde mit 6 Monaten begonnen, mit 7 Monaten wurde die Brusternährung abrupt beendet, kurz nach einer 7-wöchigen stationären Behandlung wurde ein Bruder geboren. Darüber hinaus »wurde erfahren,

dass ihre Mutter keine kleinen Mädchen mochte und keine wollte, während sie von ihrem kleinen Jungen begeistert war« (A. Compton 1992, S. 236). Neben der »phobischen« Symptomatik litt Linda unter Appetitverlust und nächtlichen Angstattacken, bei denen sie aufwachte und schrie, dass ein Hund, eine Katze oder ein Fisch ihre Finger beißen würde. In der Diskussion tauchen lediglich Überlegungen über oral-sadistische Impulse und Penisneid auf.

15 D. Burlingham 1980, S. 123.
16 J. Bowlby 1961, S. 424.
17 S. Mentzos 1997, S. 19.
18 S.O. Hoffmann 1994.
19 F. Riemann 1961 (bis heute 35 Auflagen).
20 Ebenda, S. 10.
21 Ebenda, S. 16, 18.
22 K. König 1986.
23 R. Battegay 1970/1996, S. 106.
24 Ebenda, S. 47.
25 Ebenda, S. 73.
26 G. Ammon 1980, S. 93.
27 G. Ammon et al. 1998, S. 119–120, 178–180.
28 G. Ammon 1979, S. 132.
29 Ebenda, S. 132.
30 Ebenda, S. 133.
31 Ebenda, S. 132.
32 I. Burbiel et al. 1992, S. 227.
33 G. Ammon 1979, S. 133.
34 Ebenda.
35 Ebenda.

6 Angst in den Psychosen und den Borderline-Störungen

1 U. Streeck 2007, S. 21.
2 W. Bion 1962, S. 232.
3 F. Fromm-Reichmann 1978, S. 201.
4 J.N. Rosen 1964, S. 148, 161–162.
5 Ebenda, S. 29.
6 Ebenda, S. 183.

7 S. Ferenczi 1932, S. 272.

8 H.S. Sullivan 1953.

9 S. Arieti 1989, S. 72.

10 Ebenda, S. 102.

11 In Gaetano Benedettis »Todeslandschaften der Seele« erscheint z.b. der Begriff »Angst« im Sachregister kein einziges Mal – dagegen »Aggression« 58-mal (G. Benedetti 1991). Frank Matakas erwähnt in seinem vor kurzem erschienenen ausführlichen Bericht über die »Behandelbarkeit der Schizophrenie« die Angst nur an einer Stelle, in Zusammenhang mit der Befürchtung, »in engen Beziehungen vom Objekt überwältigt zu werden« (F. Matakas 2008, S. 755).

12 K. Wolf 2006, S. 11.

13 N. Müller, M.J. Schwarz 2007.

14 C.G. Jung 1921; G. Ammon 1979; E. Fabian 1998.

15 P. Götze 2000, S. 288.

16 A. Stern 1938, S. 468, 476–477.

17 O.F. Kernberg 1967, 1993, 2000.

18 A.R. Wolberg 1973, zitiert bei C. Rohde-Dachser 1989, S. 87.

19 B. Dulz, A. Schneider 1995/2004.

20 Ebenda, S. 58.

21 Ebenda, S. 57–60.

22 B. Dulz 2000.

23 M. Swartz et al. 1990, zitiert bei B. Dulz 2000, S. 58.

24 T. Plänkers 2003, S. 498–499.

7 Die vielen Gesichter der Angst. Variationen auf ein Thema

1 K. Schneider 1923.

2 Vgl. E. Fabian 2007.

3 U. Streeck 2007, S. 21.

4 V.E. v. Gebsattel 1959, S. 107.

5 H. Petri 1987, S. 111–112.

6 A. Freud, D. Burlingham 1949, zitiert bei Petri 1987, S. 199.

7 A. Osada, zitiert bei Petri 1987, S. 112–113.

8 I. Burbiel et al. 1994; A. Massing et al. 1994; E. Fabian 2004c, 2008.

9 S. Freud 1900, S. 587.

10 F. Riemann 1961; S. Arieti 1961; S. Mentzos 2000; K. König 2000.

11 H.S. Sullivan 1953, S. 233.

12 H. Binder 1949.

13 K. Jaspers 1948.

14 T. Rentsch 2001, S. 206.

15 S. Rachman 2000.

16 O. Pfister 1975, S. 38.

17 T. Bolm, B. Dulz 2002, S. 254.

18 Zum ersten Mal von C.G. Jung 1921 beschrieben.

19 Zulliger 1966, S. 70.

20 S. Kierkegaard 1844.

21 O. Fenichel 1977, S. 46.

22 Zitiert bei R. Waelder 1970, S. 91.

23 M. Balint 1959.

24 Ebenda, S. 23.

25 Ebenda, S. 21–23.

26 Ebenda, S. 25–29.

27 Ebenda, S. 30.

28 G. Ammon 1979.

29 S. Freud 1900, S. 587.

30 A. Gruen 1997, S. 206.

31 E. Fabian 2002a, 2006a.

32 R. Klußmann 1998, S. 310.

33 E. Fromm 1941, S. 37.

34 Ebenda, S. 38.

35 J. Anouilh 1943.

36 G. Ammon 1982a, S. 704.

37 H. Zulliger 1966.

38 R. Klußmann 1998, S. 310.

39 G. Ammon 1981, S. 14.

40 S. Arnold, P. Joraschky 1997, S. 185.

41 S. Freud 1905a, S. 125.

42 J. Bowlby 1961, S. 418.

43 H. Petri 1987.

44 Zitiert ebenda, S. 113.

45 G. Ammon 1976a, 1979, 1988a.

46 H. Dilling et al. 2005; Diagnostisches und Statistisches Manual DSM, 2003.

47 H.-P. Röhr 2006.

48 O. F. Kernberg 2000a.
49 F. Kafka 1914.
50 R. Battegay 1970/1996, S. 48.
51 Ebenda, S. 51.
52 G. Ammon 1982a, S. 10.
53 R. Battegay 1970/1996, S. 42, 47.
54 G. Ammon 1979, S. 337.
55 G. Hüther 2007, S. 228.
56 A. Kurosawa, Ikiru, 1952.
57 D. Dörrie, Kirschblüten, 2008.
58 R. Battegay 1970/1996, S. 111 (kursiv E. F.).
59 M. Balint 1959.
60 D. W. Winnicott 2002, S. 47 (kursiv E. F.).
61 Zum Beispiel M. Lohmer 2002, S. 27.
62 R. Battegay 1970/1996.
63 S. Freud 1925.
64 J. Delumeau 1989, S. 70–72.
65 Ebenda, S. 73–74.
66 S. Mentzos 1997, S. 16, 19.
67 S. O. Hoffmann 2000, S. 232.
68 S. Zweig 2005, S. 21.
69 Mündliche Mitteilung von Dr. Rolf Schmidts.
70 S. Freud 1900, S. 586.
71 K. Menninger 1968, S. 140.
72 E. Fromm 1991, S. 49.

8 Defizitäre Angst

1   G. Ammon 1984.
2   G. Ammon et al. 1998, S. 19.
3   H.-P. Kapfhammer 2000.
4   G. Condrau 1976, S. 16.
5   Vgl. T. v. Uexküll 2003.
6   Aristoteles 1982, S. 94.
7   Ebenda, S. 129.
8   M. Boss 1962, S. 39.
9   H. Hediger 1959.
10 R. Battegay 1970/1996, S. 69.
11 O. Fenichel 1977, Band III, S. 45.

12 S. O. Hoffmann 2000, S. 227.

13 G. Ammon 1979, 1982, 1986; G. Ammon et al. 1998.

14 G. Ammon 1979, S. 132–133.

15 G. Ammon 1973, S. 122.

16 N. M. Graham et al. 1988.

17 E. Fromm 1941; A. Gruen 1984.

18 S. Spielberg 1993.

19 E. Deaglio 1994.

20 J. Lévai 1948.

21 R. Battegay 1970/1996, S. 93–94.

22 A. Gruen 2000, S. 168–169.

23 A. Gruen 2000.

24 A. Gruen 1997, S. 57.

25 E. Fabian 2005b.

26 H. V. Dicks 1950.

27 Ebenda.

28 A. Gruen 1997, S. 86.

29 H.-P. Röhr 2006.

30 Ebenda, S. 75.

9 Angst und Körper

1 W. Schulte 1961.

2 Zitiert bei H. Hellner 1969, S. 9 (kursiv im Original).

3 S. Freud 1895, S. 319–320.

4 F. Alexander 1950, S. 76–77.

5 Ebenda, S. 105.

6 Ebenda, S. 109.

7 Ebenda, S. 55.

8 G. Ammon 1974.

9 G. Ammon 1972.

10 G. Ammon 1974, S. 9.

11 Ebenda, S. 133.

12 Ebenda, S. 104.

13 M. Hirsch 1975.

14 G. Ammon 1988b.

15 H. Huebschmann 1977, S. 290.

16 E. Fabian 2004b.

17 O. F. Kernberg 2000, S. 86–87.

18 B. Dulz 2000.
19 M. Khan 1977.
20 F. Akin 2004.
21 S. Hicks 1996.
22 E. Fabian 2003.
23 S. Freud 1925.
24 J. Bauer 2005, S. 23.
25 E. Fabian 2004b.
26 B. Bandelow et al. 2006; J. Angenendt 2007.
27 M.E. Keck, C.K. Thöringer 2005.
28 J. Deckert, K. Domschke 2003; J.M. Hettema et al. 2001.
29 P. Zwanzger, J. Deckert 2007, S. 350.
30 Vgl. E. Fabian 1999, 2004c.
31 J. Bauer 2002.
32 J.C. Rüegg 2005, S. 11, 13.
33 Vgl. E. Fabian 2004b.
34 G. Hüther 2007, S. 228.
35 C. Scharffetter 1990, S. 129–130.
36 C. Brenner 1955.
37 E.L. Engel 1977; T.v. Uexküll 2003.
38 H. Weiner, I.F. Fawzy 1989.
39 V. Tschuschke 2008, S. 9.
40 O.F. Kernberg 1983, 1997.
41 M.M. Linehan, K. Koerner 1993.
42 H. Will et al. 1998, S. 99.
43 F. Strian 2003.
44 S.O. Hoffmann, G. Hochapfel 1999.
45 V. v. Weizsäcker 1949, S. 338.
46 J.C. Rüegg 2005, S. 13.
47 J. Solomon, C. George 1999; J. Cassidy, J.J. Mohr 2001.
48 K. Braun, B. Bogerts 2001; T. Schiffelholz, J. Aldenhoff 2001.
49 J.C. Rüegg 2005, S. 12.
50 H.W. Koenigsberg, L.J. Siever 2000, S. 216.
51 G. Rizzolatti et al. 2003.
52 E. Fabian 1999.
53 M.B. Buchholz 1993, S. 119.
54 T. Sharma 1999, S. 16.
55 G. Roth, Vortrag vom 3. Oktober 2007.
56 E. Husserl 1996.
57 H.-P. Kapfhammer 2000, S. 1186.

Anmerkungen

58 H.J. Störig 1993.
59 M. Ammon 2002, S. 232.

10 Gruppendynamische und transgenerationale Aspekte der Angst

1   K. Menninger 1968, S. 133.
2   H.S. Sullivan 1948.
3   E. Abelin 1971, 1977; P. Blos 1990.
4   Vgl. E. Fabian 2005b.
5   G. Ammon 1971, S. 13–14.
6   A. Massing et al. 1994.
7   M. Hirsch 1975, S. 385.
8   A. Massing et al. 1994.
9   A. Ferreira 1963.
10 J. Becker 1979.
11 Y. Danieli 1981; M. Ammon 2002; G. v. Bülow 2003; C. Kahn 2006.
12 G. v. Bülow 2003.
13 Nach A. Freud 1964.
14 Vgl. E. Fabian 2002b, 2005b.
15 D. Gansel 2008.
16 A. Gruen 1997, S. 17–18.
17 C. Rohde-Dachser 1989, S. 134.
18 S. Bode 2006, S. 62.
19 Ebenda, S. 80.
20 J. Cassidy, J.J. Mohr 2001.
21 M. van Ijzendoorn 1995.

11 Einige Bewältigungs- und Abwehrstrategien der Angst

1   R. Battegay 1970/1996, S. 95.
2   D.W. Winnicott 2002.
3   A. Koestler 1976, S. 174.
4   A. Denis 2007.
5   A. Freud 1964, S. 40.
6   G. Ammon 1972.
7   A. Gruen 2000.

8 Ebenda, S. 171.
9 H. Schultz-Hencke 1940, S. 19.
10 J. Bowlby 1961, S. 414.
11 A. Gruen 1997.
12 J. Delumeau 1989, S. 24.
13 K. Abraham 1917, S. 65.
14 R. Battegay 1970/1996, S. 52.
15 Zitiert bei J.L. Borges 1974, S. 169–170.
16 Ein ähnlicher Entwicklungsprozess liegt – unter dem Aspekt der Wiederholung – der klassischen indischen Raga-Musik und dem Jazz zugrunde. Allgemein lässt sich feststellen, zumindest für die klassische Periode der europäischen Musik (in der zeitgenössischen Kulturmusik sind die meisten der alten Wiederholungsschemata aufgehoben, was vielleicht ihre mangelnde Popularität mitbegründet): Gleichgültig, wie weit sich das Hauptthema durch die »Durcharbeitung« oder die Variation verändert hat, *sie kehrt am Ende zurück*. Damit gibt sie dem Ganzen eine Gestalt.
17 ICD-10, S. 294.
18 T.J. Renner et al. 2008.
19 M. Romanos et al. 2008; T. Jans et al. 2008.
20 T. Jans et al. 2008.
21 R. Haubl, K. Liebsch 2008; M. Leuzinger-Bohleber et al. 2008.
22 H.-J. Möller et al. 2000.
23 O. Fenichel 1977, Band III, S. 143.
24 A. Freud 1964.
25 S. Ferenczi 1933, S. 308.
26 A. Gruen 1997.
27 B. Dulz 2000, S. 68.
28 G. Ammon 1972.
29 G. Condrau 1976, S. 55.
30 H. Dilling et al. 2005, S. 164.
31 Ebenda, S. 165.
32 J. Pohl, W. Rock 1979, S. 538.
33 E. Fabian 2005b.
34 Vgl. E. Fabian 2005a.
35 Blatt der Bundesärztekammer, BÄK-Intern, 2004, S. 4.
36 BÄK-Intern 2002, S. 2. In dem von der Kassenärztlichen Bundesvereinigung (KBV) herausgegebenen Blatt »Klartext« (Januar 2007, S. 11) werden die laufenden Kosten des Verwaltungs- und Dokumentationsaufwands in Arztpraxen 2005 auf *1,6 Milliarden*

Euro hochgerechnet (nicht mitgerechnet werden die Unsummen, die seit Jahren für die sog. Zertifizierung aller Krankenhäuser und Praxen in Deutschland bezahlt – und immer wieder erneuert werden).

37 P. Janet 1889.
38 B. Dulz, U. Sachsse 2000.
39 S.O. Hoffmann, A. Eckhardt-Henn 2001; T. Bolm, B. Dulz 2002; A. Thome 2008.
40 K. Abraham 1911, 1924; E. Zetzel 1961; J.F. Clarkin et al. 2006.
41 E. Fromm 1941, S. 104.
42 E. Fromm 1991, S. 17.
43 A. Gruen 1984, S. 85.
44 D.W. Winnicott 2002.
45 L. Hart 1970/1980; A. Neave 1978.
46 Vgl. E. Fabian 1998, 2002a, 2006a.
47 S. Freud 1905b.
48 T. Reik 1926.
49 E. Fabian 2006a.

12 Professionelle Angst: Die Angst des Wissenschaftlers, des Arztes und des Psychotherapeuten

 1 E. Husserl 1996, S. 55.
 2 Ebenda, S. 73 (kursiv im Original).
 3 F. Alexander 1950, S. 2.
 4 D. Koschland, zitiert bei A. Gruen 1997, S. 232.
 5 W. Bion 1963, S. 18.
 6 B.E. Wampold 2001; M. Buchholz 2008b; J.L. Kavanau 1967.
 7 G. Ammon 1982a, S. 546.
 8 F. Alexander 1960, S. 274.
 9 G. Devereux 1967.
10 Ebenda, S. 109.
11 Ebenda, S. 69.
12 A. Warnke et al. 2001, S. 36.
13 J.C. Rüegg 2007, S. 11.
14 G. Meyer-Groß, M. Zaudig 2007.
15 B.E. Wampold 2001.
16 Vgl. M. Buchholz 2008b, S. 2.
17 G. Ammon 1982a, S. 531–671.

18 Ebenda, S. 546.
19 I. Burbiel 1998, S. 231.
20 E. Fabian 2004a.
21 Ebenda.
22 F. Tretter 2007, S. 99.
23 Vgl. J. Angst, M. Vollrath 1991.
24 H.F. Searles 1974, S. 165.
25 Vgl. G. Fischer 2003.
26 S. Freud 1910, S. 101.
27 I. Burbiel 1996, S. 217.

13 Angst und Erziehung

1 J. Bauer, K. Boie 2008.
2 H. Mann 1953/1962, S. 8.

14 Angst und Identität

1 G. Ammon 1980, S. 132–133.
2 G. Ammon et al. 1998, S. 119.
3 G. Ammon 1984, S. 156.
4 G. Ammon 1979, S. 337.
5 G. Ammon et al. 1998, S. 179.

15 Die Angst vor der Angst

1 P.L. Giovacchini 1993, S. 32.
2 G. Ammon et al. 1998, S. 180.

16 Angst und Aggression in der Psychotherapie

1 H. Zulliger 1966, S. 167–176.
2 F. Alexander 1950.
3 A. Raine 1999, S. 19.
4 S. Rachman 2000.
5 H. Ellenberger 1985, S. 60.
6 O.F. Kernberg 2000a, S. 49.

7 J.F. Clarkin et al. 2006.

8 B. Dulz 2000, S. 59.

9 G. Ammon 1979, S. 133.

10 H. Thomä 1995, S. 1047.

11 P. Götze 2000, S. 290.

12 R. Battegay 1970/1996, S. 101.

13 G. Benedetti 1977, S. 648.

14 R. Battegay 1970/1996, S. 95.

15 W. Schibalski 1978, S. 253.

16 O. Fenichel 1977, S. 47.

17 K. Pollak 2004.

18 E. Ionesco 1972.

19 J. Bowlby et al., Brief vom 16. Dezember 1939, S. 23.

20 R. Battegay 1970/1996, S. 27.

21 U. Schwarz 1959.

22 Es handelt sich um eine sog. komplementäre Gegenübertragung; H. Racker 1968.

23 Wie auch B. Dulz (1999) betont.

24 F. Fromm-Reichmann 1959, S. 15.

25 A. Gruen 2000, S. 39.

26 G. Ammon 1979, S. 133.

27 Vgl. G. Ammon 1976b.

28 R. Battegay 1970/1996, S. 76.

29 E. Fabian 2002b.

30 O.F. Kernberg 1997, S. 17.

31 A. Gruen 2000.

32 I. Burbiel 2008, mündliche Mitteilung.

33 K. Menninger 1968, S. 269.

34 P. Götze 2000, S. 288.

35 R. Battegay 1970/1996, S. 94, 104.

17 Therapie der Angststörungen

1 M. Boss 1962, S. 32.

2 S. Schmidt-Traub 2005.

3 L. Bassett 2000.

4 I. v. Witzleben, A.A. Schwarz 2004, 2007.

5 G. Meyer 2005, S. 11.

6 G. Ammon 1979, S. 132.

7 Erwähnt seien: F. Strian 2003; H.-P. Kapfhammer 2000; R.J. Boerner 2000; A. Ströhle 2003; M. Schmauß, T. Messer 2006; H.-P. Volz 2007.

8 T. Bolm, B. Dulz 2002.

9 B. Bandelow 2005, S. 115.

10 W. Dengler, H.K. Selbmann 2000, S. 80–87.

11 H.J. Eysenck 1957.

12 O.W. Schonecke, J.M. Herrmann 2003, S. 191.

13 S.O. Hoffmann 2007, S. 70.

14 E. Fabian 2005b.

15 R. Battegay 1970/1996, S. 151; S.O. Hoffmann 2000, S. 236; S.O. Hoffmann 2008, S. 10, 20.

16 W. Dengler, H.K. Selbmann 2000, S. 3–4, 80–87.

17 V. Köllner 2007.

18 W. Butollo et al. 1999, S. 148 (kursiv im Original).

19 S.O. Hoffmann 2008.

20 W. Mertens 2000, S. 190–229.

21 T. Plänkers 2003, S. 510.

22 G. Ammon 1988a.

23 O. Fenichel 1977.

24 G. Ammon 1979, S. 351.

25 R. Battegay 2000, S. 8.

26 B.H.F. Taureck 1997, S. 14.

27 P. Castelnuovo-Tedesco 1991, S. 125.

28 R. Battegay 2000, S. 172.

29 M. Hirsch 2004, S. 276.

30 K. Menninger 1968, S. 133.

31 G. Ammon 1979.

32 R. Battegay 2000, S. 37.

33 G. Benedetti 1992, zitiert bei R. Battegay 1970/1996, S. 152.

34 P. Kutter 2001, S. 159.

35 E. Gaddini 1998; P. Geißler 1998; F. Röhricht 2000; P. Kutter 2001; U. Geuter 2006.

36 F. Röhricht 2000, S. 137–138; G. Görlitz 1998.

37 T. Bauriedl 1998, S. 357.

38 G. Ammon 1984, 1986b.

39 G. Ammon 1986b; M. Ammon 1996; G. Reitz 1986, 1999, 2001; G. Reitz et al. 2005; E. Fabian et al. 2009.

40 G. Ammon 1984, S. 157.

41 Vgl. T. Bauriedl 1998.

42 Vgl. E. Fabian et al. 2009.

43 G. Ammon 1976; I. Burbiel 1997; E. Fabian et al. 2009.

44 M. Ammon 1996; R. Schmidts 1994, 2005; I. Urspruch 1993, 2005; G. Reitz 2001; G. Reitz et al. 2005; I. Burbiel 2008.

45 G. Kress, T. Bihler 2004, 2007, 2008.

46 G. Ammon 1979, S. 432.

47 G. Ammon 1972a.

48 R. Schmidts, E. Fabian 1998; R. Schmidts 1994, 2005.

49 I. Urspruch 2005.

50 I. Burbiel 1997.

51 L. Luborsky et al. 1997; L.M. Najavits 2001; D.E. Orlinsky 2008; M. Buchholz 2008a.

52 L. Wurmser 2001, S. 30.

53 G. Ammon 1984, S. 160.

54 F. Fromm-Reichmann 1959, S. 39.

55 M. Eagle 1984, S. 125.

56 B.L. Milrod et al. 1997.

57 E. Fromm 1991, S. 126.

58 F. Riemann 1961, S. 13.

59 R. Battegay, U. Rauchfleisch 1990, S. 139.

18 Ausblick: Angst und menschliche Entwicklung

1 I.D. Yalom 2008.

2 S. Zweig 2005.

3 H.S. Sullivan 1953, S. 418.

4 Ebenda, S. 347–348.

5 R. Battegay 1970/1996, S. 47, 106.

6 Ebenda, S. 106.

7 P. Kutter 2001, S. 39.

8 W. Weischedel 1975, S. 233.

9 R. Battegay 1970/1996, S. 145.

10 G. Hüther 2007, S. 228 (kursiv im Original).

11 Ebenda.

Literatur

Abelin, E. (1971): The role of the father in the separation-individuation process. In: McDewitt, J.B., Settlage, C.F. (Hrsg.): *Separation-Individuation*. New York: International Universities Press.

– (1977): The role of the father in core gender identity and in psychosexual differentiation. In: *J. Amer. Psychoanal. Assoc. 26*, 1978, S. 143–161.

Abraham, K. (1911): Die psychosexuelle Grundlage der Depressions- und Exaltationszustände. In: *Zentralblatt für Psychoanalyse 2*, 1912.

– (1917): Das Geldausgeben im Angstzustand. In: *Gesammelte Werke in zwei Bänden* (hrsg. von J. Cremerius). Frankfurt a.M. 1982: S. Fischer.

– (1924): Versuch einer Entwicklungsgeschichte der Libido auf Grund der Psychoanalyse seelischer Störungen. In: *Neue Arbeiten zur ärztlichen Psychoanalyse 11*, Intern. Psychoanalytischer Verlag.

Akin, F. (2004): *Gegen die Wand*. Film, Wüste Filmproduktion.

Albom, M. (1997): *Dienstags mit Morrie*, 16. Aufl., München 2002: Goldmann.

Alexander, F. (1950): *Psychosomatische Medizin. Grundlagen und Anwendungsgebiete*, 4., unveränd. Aufl. Berlin, New York 1985: Walter de Gruyter.

– (1960): *The Western Mind in Transition*. New York: Random House.

Alexander, F., Ross, H. (Hrsg.) (1952): *Dynamic Psychiatry*. Chicago: The University of Chicago Press.

Ammon, G. (1971): *Gruppendynamik der Aggression*. Berlin: Pinel.

– (1972a): Auf dem Wege zu einer Psychotherapie der Schizophrenie. In: *Dyn. Psychiat. 5*, S. 81–107.

– (1972b): Zur Genese und Struktur psychosomatischer Syndrome unter Berücksichtigung psychoanalytischer Technik. In: *Dyn. Psychiat. 5*, S. 223–251.

– (1973): *Dynamische Psychiatrie*. Darmstadt, Neuwied: Luchterhand.

– (1974): *Psychoanalyse und Psychosomatik*. München: Piper.

- (1976a): Das Borderline-Syndrom – ein neues Krankheitsbild. In: *Dyn. Psychiat. 9*, 317–348.
- (Hrsg.) (1976b): *Analytische Gruppendynamik*. Hamburg: Hoffmann und Campe.
- (Hrsg.) (1979): *Handbuch der Dynamischen Psychiatrie*, Bd. I. München: Ernst Reinhardt.
- (1980): Ich-strukturelle und gruppendynamische Aspekte bei der Entstehung der Schizophrenie und deren Behandlungsmethodik. In: ders., *Vorträge 1969–1988*. München 1988: Pinel, S. 242–263.
- (1981): Identität – ein Geschehen an der Grenze von Raum und Zeit. Zum Prinzip der Sozialenergie. In: ders., *Vorträge 1969–1988*. München 1988: Pinel, S. 264–278.
- (Hrsg.) (1982a): *Handbuch der Dynamischen Psychiatrie*, Bd. II. München: Ernst Reinhardt.
- (1982b): Identität – ein Geschehen an der Grenze von Raum und Zeit. Zum Prinzip der Sozialenergie. In: *Dyn. Psychiat. 15*, S. 114–128.
- (1984): Die Unerreichten. Zur Behandlungsproblematik des Urnarzißmus. In: *Dyn. Psychiat. 17*, S. 145–164.
- (1986a): *Der mehrdimensionale Mensch. Zur ganzheitlichen Schau von Mensch und Wissenschaft*. München: Pinel.
- (1986b): Humanstruktureller Tanz – Heilkunst und Selbsterfahrung. In: *Dyn. Psychiat. 19*, S. 317–342.
- (1988a): *Vorträge 1969–1988*. München: Pinel.
- (1988b): Zur humanstrukturellen Verwobenheit von Psychosomatik und Schizophrenie. In: *Dyn. Psychiat. 21*, S. 1–19.
- (1998): *Das Borderline-Syndrom. Krankheit unserer Zeit*. Berlin: Pinel.
Ammon, G., Finke, G., Wolfrum, G. (1998): *Ich-Struktur-Test nach Ammon, ISTA*. Frankfurt a. M.: Swets & Zeitlinger.
Ammon, M. (1996): Untersuchungen zur Bedeutung und Effizienz der humanstrukturellen Tanztherapie. In: *Musik-, Tanz- und Kunsttherapie 7*.
- (2002): *Kindheit und Pubertät von schizophren strukturierten Patienten*. Bonn: Psychiatrie-Verlag.
Angenendt, J. (2007): Ist die Panikstörung nur eine Frage der Neurobiologie? In: *Info Neurologie und Psychiatrie 9/4*, S. 6–8.
Angst, J., Vollrath, M. (1991): The natural history of anxiety disorders. In: *Acta Psych. Scand. 84*, S. 446–452.
Anouilh, J. (1943): *Antigone*. Stuttgart 1988: Reclam Verlag.

Arieti, S. (1961): A re-examination of the phobic symptom and of symbolism in psychopathology. *Am. J. Psychiatry 118*, S. 106–110.

– (1989): *Schizophrenie. Ursachen, Verlauf, Therapie.* München: Piper.

Aristoteles (1982): *Nichomachean Ethics.* Harmondsworth, Middlesex: Penguin Classics.

Arnim, A. v., Brentano, C. (Hrsg.) (1808): *Des Knaben Wunderhorn. Alte deutsche Lieder.* Düsseldorf, Zürich 2001: Artemis & Winkler.

Arnold, S., Joraschky, P. (1997): Angsterkrankungen. In: Egle, U.T., Hoffmann, S.O., Joraschky, P., *Sexueller Missbrauch, Misshandlung, Vernachlässigung.* Stuttgart, New York: Schattauer.

Auden, W.H. (1948): *The Age of Anxiety.* London: Faber & Faber. Deutsch: *Das Zeitalter der Angst.* München 1992: Piper.

BÄK intern (2002) – Informationsblatt der Bundesärztekammer, Februar 2002.

BÄK intern (2004) – Informationsblatt der Bundesärztekammer, April 2004.

Bachmann, I. (1966): *Das Buch Franza. Requiem für Fanny Goldmann.* München, Zürich 2004: Piper.

Balint, M. (1959): *Angstlust und Regression. Beitrag zur psychologischen Typenlehre.* Hamburg 1972: Rowohlt Taschenbuch Verlag.

– (1970): *Therapeutische Aspekte der Regression.* Hamburg: Rowohlt Taschenbuch Verlag.

Bandelow, B. (2005): Die Zukunft der Angsttherapien. Der sechste Sinn. In: *psychoneuro 3*, S. 115.

Bandelow, B., Sojka, F., Brooks, A., Hajak, G., Bleich, S., Rüther, E. (2006): Panic disorder during pregnancy and postpartum period. In: *Europ. Psychiat. 21*, S. 495–500.

Bassett, L. (2000): *Angstfrei leben.* Weinheim: Beltz Verlag.

Battegay, R. (1970): *Angst und Sein.* 3., vollst. rev. und erw. Aufl. Frankfurt a.M. 1996: Edition Wötzel.

– (2000): *Die Gruppe als Schicksal. Gruppenpsychotherapeutische Theorie und Praxis.* Göttingen: Vandenhoeck & Ruprecht.

Battegay, R., Rauchfleisch, U. (Hrsg.) (1990): *Menschliche Autonomie.* Göttingen: Vandenhoeck & Ruprecht.

Baudelaire, C. (1861/1973): *Les Fleurs du Mal.* Paris: Prestige du Livre.

Bauer, J. (2002): *Das Gedächtnis des Körpers.* München, Zürich: Piper.

– (2005): *Warum ich fühle, was du fühlst. Intuitive Kommunikation und das Geheimnis der Spiegelneurone.* München: Wilhelm Heyne.

Bauer, J., Boie, K. (2008): *Juli! Geschichten zum Vorlesen.* Weinheim, Basel: Beltz & Gelberg, S. 121–142.

Bauriedl, T. (1998): Ohne Abstinenz stirbt die Psychoanalyse. Über die Unvereinbarkeit von Psychoanalyse und Körpertherapie. In: *Forum der Psychoanalyse 14*, S. 342–363.

Becker, E. (1976): *Die Dynamik des Todes*. Olten: Walter.

Becker, J. (1979): *Der Boxer*. Frankfurt a.M.: Suhrkamp.

Benedetti, G. (1977): Das Borderline-Syndrom. Ein kritischer Überblick zu neueren psychiatrischen und psychoanalytischen Auffassungen. In: *Nervenarzt 48*, S. 641–650.

– (1991): *Todeslandschaften der Seele*. Göttingen: Vandenhoeck & Ruprecht.

Binder, H. (1949): Über die Angst. In: *Schweizerische Medizin. Wochenschr. 79*, S. 705–711.

Bion, W. (1962): Eine Theorie des Denkens. In: Bott Spillius, E. (Hrsg.) (1988): *Melanie Klein heute. Entwicklungen in Theorie und Praxis*, Bd. 1. 3. Aufl., Stuttgart 2002: Klett-Cotta, S. 225–235.

– (1963): *Elemente der Psychoanalyse*. Frankfurt a.M. 1992: Suhrkamp.

Blos, P. (1990): *Sohn und Vater. Diesseits und Jenseits des Ödipuskomplexes*. Stuttgart: Klett-Cotta.

Bode, S. (2006): *Die deutsche Krankheit – German Angst*. 2. Aufl., Stuttgart 2007: Klett-Cotta.

Boerner, R.-J. (2000): Behandlung von Angststörungen. In: Möller, H.-J. (Hrsg.), *Therapie psychiatrischer Erkrankungen*. Stuttgart, New York: Thieme, S. 645–658 und 695–709.

Bolm, T., Dulz, B. (2002): Psychotische und psychosenahe Zustände bei Patienten mit Persönlichkeitsstörungen – Auswirkungen auf Suizidalität und Behandlungspraxis. In: *Persönlichkeitsstörungen 4*, S. 252–260.

Borges, J.L. (1974): *Buch der Träume*. Frankfurt a.M. 2003: S. Fischer, S. 170.

Boss, M. (1962): *Lebensangst, Schuldgefühle und psychotherapeutische Befreiung*. Bern: Hans Huber.

Bowlby, J. (1961): Die Trennungsangst. In: *Psyche 15*, S. 411–464.

Bowlby, J., Miller, E., Winnicott, D.W. (1939): Die Evakuierung kleiner Kinder. Brief an das British Medical Journal. In: Winnicott, D.W. (1992): *Aggression*, 4. Auflage, Stuttgart 2003: Klett-Cotta.

Braun, K., Bogerts, B. (2001): Erfahrungsgesteuerte neuronale Plastizität. In: *Der Nervenarzt 72*, S. 3–10.

Brenner, C. (1955): *Grundzüge der Psychoanalyse*. Frankfurt a.M. 1982: Fischer Taschenbuch Verlag.

Buchholz, M.B. (1993): *Dreiecksgeschichten. Ein klinische Theorie psychoanalytischer Familientherapie*. Göttingen: Vandenhoeck & Ruprecht.

– (2008a): Was ist eine methodisch adäquate Wirksamkeitsstudie? Zum Stand einer Kontroverse. In: *Persönlichkeitsstörungen PTT 12*, S. 12–22.

– (2008b): Rezension: Wampold, B.E. (2001): The Great Psychotherapy Debate. Models, Methods and Findings. Im Internet unter: http://www.bbpp.de/buchholz/Rezension

Bülow, G. v. (2003): Erfahrungen bei der Integration der Mehrgenerationen-Perspektive in die psychoanalytische Arbeit. In: *Dyn. Psychiat. 36*, S. 121–147.

Burbiel, I. (1996): Psychoanalytische Ausbildung in der Dynamischen Psychiatrie. In: *Dyn. Psychiat. 29*, S. 213–221.

– (1997): Günter Ammon's conception of the Borderline Syndrome. In: *Dyn. Psychiat. 30*, S. 292–299.

– (1998): Das Menschenbild in der Dynamischen Psychiatrie als ethisches Prinzip der humanstrukturologischen Wissenschaft und Forschung. In: *Dyn. Psychiat. 31*, S. 224–234.

Burbiel, I., Apfelthaler, R., Fabian, E., Schanné, U., Wolfrum, G. (1992): Stationäre Psychotherapie der Psychosen – Eine testpsychologische katamnestische Untersuchung. In: *Dyn. Psychiat. 25*, S. 214–276.

Burbiel, I., Dworschak, M., Schmolke, M. (1994): Grundzüge Dynamisch-Psychiatrischer Diagnostik. In: *Dyn. Psychiat. 27*, S. 187–201.

Burbiel, I., Rettenberger, M. (2008): A group conflict in dance therapy – attempt at a group dynamic integration. Vortrag gehalten am 14. Weltkongress der Psychiatrie in Prag (21. Sept. 2008).

Burlingham, D. (1980): *Labyrinth Kindheit. Beiträge zur Psychoanalyse des Kindes*. Frankfurt a.M. 1984: Fischer Taschenbuch Verlag.

Butollo, W., Rosner, R., Wentzel, A. (1999): *Integrative Psychotherapie bei Angststörungen*. Bern, Göttingen, Toronto, Seattle: Hans Huber.

Cassidy, J., Mohr, J.J. (2001): Unsolvable fear, trauma, and psychopathology: Theory, research, and clinical considerations related to disorganized attachment across the life span. In: *Clinical Psychology: Science and Practice 8 (3)*, S. 275–298.

Castelnuovo-Tedesco, P. (1991): *Dynamic Psychiatry. Explorations in Psychotherapy, Psychoanalysis, and Psychosomatic Medicine*. Madison, Conn.: International Universities Press.

Clarkin, J.F., Yeomans, F.E., Kernberg, O.F. (2006): *Psychotherapie* der Borderline-Persönlichkeit. Manual zur psychodynamischen Therapie. Stuttgart, New York: Schattauer.

Compton, A. (1992): The psychoanalytic view of phobias. In: The Psychoanalytic Quarterly 56/2, S. 206–253.

Condrau, G. (1976): Angst und Schuld als Grundprobleme der Psychotherapie. Frankfurt a.M.: Suhrkamp Taschenbuch.

Danieli, Y. (1981): Differing adaptational styles in families of survivors of the Nazi Holocaust. In: Child Today 10 (5), S. 6–10.

Deaglio, E. (1994): Die Banalität des Guten. Die Geschichte des Hochstaplers Giorgio Perlasca, der 5200 Juden das Leben rettete. Frankfurt a.M.: Eichborn.

Deckert, J., Domschke, K. (2003): Genetische Befunde bei Angsterkrankungen. In: psychoneuro 29/4, S. 154–158.

Delpierre, G. (1974): La Peur et l' Etre. Toulouse: Privatverlag.

Delumeau, J. (1989): Angst im Abendland. Die Geschichte kollektiver Ängste im Europa des 14. bis 18. Jahrhunderts. Hamburg: Rowohlt.

Dengler, W., Selbmann, H.K. (2000): Praxisleitlinien in Psychiatrie und Psychotherapie, Bd. 2, Leitlinien zur Diagnostik und Therapie von Angsterkrankungen. Darmstadt: Steinkopff.

Denis, A. (2007): Stille in Montparnasse. Ein Romanbericht. München: btb.

Devereux, G. (1967): Angst und Methode in den Wissenschaften. München: Hanser.

Diagnostisches und Statistisches Manual Psychischer Störungen – Textrevision – (DSM-IV-TR), 2003. Göttingen, Bern, Toronto, Seattle: Hogrefe.

Dicks, H.V. (1950): Personality traits and National Socialist ideology; a war-time study of German prisoners of war. In: Human Relations, Bd. III, S. 120, 135.

Dilling, H., Mombour, W., Schmidt, M.H. (Hrsg.) (2005): Internationale Klassifikation psychischer Störungen, ICD-10. 5. Aufl., Bern, Göttingen, Toronto, Seattle: Hans Huber.

Dörrie, D. (2008): Kirschblüten, Film.

Dulz, B. (1999): Wut oder Angst – welcher Affekt ist bei Borderline-Störung der zentrale? In: Persönlichkeitsstörungen PTT 3, S. 30–35.

– (2000): Der Formenkreis der Borderline-Störungen: Versuch einer deskriptiven Systematik. In: Kernberg, O.F., Dulz, B., Sachsse, U. (2000), Handbuch der Borderline-Störungen. Stuttgart, New York: Schattauer, S. 57–74.

Dulz, B., Sachsse, U. (2000): Dissoziative Phänomene: vom Tag-

traum über die Multiple Persönlichkeit zur Dissoziativen Iden-
titätsstörung. In: Kernberg, O.F., Dulz, B., Sachsse, U. (2000):
Handbuch der Borderline-Störungen. Stuttgart, New York: Schattauer, S. 237–257.

Dulz, B., Schneider, A. (2004): *Borderline-Störungen*, 2. Aufl. Stuttgart, New York: Schattauer.

Eagle, M. (1984): *Neuere Entwicklungen in der Psychoanalyse*. München, Wien: Verlag Internationale Psychoanalyse.

Egil's Saga (1978). Harmondsworth, Middlesex: Penguin Classics.

Egle, U.T., Hoffmann, S.O., Joraschky, P. (1997): *Sexueller Mißbrauch,
Mißhandlung, Vernachlässigung*. Stuttgart, New York: Schattauer.

Ellenberger, H. (1985): *Die Entdeckung des Unbewußten. Geschichte
und Entwicklung der dynamischen Psychiatrie von den Anfängen bis
zu Janet, Freud, Adler und Jung*. Zürich: Diogenes.

Engel, E.L. (1977): The need for a new medical model: A challenge for
biomedicine. In: *Science 196*, S. 129–136.

Eysenck, H.J. (1957): *The Dynamics of Anxiety and Hysteria*. London:
Routledge & Kegan Paul.

Fabian, E. (1998): Concretism and identity aspects in the Jewish joke.
In: *Psychoanalysis and Contemporary Thought 21/3*, S. 423–441.

– (1999): Gruppendynamische Aspekte der Geschwisterrivalität bei
Zwillingen am Beispiel psychotisch erkrankter Patienten. In: *Dyn.
Psychiat. 32*, S. 9–28.

– (2002a): On the differentiated use of humor and joke in psychotherapy. In: *Psychoanalytic Review 89/3*, S. 398–412.

– (2002b): Das Phänomen Hass – eine dynamisch-psychiatrische
Betrachtung. In: *Dyn. Psychiat. 35*, S. 489–513.

– (2003): The significance of group dynamics for the inpatient psychotherapy in the Hospital Menterschwaige, Munich – A clinical
illustration of Günter Ammon's concept of Dynamic Psychiatry.
In: *Group Analysis 36/2*, S. 274–287.

– (2004a): Informed consent – or the physician's anxiety delegated
to the patient. In: *Medicine and Law 23*, S. 355–358.

– (2004b): Towards a psychodynamic and group-dynamic conception of Psychoneuroimmunology. In: *Dyn. Psychiat. 37*, S. 327–
342.

– (2004c): Gruppendynamische Aspekte der Geschwisterrivalität.
In: *Gruppenpsychotherapie und Gruppendynamik 40*, S. 65–84.

– (2005a): Dynamische Psychiatrie in einer Zeit der Veränderungen. In: *Dyn. Psychiat. 38*, S. 36–45.

- (2005b): Zur Bedeutung der Identifikation in der Psychoanalyse. In: *Dyn. Psychiat. 38*, S. 245–273.
- (2006a): Ironie und Selbstironie in der Psychotherapie. In: *Dyn. Psychiat. 39*, S. 50–66.
- (2006b): Agieren aus der Sicht der Dynamischen Psychiatrie. In: *Dyn. Psychiat. 39*, S. 250–268.
- (2007): Identität und Psychotherapie heute. Ammons Konzept der Identitätstherapie »revisited«. Vortrag gehalten am 1. November 2007 im Institut der Deutschen Akademie für Psychoanalyse in München.

Fabian, E., Dulz, B., Martius, P. (2009): *Stationäre Borderline-Therapie*. Stuttgart, New York: Schattauer.

Fairbairn, W.R.D. (2000): *Das Selbst und die inneren Objektbeziehungen*. Gießen: Psychosozial-Verlag.

Fenichel, O. (1977): *Psychoanalytische Neurosenlehre*. Olten, Freiburg: Walter Verlag.

Ferenczi, S. (1921): Psychoanalytische Betrachtungen über den Tic. In: ders., *Schriften zur Psychoanalyse*, Bd. II. Frankfurt a.M. 1982: S. Fischer, S. 39–69.

- (1932): *Ohne Sympathie keine Heilung. Das klinische Tagebuch von 1932*. Frankfurt a.M. 1988: S. Fischer.
- (1933): Sprachverwirrung zwischen den Erwachsenen und dem Kind. Die Sprache der Zärtlichkeit und der Leidenschaft. In: ders., *Schriften zur Psychoanalyse*, Bd. II. Frankfurt a.M. 1982: S. Fischer, S. 303–313.

Ferreira, A. (1963): Family myths and homoeosthasis. In: *Arch. Gen. Psychiat. 9*, S. 457–463.

Fischer, G. (2003): *Neue Wege aus dem Trauma. Erste Hilfe bei schweren seelischen Belastungen*. Düsseldorf: Patmos.

Flöttmann, H.B. (2005): *Angst. Ursprung und Überwindung*. Stuttgart: Kohlhammer.

Freisleder, F.J., Schlamp, D., Naber, G. (Hrsg.) (2001): *Depression, Angst, Suizidalität. Affektive Störungen im Kindes- und Jugendalter*. München, Bern, Wien, New York: W. Zuckschwerdt.

Freud, A. (1964): *Das Ich und die Abwehrmechanismen*. München: Kindler (Originalausgabe Wien 1936: Internationaler Psychoanalytischer Verlag).

- (1965): *Normality and Pathology in Childhood. Assessment of Development*. New York: International Univ. Press.

Freud, A., Burlingham, D. (1949): *Heimatlose Kinder. Zur Anwendung psychoanalytischen Wissens auf die Kindererziehung.* Frankfurt a.M. 1971: S. Fischer.

Freud, S. (1895): Über die Berechtigung, von der Neurasthenie einen bestimmten Symptomkomplex als »Angst-Neurose« abzutrennen. *GW I*, S. 315–342.

– (1898): Die Sexualität in der Ätiologie der Neurosen. *GW I*, S. 489–516.

– (1900): *Die Traumdeutung. GW II–III*, S. 1–642.

– (1905a): *Drei Abhandlungen zur Sexualtheorie. GW V*, S. 27–145.

– (1905b): *Der Witz und seine Beziehung zum Unbewussten. GW VI*, S. 5–269.

– (1909): *Analyse der Phobie eines fünfjährigen Knaben. GW VII*, S. 241–377.

– (1910): Die psychogene Sehstörung in psychoanalytischer Auffassung. *GW VIII*, S. 94–102.

– (1913): Die Disposition zur Zwangsneurose. *GW VIII*, S. 442–452.

– (1917): *Vorlesungen zur Einführung in die Psychoanalyse. GW XI.*

– (1920): Jenseits des Lustprinzips. *GW XIII*, S. 1–69.

– (1923): Das Ich und das Es. *GW XIII*, S. 237–289.

– (1925): Die Widerstände gegen die Psychoanalyse. *GW XIV*, S. 98–110.

– (1926): Hemmung, Symptom und Angst. *GW XIV*, S. 111–205.

– (1930): *Das Unbehagen in der Kultur. GW XIV*, S. 419–506.

Fromm, E. (1941): *Die Furcht vor der Freiheit.* München 2006: dtv.

– (1981): *Haben oder Sein.* München: dtv.

– (1991): *Die Pathologie der Normalität. Zur Wissenschaft vom Menschen.* Frankfurt a.M., Berlin 2006: Ullstein.

Fromm-Reichmann, F. (1959): *Intensive Psychotherapie. Grundzüge und Technik.* Stuttgart: Hippokrates.

Gaddini, E. (1978): *Psychoanalyse und Psychotherapie.* Stuttgart: Klett-Cotta.

– (1998): *Das Ich ist vor allem ein körperliches. Beiträge zur Psychoanalyse der ersten Strukturen.* Tübingen: diskord.

Gansel, D. (2008): *Die Welle,* Film.

Gay, P. (1989): *Freud. Eine Biographie für unsere Zeit.* Frankfurt a.M.: S. Fischer.

Gebsattel, V. E. v. (1957): Die phobische Fehlhaltung. In: Baeyer, W.R. v., Frankl, V.E., Gebsattel, V.E. v., *Handbuch der Neurosenlehre und Psychotherapie, unter Einschluss wichtiger Grenzgebiete* (5 Bde.). München, Berlin: Urban & Schwarzenberg.

Geißler, P. (Hrsg.) (1998): *Analytische Körperpsychotherapie in der Praxis*. München: Pfeiffer.

Geuter, U. (2006): Körpertherapie. Der körperbezogene Ansatz im neueren wissenschaftlichen Diskurs der Psychotherapie. In: *Psychotherapeutenjournal 2*, S. 116–122, und *3*, S. 258–264.

Giovacchini, P.L. (1993): *Borderline Patients, the Psychosomatic Focus, and the Therapeutic Process*. Northvale, New Jersey, New York: Jason Aronson.

Görlitz, G. (1998): *Körper und Gefühl in der Psychotherapie – Erlebnisorientierte Basisübungen*. 5., durchgesehene Aufl., Stuttgart 2008: Klett-Cotta.

Götze, P. (2000): Suizidalität der Borderline-Patienten. In: Kernberg, O., Dulz, B., Sachsse, U. (2000): *Handbuch der Borderline-Störungen*. Stuttgart, New York: Schattauer.

Graham, N.M., Bartolomeusz, R.C., Taboonpong, N., La-Brooy, J.T. (1988): Does anxiety reduce the secretion rate of secretory IgA in saliva? In: *Med. J. of Australia 148*, S. 131–133.

Graves, R. (1975): *Myths*, Bd. 2. Harmondsworth, Middlesex: Penguin Books.

Groussac, P. (1904): El viaje intelectual. In: Borges, J.L. (1974): *Buch der Träume*, S. 170. Frankfurt a.M.: S. Fischer.

Gruen, A. (1984): *Der Verrat am Selbst. Die Angst vor Autonomie bei Mann und Frau*. München 2002: dtv.

– (1989): *Der Wahnsinn der Normalität. Realismus als Krankheit: eine grundlegende Theorie zur menschlichen Destruktivität*. München 1996: dtv.

– (1997): *Der Verlust des Mitgefühls. Über die Politik der Gleichgültigkeit*. 5. Auflage München 2005: dtv.

– (2000): *Der Fremde in uns*. 6. Aufl., Stuttgart 2002: Klett-Cotta.

Hart, L. (1970/1980): *Geschichte des Zweiten Weltkriegs*. 2 Bände. Bergisch Gladbach: Gustav Lübbe.

Hediger, H. (1959): Die Angst des Tieres. In: *Die Angst. Studien aus dem C.G. Jung-Institut, Bd. X*. Zürich, Stuttgart: Rascher.

Hellner, H. (1969): *Über die Angst*. Stuttgart: Hippokrates.

Hettema, J.M., Neale, M.C., Kendler, K.S. (2001): A review and meta-analysis of the genetic epidemiology of anxiety disorders. In: *Am. J. Psychiatry 158*, S. 1568–1578.

Hirsch. M. (1975): Die Familiendynamik bei psychosomatischen Reaktionen über drei Generationen. In: *Dyn. Psych. 8*, S. 385–393.

- (2004): *Psychoanalytische Traumatologie – Das Trauma in der Familie*. Stuttgart, New York: Schattauer.

Hoffmann, S.O. (1994): Angststörungen. In: *Psychotherapeut 39*, S. 25–32.

- (2000): Angst – ein zentrales Phänomen in der Psychodynamik und Symptomatologie des Borderline-Patienten. In: Kernberg, O.F., Dulz, B., Sachsse, U. (2000): *Handbuch der Borderline-Störungen*. Stuttgart, New York: Schattauer.

- (2007): Die Ängste und die Psychosomatische Medizin. In: *Ärztl. Psychotherapie und Psychosom. Medizin 2*, S. 69–70.

- (2008): *Psychodynamische Therapie von Angststörungen. Einführung und Manual für die kurz- und mittelfristige Therapie*. Stuttgart, New York: Schattauer.

Hoffmann, S.O., Eckhardt-Henn, A. (2001): Angst und Dissoziation – zum Stand der wechselseitigen Beziehung der beiden psychischen Bedingungen. In: *Persönlichkeitsstörungen 5*, S. 28–39.

Hoffmann, S.O., Hochapfel, G. (1999): *Neurosenlehre, psychotherapeutische und psychosomatische Medizin*. Stuttgart, New York: Schattauer.

Hoyer, J., Helbig, S., Margraf, J. (2005): *Diagnostik der Angststörungen*. Göttingen, Bern, Wien, Toronto, Seattle, Oxford, Prag: Hogrefe.

Huebschmann, H. (1977): Der Herzinfarktkranke als Borderline-Patient – Nichterleben von Körper und Todesnähe. In: *Dyn. Psychiat. 10*, S. 285–296.

Hüther, G. (2007): Die neurobiologischen Grundlagen der Suche des Menschen nach Sinn. In: *Persönlichkeitsstörungen PTT 11*, S. 219–228.

Husserl, E. (1996): *Die Krisis der europäischen Wissenschaften und die transzendentale Phänomenologie*. Hamburg: Felix Meiner.

Ijzendoorn, M. v. (1995): Adult attachment representations, parental responsiveness, and infant attachment: A meta-analysis on the predictive validity of the Adult Attachment Interview. In: *Psychol. Bulletin 117*, S. 387–403.

Internationale Klassifikation Psychischer Störungen (ICD-10) (2005), 5. Auflage. Bern, Göttingen, Toronto, Seattle: Hans Huber.

Ionesco, E. (1972): *Le roi se meurt*. Paris: Librairie Larousse.

Jacoby, R. (1990): *Die Verdrängung der Psychoanalyse oder Der Triumph des Konformismus*. Frankfurt a.M.: Fischer Taschenbuch Verlag.

Janet, P. (1889): *L'automatisme psychologique*. Paris: Félix Alcan.

Jans, T., Kreiker, S., Warnke, A. (2008): Multimodale Therapie der

Aufmerksamkeitsdefizit-/Hyperaktivitätsstörung im Kindesalter. In: *Der Nervenarzt 79 (7)*, S. 791–800.

Jaspers, K. (1948): *Allgemeine Psychopathologie*, 5. Auflage. Berlin, Heidelberg: Springer.

– (1974): *Kleine Schule des philosophischen Denkens*. München: Piper.

Jung, C.G. (1921): *Psychologische Typen*. Zürich: Rascher.

Kafka, F. (1914): *Vor dem Gesetz*. In: ders., *Sämtliche Erzählungen*. Frankfurt a.M. 1982: Fischer Taschenbuch Verlag.

– (1925): *Der Proceß*. Frankfurt a.M. 2007: S. Fischer.

Kahn, C. (2006): Some determinants of the multigenerational transmission process. In: *Psychoanal. Review 93 (1)*, S. 71–92.

Kalevala. Das finnische Epos, hrsg. v. E. Lönnrot. München 1979: dtv.

Kandel, E.R. (1998): A new intellectual framework for psychiatry. In: *Amer. J. Psychiat. 155*, S. 457–469.

Kapfhammer, H.-P. (2000): Angststörungen. In: Möller, H.J., Laux, G., Kapfhammer, H.-P. (Hrsg.): *Psychiatrie und Psychotherapie*, Berlin, Heidelberg, New York, Barcelona, Tokio: Springer, S. 1179–1227.

Kavanau, J.L. (1967): Behavior of white meeted mice. In: *Science, 155*.

Keck, M.E., Thöringer, C.K. (2005): Angsterkrankungen: Tiermodelle und Humangenetik. In: *psychoneuro 31/3*, S. 139–144.

Kerényi, K. (1992): *Die Mythologie der Griechen*. München: dtv.

Kernberg, O.F. (1967): Borderline personality organization. In: *J. Amer. Psychoanal. Assoc. 15*, S. 641–685.

– (1983): *Borderline-Störungen und pathologischer Narzißmus*. Frankfurt a.M.: Suhrkamp.

– (1993): *Psychodynamische Therapie bei Borderline-Patienten*. Bern, Toronto, Göttingen, Seattle: Hans Huber.

– (1997): Aggression, Trauma und Hass in der Behandlung von Borderline-Patienten. In: *Persönlichkeitsstörungen PTT 1*, S. 15–23.

– (2000a): Borderline-Persönlichkeitsorganisation und Klassifikation der Persönlichkeitsstörungen. In: Kernberg, O.F., Dulz, B., Sachsse, U. (2000): *Handbuch der Borderline-Störungen*. Stuttgart, New York: Schattauer.

– (2000b): Wahrscheinlich werden in der nächsten Generation schwere Persönlichkeitsstörungen häufiger sein. Interview in: *Psychotherapie im Dialog 4*, S. 84–89.

Kernberg, O.F., Dulz, B., Sachsse, U. (2000): *Handbuch der Borderline-Störungen*. Stuttgart, New York: Schattauer.

Kessler, R.C., Chiu, W.T., Demler, O. et al. (2005): Prevalence, severity, and co-morbidity of 12-months DSM-IV disorders in the National Comorbidity Survey Replication. In: *Arch. Gen. Psychiatry* 62, S. 617–627.

Keupp, H. (1994): Ambivalenzen postmoderner Identität. In: Beck, U., Beck-Gernsheim, E. (Hrsg.): *Riskante Freiheiten*. Frankfurt a.M.: Suhrkamp, S. 336–350.

Khan, M. (1977): *Selbsterfahrung in der Therapie*. München: Kindler.

Kielholz, P., Adams, C. (Hrsg.) (1989): *Die Vielfalt von Angstzuständen*. Köln: Deutscher Ärzte-Verlag.

Kierkegaard, S. (1844): Der Begriff Angst. In: *Metzler Philosophen Lexikon*, 2. Aufl. Stuttgart, Weimar 1984: Metzler Verlag.

Klartext (2007), Organ der Kassenärztlichen Bundesvereinigung (KBV), 1, S. 11.

Klußmann, R. (1998): *Psychosomatische Medizin* (4. Auflage). Berlin, Heidelberg, New York: Springer.

Köllner, V. (2007): Kognitive Verhaltenstherapie bei Angststörungen – alte Probleme und neue Entwicklungen. In: *Ärztl. Psychotherapie und Psychosom. Medizin* 2, S. 78–83.

König, K. (2000): *Angst und Persönlichkeit. Das Konzept vom steuernden Objekt und seine Anwendungen*. Göttingen: Vandenhoeck & Ruprecht.

Koenigsberg, H. W., Siever, L. J. (2000): Die Neurobiologie der Borderline-Persönlichkeitsstörung. In: Kernberg, O.F., Dulz, B., Sachsse, U. (2000): *Handbuch der Borderline-Störungen*. Stuttgart, New York: Schattauer, S. 207–216.

Koestler, A. (1976): *The Heel of Achilles. Essays 1968–1976*. London: Picador.

Kraepelin, E. (1896): *Psychiatrie. Ein Lehrbuch für Studierende und Ärzte*. 5., vollst. umgearbeitete Aufl., Leipzig: Barth.

Krejci, E. (1992): Einleitung. In: Bion, W. (1963): *Elemente der Psychoanalyse*. Frankfurt a.M. 1992: Suhrkamp, S. 3–25.

Kress, G., Bihler, T. (2004): Die Entwicklung der visuellen Sprache – Erfahrungen aus der Maltherapie. In: *Dyn. Psychiat. 37*, S. 207–240.

– (2007): Die Arbeit mit Traumata in der Maltherapie – Ein Fallbericht. In: *Dyn. Psychiat. 40*, S. 69–100.

Kurosawa, A. (1952): *Ikiru* (Einmal wirklich leben), Film.

Kutter, P. (2001): *Affekt und Körper. Neue Akzente der Psychoanalyse*. Göttingen: Vandenhoeck & Ruprecht.

Lévai, J. (1948): *Raoul Wallenberg*. Budapest: Magyar Téka.

Linehan, M.M., Koerner, K. (1993): A behavioral theory of borderline personality disorder. In: Paris, J. (Hrsg.): *Borderline Personality Disorder: Etiology and Treatment*. Washington, D.C.: American Psychiatric Press, S. 103–121.

Lohmer, M. (2002): *Borderline-Therapie. Psychodynamik, Behandlungstechnik und therapeutische Settings*. Stuttgart, New York: Schattauer.

Luborski, L., McLellan, A.T., Diguer, L., Woody, G., Seligman, D.A. (1997): The psychotherapist matters. Comparison of outcome across twenty-two therapists and seven patient samples. In: *Clin. Psychol. Sci. Pract. 4*, S. 53–65.

Marc Aurel (1977): *Selbstbetrachtungen*. Stuttgart: Reclam.

Mann, H. (1962): *Der Untertan*. Berlin: Aufbau-Verlag.

Marinoff, L. (2005): *Bei Sokrates auf der Couch. Philosophie als Medizin für die Seele*. München: dtv.

Massing, A., Reich, G., Sperling, E. (1994*): Die Mehrgenerationen-Familientherapie*, 3. Auflage. Göttingen: Vandenhoeck & Ruprecht.

Matakas, F. (2008): Zur Behandelbarkeit der Schizophrenie. In: *Psyche 62*, S. 735–770.

Menninger, K. (1968): *Das Leben als Balance. Seelische Gesundheit und Krankheit als Lebensprozeß*. München: Piper.

Mentzos, S. (Hrsg.) (1997): *Angstneurose*. Frankfurt a.M.: S. Fischer.

– (2000): Die psychotischen Symptome bei Borderline-Störungen. In: Kernberg, O.F., Dulz, B., Sachsse, U. (2000): *Handbuch der Borderline-Störungen*. Stuttgart, New York: Schattauer, S. 413–426.

Mertens, W. (1992): *Psychoanalyse*. Stuttgart, Berlin, Köln: Kohlhammer.

– (2000): *Einführung in die psychoanalytische Therapie*. Stuttgart, Berlin, Köln: Kohlhammer.

Meyer, G. (2005): *Konzepte der Angst in der Psychoanalyse*, 2 Bde. Frankfurt a.M.: Brandes & Apsel.

Meyer, J.E. (1982): *Todesangst und das Todesbewußtsein der Gegenwart*. Berlin, Heidelberg, New York: Springer.

Meyer-Groß, G., Zaudig, M. (2007): Orthorexia nervosa. In: *Persönlichkeitsstörungen PTT 11*, S. 131–139.

Milrod, B.L., Busch, F.N., Cooper, A.N., Shapiro, T. (1997): *Manual of Panic-Focused Psychodynamic Psychotherapy*. Washington: American Psychiatric Press.

Milrod, B.L., Leon, A.C., Busch, F., Rudden, M., Schwalberg, M., Clarkin, J., Aronson, A., Singer, M., Turchin, W., Klass, E.T., Graf,

E., Teres, J.J., Shear, M.K. (2007): A randomized controlled clinical trial of psychoanalytic psychotherapy for panic disorder. In: *Amer. J. Psychiatry 164*, S. 265–272.

Möller, H.-J., Laux, G., Kapfhammer, H.-P. (2000): *Psychiatrie und Psychotherapie*. Berlin, Heidelberg, New York: Springer.

Montaigne, M. de (2006): Philosophieren heißt sterben lernen. In: ders., *Von der Freundschaft*. 3. Auflage, München: Beck dtv.

Morel, B.A. (1860): *Traité des maladies mentales*. 2. Aufl., Paris: Masson.

Morris, D. (1967): *Der nackte Affe*. München, Zürich: Droemer/Knaur.

Müller, N., Schwarz, M.J. (2007): Immunologische Aspekte bei schizophrenen Störungen. In: *Nervenarzt 78*, S. 253–263.

Najavits, L.M. (2001): Helping »difficult« patients. In: *Psychother. Research 11*, S. 131–152.

Neave, A. (1978): *Nuremberg. A personal record of the trial of the major Nazi war criminals in 1945–46*. London, Glasgow, Toronto, Sidney, Auckland: Grafton Books.

Neumann, U. (2001): *Platon*. Hamburg: Rowohlt Taschenbuch.

Orlinsky, D.E. (2006): Comments of the state of Psychotherapy research (as I see it). Paper, versandt über das SPR-Netzwerk (zit. b. Buchholz 2008, S. 15).

– (2008): Die nächsten 10 Jahre Psychotherapieforschung. Eine Kritik des herrschenden Forschungsparadigmas mit Korrekturvorschlägen. In: *Psychother., Psychosom., Mediz. Psychol. 58 (9/10)*, S. 345–354.

Osada, A. (1951): *Kinder von Hiroshima. Japanische Kinder über den 6. August 1945*. Frankfurt a.M. 1983: Röderberg.

Petri, H. (1987): *Angst und Frieden. Psychoanalyse und gesellschaftliche Verantwortung*. Frankfurt a.M.: Fischer Taschenbuch Verlag.

Pfister, O. (1975): *Das Christentum und die Angst*. Zürich: Buchklub Ex Libris.

Plänkers, T. (2003): Veränderungen im psychoanalytischen Verständnis der Angst. In: *Psyche 57/6*, S. 487–522.

Platon (1973): *Hauptwerke*. Stuttgart: Kröner Verlag.

Pohl, J., Rock, W. (1979): Zwang. In: Ammon, G. (1979) (Hrsg.): *Handbuch der Dynamischen Psychiatrie*, Bd. I. München: Ernst Reinhardt.

Pollak, K. (2007): *Durch Begegnungen wachsen*. München: Südwest Verlag.

– (2004): *Wie im Himmel*, Sonet Film, AB.

Rachman, S. (2000): *Angst. Diagnose, Klassifikation und Therapie.* Bern, Göttingen, Toronto, Seattle: Hans Huber.

Racker, H. (1968): *Transference and Countertransference.* New York: International Universities Press.

Raine, A. (1999): Murderous minds: Can we see the mark of Cain? In: *Cerebrum 1,* S. 15–30.

Rattner, J., Danzer, G. (1997): *Österreichische Literatur und Psychoanalyse.* Salzburg: Königshausen & Neumann.

Reik, T. (1926): Zur Psychoanalyse des jüdischen Witzes. In: *Imago 12,* S. 14–25.

Reitz, G. (1986): Zur Integration des Humanstrukturellen Tanzes im gruppentherapeutischen Prozess. In: *Dyn. Psychiat. 19,* S. 353–366.

– (2001): Gruppendynamische Prozesse in der ambulanten humanstrukturellen Tanztherapie. In: *Dyn. Psychiat. 34,* S. 254–267.

Reitz, G., Rosky, T., Schmidts, R., Urspruch, I. (2005): *Heilsame Bewegungen. Musik-, Tanz- und Theatertherapie.* Darmstadt: Wissenschaftliche Buchgesellschaft.

Renner, T.J., Gerlach, M., Romanos, M., Herrmann, M., Reif, A., Fallgatter, A.J., Lesch, K.-P. (2008): Neurobiologie des Aufmerksamkeitsdefizit-/Hyperaktivitätssyndroms. In: *Der Nervenarzt 79 (7),* S. 771–781.

Rentsch, T. (2001) (Hrsg.): *Martin Heidegger, Sein und Zeit.* Berlin: Akademie Verlag.

Riemann, F. (1961): *Grundformen der Angst.* München, Basel 2003: Ernst Reinhardt.

Rizzolatti, G., Craighero, L., Fadiga, L. (2003): The mirror system in humans. In: Stamenov, M., Gallese, V. (Hrsg.): *Mirror Neurons and the Evolution of Brain and Language.* Amsterdam: John Benjamins, S. 37–59.

Röhr, H.-P. (2006): *Die Angst vor Zurückweisung. Hysterie verstehen.* Düsseldorf: Walter Verlag.

Röhricht, F. (2000): *Körperorientierte Psychotherapie psychischer Störungen.* Göttingen, Bern, Toronto, Seattle: Hogrefe.

Rohde-Dachser, C. (1989): *Das Borderline-Syndrom.* 6. Aufl., Bern 2004: Huber.

Romanos, M., Schwenck, C., Walitza, S. (2008): Diagnostik der Aufmerksamkeitsdefizit- und Hyperaktivitätsstörung im Kindes- und Jugendalter. In: *Der Nervenarzt 79 (7),* S. 782–790.

Rosen, J.N. (1964): *Psychotherapie der Psychosen.* Stuttgart: Hippokrates.

Roth, G. (2007): Neurobiologie der Psyche. Vortrag, gehalten am Borderline-Symposium Höhenried am 3. Oktober 2007.

Rudolf, G. (2004): *Strukturbezogene Psychotherapie*. Stuttgart: Schattauer.

Rüegg, J.C. (2001): *Gehirn, Psyche und Körper. Neurobiologie von Psychosomatik und Psychotherapie*. Stuttgart, New York 2007: Schattauer.

– (2005): Neurophysiologie von Gefühlen und Regungen: Angst und Panik. In: *Balint 6*, S. 10–13.

Rycroft, C. (1968): *Anxiety and Neurosis*. London: The Penguin Press.

Schacht, L. (2003): Die früheste Kindheitsentwicklung und ihre Störungen aus der Sicht Winnicotts. In: Uexküll, T. v.: *Psychosomatische Medizin. Modelle ärztlichen Denkens und Handelns*. 6. Auflage, München, Jena: Urban & Fischer.

Scharfetter, C. (1990): *Schizophrene Menschen*. München: Psychologie Verlags Union, Urban & Schwarzenberg.

Schibalski, W. (1978): Formen des therapeutischen Mitagierens und seine strukturelle Bedeutung. In: *Dyn. Psychiat. 11*, S. 252–265.

Schiffelholz, T., Aldenhoff, J. (2001): Neuronale Plastizität – das Geheimnis der Gedächtnisbildung? In: *Nervenheilkunde 20*, S. 189–193.

Schmauß, M., Messer, T. (2006): Angsterkrankungen. In: *Therapietabellen 32*, S. 9–14.

Schmid, W. (2007): *Glück*. Frankfurt a.M., Leipzig: Insel.

Schmidt-Traub, S. (2005): *Angst bewältigen*. Berlin: Springer.

Schmidts, R. (1994): Musiktherapie in der Dynamischen Psychiatrie. In: *Dyn. Psychiat. 27*, S. 220–231.

– (2005): Musik als Welt-, Fremd- und Selbsterfahrung. In: Reitz, G., Rosky, T., Schmidts, R., Urspruch, I. (2005): *Heilsame Bewegungen. Musik-, Tanz- und Theatertherapie*. Darmstadt: Wissenschaftliche Buchgesellschaft, S. 15–36.

Schmidts, R., Fabian, E. (1998): Indications and therapeutic effect of humanstructural inpatient music therapy. In: *Dyn. Psychiat. 31*, S. 109–118.

Schmitz, H. (2000): Die Verwaltung der Gefühle in Theorie, Macht und Fantasie. In: Benthien, C., Fleig, A., Kasten, I. (Hrsg.): *Emotionalität: Zur Geschichte der Gefühle*. Weimar, Wien: Böhlaus.

Schneider, K. (1923): *Die Psychopathischen Persönlichkeiten*. Wien: Franz Deuticke.

– (1950): *Klinische Psychopathologie*. Stuttgart: G. Thieme.

Schonecke, O.W., Herrmann, J.M. (2003): Psychophysiologie. In:

Uexküll, T. v. (Hrsg.): *Psychosomatische Medizin. Modelle ärztlichen Denkens und Handelns*. München, Jena: Urban & Fischer Verlag, S. 175–208.

Schulte, W. (1961): Angstsyndrome. In: *Monatskurse f. ärztl. Fortbildung 11*, S. 586.

Schultz-Hencke, H. (1940): *Der gehemmte Mensch. Entwurf eines Lehrbuchs der Neo-Psychoanalyse*. Stuttgart 1969: Thieme.

– (1951): *Lehrbuch der analytischen Psychotherapie*. Stuttgart: Thieme.

Schwarz, U. (1959): Die Angst in der Politik. In: *Die Angst, Studien aus dem C.G. Jung-Institut, Bd. X.* Zürich, Stuttgart: Rascher.

Searles, H.F. (1974): *Der psychoanalytische Beitrag zur Schizophrenieforschung*. Gießen 2008: Psychosozial-Verlag.

Sharma, T. (1999): Schizophrenie – eine progressive Erkrankung? In: *Psychiatrie und Dialog 4*, S. 16.

Skácel, J. (1991): *Fährgeld für Charon*. Gifkendorf: Merlin.

Solomon, J., George, C. (1999): The place of disorganization in attachment theory: Linking classic observations with contemporary findings. In: Solomon, J., George, C. (Hrsg.): *Attachment Disorganization*. New York: Guilford, S. 3–32.

Sperling, M. (1952): Animal phobias in a two-year-old child. In: *Psychoanal. Study of the Child 7*, S. 115–125.

Spielberg, S. (1993): *Schindlers Liste*, Film.

Spinoza, B. de (1927): *The Philosophy of Spinoza*, hrsg. v. R. McKeon. New York: The Modern Library.

Stern, A. (1938): Psychoanalytic investigation of and therapy in the border line group of neuroses. In: *Psychoanal. Quarterly 7*, S. 476–489.

Störig, H.J. (1993): *Kleine Weltgeschichte der Philosophie*. Frankfurt a.M.: Fischer Taschenbuch Verlag.

Streeck, U. (2007): *Psychotherapie komplexer Persönlichkeitsstörungen. Grundlagen der psychoanalytisch-interaktionellen Methode*. Stuttgart: Klett-Cotta.

Strian, F. (2003): *Angst und Angstkrankheiten*. München: Beck.

Ströhle, A. (2003): Die Neuroendokrinologie von Stress und die Pathophysiologie und Therapie von Depression und Angst. In: *Der Nervenarzt 74/3*, S. 279–291.

Sullivan, H.S. (1948): The meaning of anxiety in psychiatry and in life. In: *Psychiatry 11*, S. 1–13.

– (1953): *Die interpersonale Theorie der Psychiatrie*. Frankfurt a.M. 1980: S. Fischer.

– (1962): *Schizophrenia as a human process*. New York: W.W. Norton.

Swartz, M., Blaser, D., George, L., Winfield, I. (1994): Estimating the prevalence of borderline personality disorder in the community. In: *J. Person. Disord. 4*, S. 257–272.

Taureck, B.H.F. (1997): *Emmanuel Lévinas zur Einführung*. Hamburg: Junius.

Thomä, H. (1995): Über die psychoanalytische Theorie und Therapie neurotischer Ängste. In: *Psyche 49*, S. 1043–1067.

Thome, A. (2008): Collective violence in the theoretical framework of psychoanalysis. Unveröffentlichtes Manuskript.

Trencsényi-Waldapfel, I. (1989): *Die Töchter der Erinnerung. Götter- und Heldensagen der Griechen und Römer*. Berlin: Rütten & Loening.

Tretter, F. (2007): Materialistische Menschenbilder in der Medizin und der Bedarf an Philosophie. In: *Bayerisches Ärzteblatt 62/2*, S. 99.

Tschuschke, V. (2008): Was hat die Seele mit Krebs zu tun? II. Informationstag Bonn (Internet).

Twenge, J.M. (2000): The age of anxiety? Birth cohort change in anxiety and neuroticism 1952–1993. In: *J. of Personality and Social Psychology 79*, S. 1007–1021.

Uexküll, T. v. (2003) (Hrsg.): *Psychosomatische Medizin. Modelle ärztlichen Denkens und Handelns*. 6. Auflage, München, Jena: Urban & Fischer.

Urspruch, I. (1993): Theatertherapie – eine milieutherapeutische Erweiterung ambulanter Psychotherapie. In: *Dyn. Psychiat. 26*, S. 73–89.

– (2005): Psychoanalytische Theatertherapie. In: Reitz, G., Rosky, T., Schmidts, R., Urspruch, I. (2005): *Heilsame Bewegungen. Musik-, Tanz- und Theatertherapie*. Darmstadt: Wissenschaftliche Buchgesellschaft, S. 94–158.

Volz, H.-P. (2007): Medikamentöse Therapie der Angsterkrankungen. In: *Ärztl. Psychotherapie und Psychosom. Medizin 2*, S. 69–70.

Waelder, R. (1970): Hemmung, Symptom und Angst – vierzig Jahre später. In: *Psyche 24/I*, S. 87–100.

Wampold, B.E. (2001): *The Great Psychotherapy Debate. Models, Methods and Findings*. Mahwah, N.J., London: Lawrence Erlbaum Associates.

Warnke, A., Hemminger, U., Wewetzer, C. (2001): Angststörungen und Depressionen bei Kindern und Jugendlichen. In: Freisleder, F.J., Schlamp, D., Naber, G. (Hrsg.): *Depression, Angst, Suizidalität. Affektive Störungen im Kindes- und Jugendalter.* München, Bern, Wien, New York: W. Zuckschwerdt.

Weiner, H., Fawzy, I.F. (1989): An integrative model of health, disease, and illness. In: Cheren, S. (1989): *Psychosomatic Medicine. Theory, Physiology, and Practice.* Madison, Conn.: International Universities Press.

Weischedel, W. (1975): *Über Philosophen.* Esslingen: Robugen GmbH.

Weizsäcker, V. v. (1949): Psychosomatische Medizin. In: *Psyche 3,* S. 331–341.

Will, H., Grabenstedt, Y., Völkl, G., Banck, G. (1998): *Depression. Psychodynamik und Therapie.* Stuttgart, Berlin, Köln: W. Kohlhammer.

Winnicott, D.W. (1948): Paediatrics and psychiatry. In: ders., *Collected Papers: Through Paediatrics to Psycho-Analysis.* London: Tavistock.

– (1992): *Aggression.* 4. Auflage, Stuttgart 2003: Klett-Cotta.

– (2002): *Vom Spiel zur Kreativität.* 11. Auflage, Stuttgart 2006: Klett-Cotta.

Witzleben, I. v., Schwarz, A.A. (2004): *Frei von Angst und Panik.* Neue Auflage (2007): *Endlich frei von Angst.* München: Gräfe & Unzer.

Wolf, K. (2006): *CME Schizophrenie und Bipolare Störungen. Emotionen bei schizophrenen Patienten.* Stuttgart: Thieme; Neuss: Janssen-Cilag.

Wolberg, A.R. (1973): *The Borderline Patient.* New York: Intercontinental Medical Book Corp.

Wurmser, L. (2001): Therapeutische Ansätze bei schweren psychischen Störungen in der Psychoanalyse. In: Dammann, G., Janssen, P. (Hrsg.) (2001): *Psychotherapie der Borderline-Störungen.* Stuttgart, New York: Thieme, S. 14–31.

Yalom, I.D. (2008): *In die Sonne schauen. Wie man die Angst vor dem Tod überwindet.* München: btb.

Zetzel, E. (1961): Zum Krankheitsbild der Depression. In: *Psyche XIV,* S. 641–650.

Zulliger, H. (1966): *Die Angst unserer Kinder.* Stuttgart: Ernst Klett Verlag.

Zwanzger, P., Deckert, J. (2007): Angsterkrankungen. Ursachen, Klinik, Therapie. In: *Der Nervenarzt 78/3,* S. 349–359.

Zweig, S. (2002): *Die Welt von Gestern. Erinnerungen eines Europäers.* Frankfurt a.M.: Fischer Taschenbuch Verlag.

– (2005): *Angst.* 15. Auflage, Frankfurt a.M.: S. Fischer.